九州心影之
龍行於野
龔鵬程 著

九州心影錄

龍行於野

目錄

目錄

九州心影錄

龍行於野

師生

2008.01.24

書法展仍在繼續著，但我抽空又去了一趟珠海澳門。爲的是聯合國際學院新校舍落成，前往慶賀。在澳門，吳志良兄邀我三月中到澳門教科文中心也辦一場展覽。展覽當然甚好，但時間太趕，辦起來可累了。

近日除展覽外，諸事蝟雜，寫來囉嗦，附何耀〈老師，原來是這樣〉一文搪塞吧！近日因知他的病，正惦記著呢！見此舊文，頗生感觸：

一兩年前，在北大三角地看到一張海報，講與《周易》有關的話題，但從未聽說過龔鵬程這個老師，出於對《周易》的困惑，我也去聽了。當時，我聽過一些老師講中國哲學、講《周易》，但我覺得他們講的跟書上講的方式一樣，專業性太強，對於我這樣一個學習商業、重視實用的人來說，沒有太多的啓發。聽完龔鵬程老師的講座，我覺得很新鮮。他講了很多故事，使我們很容易理解他的意思。其實，我第一次聽他的講座，並沒有弄明白他的思路，也沒有感到他與別的老師有太大的不同。只是覺得他的課聽起來好玩，會聽到許多我們從教科書上看不到的故事和知識。

去年龔老師在北大開了課，講中國文化史。他的課與我的專業課衝突，但我還是想辦法去聽了幾次。這次，我感到龔老師很厲害，想了一些我們不太注意的問題，而且，他把這些問題解釋得很清楚。他講的題目包括家、國、宗教以及中國的飲食文化等。聽了幾次課後，我發現能這樣講，不僅需要對中國文化有一個自己的理解，還要能夠發現中國文化與其他國家文化根本的差異在什麼地方。

龔老師對中國文化的理解不僅僅是儒、釋、道以及一些人們公認的主要文化形態上。他的課包容力非常大，言之有據，並能把握住幾千年文化的全貌。這樣的老師確實很少見。

今年上半年，我又打聽到他在清華上課的時間和地點，就去清華聽課。這次他對「五四」以來許多學者對中國傳統文化的貶低和指責給予了反駁。現在反思「五四」時期的課我也聽到一些，我原本以爲他是搞古代文化的，對「五四」以後的文化、思潮不可能研究得很深入。因爲一般的專家、學者只在一個領域裏精耕細作而有所建樹。當我一個學期聽下來，就不能不感到吃驚，他對「五四」以來的文化以及學術研究上存在的問題都指點得有根有據，分析得深入透徹。現在一般的學者光研究一個魯迅、老舍等都成了自己一輩子的專業，而他卻把清末以來幾乎所有名家如王國維、嚴復、魯迅等人的思想之如何產生，當時受誰影響、怎樣轉變，思路方法上有什麼不對等分析得非常清楚。他還講到胡適在北大推行西學，卻在清華國學院推行中國傳統教育的事。我從未聽到有老師重點講這個問題，我們經常想起胡適，但好像很少有人發現這個問題，注意到這背後的深層原因，龔老師卻往下分析出了那一時代人的矛盾心理。

作爲一個學生，學習的不單是老師的觀點和結論，更重要的是老師研究、思考這個問題的思維和方法，我們應該像他那樣，注意那些容易被忽略而又很重要的問題。他教給我的是正確的思考問題的方法。

我印象最深的是他講朱光潛的時候，談到康德的美學，認爲他其實是用理性的方式、用概念去解釋美的感受，而並未真正提高人的美的感受。對於西方大哲學家的理論，我們大部分是一種迷信的態度，連一些大學者也是如此，康德的理論那麼嚴謹和完整，從根上發現它的本質並進行反思的人實在少見。他在課上提出，經典並不一定都是真理，我聽到後很奇怪，因爲很多老師特別是學者都主張要相信經典，並認真研究。龔老師還對一般以西方理論爲準繩的學術研究現象從思維模式及思路上進行了嚴謹的批評和分析。我們都知道「懷疑一切」這句話，但真正在思考問題時敢於懷疑、認真嚴謹地懷疑就不太容易了。他準確、清楚地發現了「五四」以來迷信西方的原因，而不是單純地去說，去指責用西方理論不對。

他講到「五四」以來我們學術研究不太對的幾種思維模式，一是「貼標籤」；二是單一思考模式；三是「去歷史化」；四是形式性思考，還有以勢定理、「飲鴆止渴」等等。

這些都容易讓我們自己陷進去而得出一些錯誤的結論。一般情況下我們都是在爭論問題，卻很少注意分析對方背後的思維方式，就像辯論雙方只是尋找有利於自己的證據，而不會在現場去分析對方的思維是不是嚴謹，角度是不是合適的問題。能在思維層面上發現問題，要比針對具體問題進行反駁和論證要難得多。具體問題的論爭很容易讓人「不識廬山真面目」，要發現思維上的問題，就得從具體的問題中跳出來，有一個更高層面的把握。而他指出的又是不同年代、不同領域的一些著名的學者共同的思維缺點。意識到這一點需要學習不同學科，又不被這些名家的理論所俘虜，進得去又出得來。

現在的學者、專家一般對一個領域知道得越多，對其他方面知道的就越少，這是工業社會專業分工的結果。隨著學科越來越細化，學術研究也越來越細化、理論化和抽象化。雖然人們都在強調跨學科，但在實際層面，沒有很好地將相關的學科打通，學校裏面只是簡單地開一些相關專業的課程，而並沒有真正地融合。北大中文系曹文軒教授在一次課上說，本科生能看懂小說，碩士有些看不懂小說，博士根本看不懂小說。學術研究使學生的思維嚴重地單一化了。龔老師有時會講語音學，有時會講社會學、美學、哲學，古代的、現代的、印度的、西方的以及中國的社會現實，他都能根據需要靈活自如地運用，而不是生搬硬套，真正做到了文史哲打通，中西方融合。

最不可思議的是他打通了我們認爲不可能打通的概念。有一次他在課上講到，哲學家們思考的是一種抽象、無限的，沒有答案的問題，所以很多人容易著迷，而企業家賺錢也是這樣的，很多企業家掙的錢足夠了爲什麼還要掙，就是因爲錢是一個抽象的符號，是一個無限的期望。一般的學者看不起企業家，認爲他們是財迷心竅，而企業家又瞧不起學者，認爲他們脫離現實，不知人間煙火。龔老師作爲一個學者，能通透地感覺到這兩個有些水火不相融的行業背後也有相通的地方，我真不知道他如何想到的。龔老師在上課時也提到，現在各學術專家的專業用語，相當於黑道上的黑話，外行人基本上聽不懂，而一般人認爲這樣才是學科的成熟和完善，從而人爲地造成了學科的分化。這需要一個開放的心態，宏觀把握的能力，嚴謹的學術態度和深厚的個人修養才能做到。

這樣的思維方式對我們很多人都有很大的幫助，我們能打通現實生活與學術研究的思維，就不會再去推崇像錢鍾書這樣的書呆子型的學者。這種思維使我們不僅會在學術上有所建樹，在其他方面也會活得很精彩。龔老師的課對我有很大的啓發，是因爲這種思維對理解商業問題也是有用的，應對市場新的變化就相當於我們在學校裏面又學了一個新的專業，打通許多專業的思維就是適應市場變化的基礎思維。我們可以用像學術一樣嚴謹的邏輯去思考日常中的活動。而這些並不是一個個具體的方法，聽到像龔老師這樣一次次的跨專業的真實的突破，我才感到有所訓練。我們現在還處在學科分化的大環境中，而且從一上大學受到的訓練就是細化的，鑽牛角的思維，我們的老師大多也還是以專業化的思維訓練學生，像龔老師這樣能打通的思維我們很少能夠接觸到。

在龔老師的課上會聽到我們不知道的東西，如：古代人的觀念、雍正一生批了多少萬字奏本、古代人生活的細節等。有時真的不知道他怎麼會有這麼多的知識。有一次上課，龔老師講到自己看了三遍《四庫全書》，不覺感到吃驚，一般人看一遍都不錯了。他還講到自己看了許多別人認爲研究學術不看的書，如《相狗經》什麼的。我聽到一個故事，說他年輕時，在家整天端坐看書不出門，他的鄰居都以爲他們家坐了個木偶。在北大我也見過很多同學和老師，看書不要命，學習、研究很刻苦，但龔老師與他們有些不同。他看的是第一手資料，沒有標點的古文等原始資料。而我們很多人看的只是後人的詮釋和各種爭論，往往沒有自己對原始材料的掌握，這樣很容易被專家們的觀點所迷惑。我們現在之所以不去讀第一手材料，是因爲太難讀了。看學者們對這些的解釋相當於吃別人咀嚼過的東西，當然比較容易。讀一手材料才是真正的研究問題，而不是爲了學歷，或只是在做思維體操。

從見到龔老師第一面到現在，我從沒見過他穿西服，無論冬、夏他穿的都是中式上衣。有一次我無意中看到他手錶上的符號，也是甲、乙、丙、丁，子、丑、寅、卯之類。龔老師與眾不同，但從沒有給人孤傲的感覺，平時問他問題，不管是哪一類，他都會認真解釋。也不管是哪一類學生，他都會認真對待。他有一個相當清晰、嚴謹的邏輯，即使平時聊天，中間如果有人打岔，講其他事，他也不會被打擾，接下來還是要把那個問題講清楚。這些小事，看起來容易做起來很難。在學習中國傳統文化的人中間，很少有人去按傳統文化實踐的。修身養心其實就在身邊的事情中。北大治貝子園前面的老子像斷了幾根手指也沒人去修，也許學習中國哲學的人對中哲就沒有根本性的喜愛。我還碰到一個學習中哲的學生，經常看他抱著王力的古漢語書刻苦學習，但上課發言時聲音小得聽不見，一年多時間根本沒有改變，有時我就在想，他可能把中國思想當作了一個吃飯的工具，同學習商業課程一樣，雖知修齊治平，但並不身體力行。能做到「知行合一」是很難的。

我還聽到一些龔老師創辦大學的事，也覺得很新鮮。他當校長，不是管理一個學校，而是在這個學校中力所能及地發揚中國傳統文化。他創辦的佛光大學，教學樓都是中國古代風格的，建築的很多名稱也是從中國古代經典中尋找的。他把古代收弟子的儀式用到了學校的開學典禮上，學生在開學典禮時會將一把戒尺送給老師，老師則送給學生幾卷竹簡的書。他參加創辦了中國第一個道教學院，創辦了生死學研究所，把中國一些傳統的喪葬等儀式推廣到社會上。他在盡最大可能去做，而不只是在教書。

龔老師首先是一個老師，但您千萬不要根據詞典上「老師」這個詞的定義去理解他。

龔鵬程訪談錄

2008.02.20

過年放假，網誌也要休息。如今百業開工了，我也於十七日回到北京，準備繼續在此向大家報告行止。

但過了年，人總是慵慵懶懶的不想上班，所以我也怠於呵凍打字。用生安鋒去哈佛大學之前採訪我的紀錄以為暖身吧！祝師友新春快樂！

生：您經常自比中國傳統文化的代表人物聖人孔子，您在開玩笑時說過您和孔子有很多相似的地方如，都做過官、都喜歡到處遊歷、都授徒教學、甚至都有過緋聞等等。我想請問：您爲什麼要自比孔子而不是中國歷史上的其他先賢？您和孔子的相同處是什麼？又有什麼差異？您有沒有要超越孔子的地方？問這個問題是因爲我覺得，憑我對你的瞭解，你是不輕易服人的，我想就是孔子您一定也能找出他的弱點並力爭要超過他吧。

龔鵬程：其實我不是自比孔子。我很的小時候讀過《孔子傳》，那時就被孔子所感動，所以我從小就佩服他、願意學習他，我不敢自比他，我只是說要經常學習他。後來講的什麼做官啦、講學啦等等其實都是開玩笑的。基本上就是學孔子。那些人生的遭遇都是偶然的。孔子好學，又一輩子都堅持自己的理想，這都是值得我學習的。而且我也喜歡他的個性，言說中有些詼諧，人也很達觀，瞭解天命。我喜歡這樣一種形態的孔子。或者說我所認識的孔子也許跟別人眼中的孔子不太一樣，我會覺得我這幾十年的生命中一直跟孔子頗有契合之處，所以我把孔子當成是我尊敬的一位朋友。我不會把他當成競爭的對象，而是我學習的一個典範。當然我也喜歡我同年讀過的孟子、莊子，我恐怕也受莊子和孟子蠻大的影響，不過孔子還是我最早認識到的偉大人格引導者。

生：隨著新儒學的興起，世界上似乎對以儒家思想、儒家哲學爲核心的東方文化開始發生了濃厚的興趣，甚至有西方人士認爲這是拯救西方衰微的文化的良藥。您是否認爲儒學有復興的希望？

龔鵬程：先談西方。西方文化針對現代社會的發展，一直有所反省。整個現代藝術、現代文學對現代人的精神處境都有很多深刻的批判和挖掘。在這種反省中，他們可能回到古希臘，或者回到中世紀，去尋找一些不同於現代的思想資源，希望能幫現代人走出目前心靈的困境。同理，他們也希望從東方的文化中找到一些類似的東西。可是這樣的一種傾向主要是面對當代社會問題，要解決當代人的精神文明上出現的一些偏差，這是否可以被當成是我們的儒學復興的一種表現？我看未必。它最多只是我們復興儒學的一個機會而已。而在我們目前，包括台灣和大陸，社會體制跟追求現代化的社會進程，恐怕目前還都不是儒學真正復興之機。因爲我們社會的主流思想意識還是在追求著現代化。如果在政治上能夠發展出民主政治，我們就謝天謝地了。經濟上，我們則正進入資本主義經濟全球化的結構裏，忙著發展經濟。這時候，很少有人會想到可用儒學來作爲對當代社會的一種批判性的思想資源。因此，所謂儒學復興，只是在現代化的進程裏面，增加了一些補助性或救濟性的一些思想元素，根本不足以主導這個社會的發展。目前我們時代的機遇只不過如此，故而我們也不敢奢望儒學現在就能夠復興，只能說現在也許可以埋下一些種子，爲將來的復興提供更多的機會而已。

生：您的學問貫通中國文學、史學、哲學、宗教四大領域，在您看來，這些領域是不是都是一致的，也就是說屬於中國文化傳統的不同方面？您的研究領域如此廣泛，以至於有的研究生想以你的思想領域作畢業論文，最後也因爲您涉獵的範圍太寬、太深而不得不望洋興歎。我們都可以看出您做學問是真正名符其實的融通古今、學貫中西的，從研究領域講是跨學科的。但能否請您自己概括一下您在學術上都有哪些特點？您是順其自然呢還是有意爲之的？

龔鵬程：既是順其自然也是有意爲之的。順其自然是說，從小我就閱讀中國文化典籍，對它非常熟悉。當然我閱讀的範圍也包括一些西方的東西，像我寫《美人之美》，裏面所談的西方小說等等。可是我更會覺得，作爲一個中國人，對於中國文化的內涵恐怕需要有更多的瞭解，所以我從小就習慣探索這些問題。文史哲這些不同的領域，其實都是現代學科給它劃分的，我們在讀書、想問題的時候，這些問題是跟我們生命連貫在一起的，本來不可分割。可是現在基於學術分化的原則，卻將其切分成若干領域，於是我們就覺得這些領域好像是固定了的，好像從來便是如此了。當忽然有一個人不是這樣，大家就覺得很驚奇。可是實際上做學問不是本來就該如此嗎？我剛才講，從每個人的文學閱讀經驗來看，誰是專門只讀外國文學，不讀中國文學的呢？或者只看現代文學，而不讀古代詩歌辭賦呢？不可能啊！但現在經過我們人爲的切割以後，做古典文學的人，竟然就不涉獵現代文學；而研究現代文學的人也理所當然地不管當代文學；研究中國的不研究西方，研究西方的則不研究中國。這不是太荒唐了嗎？

我覺得，我們在面對文化問題時，它們彼此內部是相通相貫的，我們自身的生命也是統合的，不可能將其切割成零碎的片段。所謂做學問，我想，就是一方面解決我想到與感受到的、跟我生命有關的各種問題；一方面瞭解中國文化的內涵。所以好像會涉獵到很多的領域，可其實它們的內部都是統一的。在我想來，這樣做不僅不難。而且還應該是一個正途。因爲每一件事情都是相關的。譬如說我小時候喜歡打架生事，整天練拳。打拳就會受傷，所以我當然就要瞭解一下中醫、中藥、經脈，於是這就從武術關聯到人體、藥學和醫學；然後再關聯到少林、武當各門派，這又跟佛教、道教等宗教有關，涉及到宗教史了。我們混江湖的，也總跟社會上的幫派有關，所以不免還要稍稍涉獵中國的幫會史、涉及到一些相關的社會性知識跟武俠小說等文學門類。通過打拳這一條脈絡，就將這些全部都串起來了。我們常常去爭論專精跟博通之間的關係，好像這兩者是水火不相容的，可是我們仔細想想就知道，要專精一件事，與它相關的許多東西不是都必須要瞭解嗎？所以，正是因爲要專精，所以才必須要通博。這兩者本來就是合在一起的。我寫的東西，其實只是材料看起來不一樣而已，處理的是個別領域個別的問題，可內部都是貫通的，都有一些我共同關心的問題在裏面。

我也不是什麼東西都做的。人不可能也沒有必要什麼東西都研究。我只環繞著我所關心的主線，我的主線就是有關近代中國所面臨的文化變遷。要瞭解這樣的文化變遷，即必須對中國的西方的、古代的現代的文化衝突，還有歷史上不同時間階段、不同的文化變遷都做些研究。瞭解文化變遷的種種模式，瞭解每個時代的人怎樣去面對時代和社會的變動，爲我們的時代提供參考。這些是我的一個主線。很多東西都是從這裏面旁涉出去的。其他不相干的東西我其實並不太寫。

生：我們在研究自己的專業時當然肯定會旁及涉獵一些不同的東西，但很難做得像您這樣深刻。像您剛才談到的從練武涉獵到醫藥、宗教、幫會、俠文化等種種學問，而且在每一方面做的都非常深刻，這一點是我們感到非常奇怪的，也是我們感到非常佩服的。

龔鵬程：我剛才講過，要「一門深入」，當然就必須要瞭解所有相關的東西。這看起來好像很難，其實不然。因爲在每個領域內，積累越多、挖掘越深入，把周邊的東西都掌握了，以後我再去做別的東西，就有了很多的思想配備。這可以用支援意識（subsidiary awareness）跟焦點意識（focal awareness）來說明這個狀況。比如我們在敲釘子的時候，我們的焦點意識是敲這顆釘子，但是要完成這個動作，其實還要有很多周邊的感覺和很多相關的知識在幫助我，故我們的支援意識越豐富，在解決這個焦點意識所要處理的問題時，也會更快。因而旁涉越多，在處理問題時深入下去所花費的時間也就越短。所以看起來一開始好像要花很多時間，可是這個時間花了以後，在此後處理任何問題時不僅會更快。也增加了我們處理問題的能力。所以精力並沒有消耗，反而是節省了。

生：您在台灣正式出版的各種著作已達約七十種，近十年來在大陸也逐漸產生了重要影響，到目前爲止已在大陸出版著作十幾種。由於您的學術成就、活躍的溝通和交流能力，鮮有人及親和力、凝聚力和號召力，以及您在全球華人世界的影響，很多人已經開始系統地研究您的思想了，甚至有建立「龔學」之說，您是怎麼看的？

龔鵬程：我一直想瞭解我們的時代，想知道該怎樣面對我們的文化變遷，同時也提供一些想法給各界參考。我說過我從小喜歡孔子，他一方面是好學不倦，另外，他也在思考一些大的文化問題，希望就夏商周文化的變動提供一些想法，能幫助大家開創新文化。我或許在這點上有些像他。所以假如有人願意研究我，其實就是以我提供的一些想法為基點，來刺激或協助大家共同思索一些新時代文化的出路問題，這當然是一個好事啦！而且獨學無友，也會孤陋寡聞。所以若有朋友願意來討論、來商榷，共同面對時代的文化問題，我當然很高興。

生：第一次見到您是二〇〇二年您應王寧教授之邀到清華大學做題為《才性論》的演講，我一直留有難忘的印象。學界都說您是百年不遇的天才，請問您的天份是從何而來的？如果後天可以學來，那麼請您談談如何讓中國、讓世界產生更多像您這樣的天才。畢竟，我們現在是一個英雄缺失的年代。如果說不是，那麼，您認為天才產生的環境（既然天才是不可造就的）是怎樣的？我們現在這個物欲橫流、商業主義泛濫、文化衰微、道德混亂的世界還有希望產生天才嗎？

龔鵬程：孔子的學生和同時代人都說他是天才，但孔子每次都回答說：我不是天才，我只不過是好學而已。很抱歉，我又拿孔子來作比喻了，哈哈！不過確實是這樣的。自幼別人就稱我為天才，可是我自己非常清楚，我不是！我不是天才是很實際的，不像孔子那樣只是謙虛。原因在哪兒呢？天才擁有高度的創造性，而我創造力不足。我所有的創造，都是在前人的積累中增加一點小東西、小想法而已。我並沒有像古代我所知道的天才那樣，能夠創造一個論域，導引人類文明走向某個方向，我沒有這樣的能力。

我真正認真讀書是進大學以後的事。大一開始，我就自己注解《莊子》，寫了幾十萬字。那時我要一個字一個字地去瞭解《莊子》，然後把所有跟莊子有關的書統統找來，詳細地閱讀，翻來覆去地看。大二做謝宣城詩研究，大三做先秦學術思想史的研究，大四的時候做晚清到民國初年的詩歌史的研究。我每年都替自己定了一個功課，除了正規上課、應付考試和其他亂七八糟的事情之外，我自己有一個長期的讀書的功課。而且一開始就是大規模的會戰，不是小打小鬧的。一開始就是一部一部大書這樣寫。注《莊子》就是幾十萬字；大三時候寫的先秦思想史《古學微論》，討論儒道名法墨家陰陽家等九流十家，翻來覆去也寫了將近一百萬字。把所有相關的古代文獻幾乎全看完了，包括民國以來的古史討論，都一一讀過。每年都是這樣，到現在三十多年。我自己發現問題，自己找資料，自己去組織一套想法。所以我其實是下了很多人所難及的苦工。我一向很忙，有很多行政工作要做、要滿世界亂跑，但是我每年基本上都還有七、八十萬字的寫作研究量，磨練著我的文筆、鍛煉著我的思考。學界天才很多，但沒有一個人比得上我用功。而且我對每個問題，從怎麼樣找問題，怎麼樣組織文獻，怎麼樣去發展一個想法，我都是一步一步、扎扎實實來做的。我自己在做學問上或許是比較刻苦、比較誠懇的。所以我並不是像現在的一些學者，去學習哪個門派，以後就拿著這套理論來打這個套路。我不是這樣的。我是自己去想問題、找材料，去組織、去做系統性的思考。唯有這樣一刀一槍地攻堅，去搶下城池，才能夠守得住。所以我也不覺得有什麼真正的天才。天才其實很難得，百年不遇。但是像我們這樣的人恐怕只能夠通過這樣的方式一步一步地努力，踏踏實實地做學問。

生：我感覺您的記憶力是非常好的。

龔鵬程：我記憶力當然還不壞。但是，記憶是不可靠的。對於任何事情，我們的記憶都會出錯，而且光靠記憶材料有什麼用呢？通常我是不記的。我記得的東西其實都是我想過的。就是：想一個問題時，我通過觀察了一些現象、看了一些書，慢慢形成想法，我是通過這個想法去記住相關材料的。想法就像一條線索，而這些材料不過是像串起來的珠子一樣，通過線索把這些東西穿起來、組織起來。我記得的是我的想法，因爲那個想法是我自己想出來的。我記得的是這個想法，所以我就同時記得跟它有關的那些材料，如果我沒有什麼想法，我看過的書就都會忘記。沒有組織，誰能記得這麼多雜零狗碎的東西呢？

生：您現在能夠想到的古今中外的天才有哪些呢？

龔鵬程：天才太多了。比如說像佛教裏面的鳩摩羅什，十幾歲就當了龜茲國的國師，弘開大乘佛法。他本來學小乘，後又學大乘、學得非常好，以至於到後來，他原來的老師要回頭過來拜他爲師。他十幾歲就當國師，姚秦要請他過來，龜茲國不放人，結果兩國竟爲此交兵，打仗打了若干年。他其實是一個西域中亞地區的胡人，可是你看他翻譯的佛經，中文如此之好，足以令我輩愧煞。這種人，可以打開一個大的時代、一個新的格局，是中國大乘佛學各派共同的祖師。像這種天才，我們趕不上的。又比如王弼，魏晉玄學的代表人物，死的時候才二十幾歲，可是他所注解的《老子》、《易經》到現在來看還是最好的。還有很多文學家，像李賀，死的時候也才二十來歲，他的詩歌才華橫溢，我們都達不到這樣的境地。但我們也不應該去期待自己，或者期待我們同時代的任何人去達到這樣的境地。我們這個時代實際上也沒有什麼天才，最高明的也不過跟我差不多，都是困知勉行啊！所以我們應該鼓勵的是這樣踏踏實實的，比較篤實的學風。

生：記得您說過：以前在台灣期間，您每年在大陸講學參會遊歷的時間就有三分之一。你兼有多種身分與頭銜，其中學術兼職、文化團體兼職尤多，然後又整天開會，請問您都是什麼時候做科研？我知道您喜歡或者是被逼無奈，在旅途中寫東西，看您的文章，後面經常寫著某年某月某日寫於某地至某地旅次。這就是爲什麼你每年的文化產出量近百萬字的原因了。我想知道的是：學術寫作需要冷靜的思索和條理的安排，需要嚴密的邏輯性，尤其需要多方查證資料，請問您眾多的學術著作如《晚明思潮》、《漢代思潮》、《遊的精神文化史》、《文化符號學》等一系列嚴謹厚重的學術著作都是如何完成的？

龔鵬程：我本來就忙。大學畢業以後，沒有一年不在幹行政，社會活動又多，確實非常忙。但不管做任何事，我都覺得學術研究是跟我的整個生命結合在一起的，它是我最重要的事情，所以我從來就沒有放棄過。而所謂沒有放棄，跟一般人的理解也不很一樣。一般人是我在做什麼什麼事，那麼另外的時間我就靜下來，好好讀點書。我不是這樣的。早期，我也是要挪出時間，把很多事情排開，躲起來讀書。譬如禮拜一到禮拜五去上班，但禮拜六、禮拜天通常哪裏都不去，一定關在家裏讀書。晚上下班回來通常也是讀書，在辦公室有空也要讀書。但是慢慢地，我已經養成了一些習慣，讀書做學問對我而言就跟呼吸差不多，我們不會專門留下一個時間來呼吸吧？也就是說，我整個的生活就是一個學問的生活。讀書做學問不是說特意地一定要跟工作生活切割開來的。我所有的工作都跟我的學問結合起來。

怎麼講呢？舉例來說，我要辦學校，那麼，建築規劃、景觀設計、植栽綠化、空間處理、水土工程等等，該不該懂呢？該不該去研究呢？大家或許會說這些都可以委託給專家，但我辦的學校若要有自己的想法與風格，即必須自己去想、去研究，別人替代不了你。而除了蓋房子等事務性事情外，校長最重要的是要懂得高等教育的發展。明白了，才能夠替自己的學校找到它的定位，才能夠知道該如何辦。所以要通貫地從教育史來看，我要延續什麼樣的教育理想和什麼樣的教育精神。橫面上，則要瞭解目前社會上和其他國家高等教育發展的趨勢到底是什麼。這都需要花很多時間去做研究。很多辦公的人就只是在辦公，而不曉得要把這件事情辦成，基本上是需要研究的。

我原先辦的學校是一所管理學院。我雖是人文學科出身的，但當時台灣的政策還沒有開放私人辦人文社會學院，因此我只能辦管理學院。那麼我就要想：在整個台灣或華人社會的管理學的發展中，爲什麼還需要再增加一所管理學院呢？不是已經很多了嗎？而且人家也都辦得非常好啊？那我爲什麼還要再辦呢？我要辦的管理學院對於整個社會、管理學界，能夠帶動它什麼？所以我選擇了人文管理的路數，先後創辦生死學、環境管理、出版學、藝術管理、文化行政、非營利事業管理等很多新學科。這些新學科的創設都關聯著整個學科的發展，影響深遠。所以創立每一個新學科，乃至創立一所新學校，本身就是一個很大的研究題目。我首先要想清楚，不然的話如何去辦它呢？也就是說對於每一件事情，我都把它當成像做研究，去好好研究一番。在辦這些學校時，我還把我從中國文化之中學習到、瞭解到的一些教育理想、書院傳統等跟我所辦的學校融合起來。這樣，所有的時間對我來說就都不是浪費了。

生：在很多人看來，您都是中國傳統文人墨客的典型：喜著傳統的中式服裝、精於書法、國術（武術）、飲酒作詩（格律詩）、品茶賞月；有時候您又放浪形骸，縱酒高歌，讓我們想起李白、杜甫、白居易等中國傳統大詩人的形象。請問在您自己的心目中，您是一個什麼樣的人？是傳統的文人或者士嗎？您是如何定位自己的，是否就是一個承載中華傳統的現代文人？

龔鵬程：你最後講的一句話沒錯。現代文人跟古代文人是不一樣的。現代文人活在現代社會。他必然帶有現代意識。也同樣面臨到現代社會的一些挑戰。我們的傳統中國文化在現代社會中怎麼表現，這是一個大的問題，是古人不會遇到的。我自己的學術背景看起來最明顯的部分，當然是你剛才所講的傳統典章、文物，或者是文人墨客的這一套。這部分我在大學時代就已經學得很純熟了，哈哈哈，我也接觸到很多老輩，從他們身上也學到了很多文人的本領和毛病、壞習氣。但是，我跟傳統文人還是有一個非常大的不同。

我大學畢業後，擔任了校長張建邦先生八年的秘書，這八年對我影響極大，使我增加了另外一個非傳統的面向。張先生是華人世界裏最早討論後現代、後工業社會、「第三波」、知識爆炸和未來學等的學者。當時他創辦了一個刊物叫《明日世界》。而我原來只是活在歷史中的，故這對我是個非常大的衝擊。我主要是幫他寫文稿。他當時在美國讀博士，研究高等教育的發展、教育行政、教育管理模式，再就是談未來學、後現代、後工業社會、資訊社會、知識爆炸，並推動電腦資訊教育。這些東西，我都很陌生，但是經過長期揣摩，也就有了很多認識。他每年都要從美國帶回來很多新材料，我們就組織人編譯，然後潤稿，替他寫一些東西，表達他的思想。因此有關高等教育在國外的發展趨勢、外國的城鄉建設、未來的都市、科技和未來的人、未來的社會和交通等等，我也作了很多思考。對於這種趨勢研究、未來性、現代工業社會之後我們人要向何處去的問題、科技的發展帶動什麼等等，有較深的認識。以致我在談傳統文化的問題時，也常有一些「解構」的趣味，拆解掉現有的一些理論框架和思維模式。我也會關注到社會未來的變動與趨勢。

也就是說，我有古代文人所沒有的現代意識以及對現代性採取批判的意識。這樣一種意識就可以幫我重新觀察傳統文化的很多面向。這個部分是我比較隱藏的，不容易爲人所知。但我其實有很多談管理學的文章、討論現代社會的書，和我長期寫的社論，而那些都是不太爲人所注意到的。這些社論是代表報社寫的，通常都不署名，凡百萬言，都是對於當代社會的討論。這些討論，一方面是基於我的傳統文化的背景來針砭當代社會，一方面我也會觀察或者考量到未來發展的趨勢，對其作出分析。這一點是跟傳統文人很不相同的。

生：中國的文化有什麼令你著迷的地方？與西方文明相比，您認爲中國文化的主要特色是什麼？中華文化的傳承主要應該傳承哪些東西？展望新世紀，您認爲中華文化有復興的可能性嗎？

龔鵬程：我對中國文化的喜愛，首先不是從理性上來的，就像對父母自然產生濡慕之情。我父母可能有很多缺點，但是我不可能不愛他們。我自己的小孩可能也長得很醜很笨，但是你也不可能不喜歡他，這是出於天性的一種自然而然的喜愛。它可能最早只是親近熟悉而已。從親近感和熟悉感逐漸養成對它的關懷，通過這種關懷你當然希望他更好。對中國文化或中國社會，其實我是這樣的一種態度。西方的東西，對我來講，也會去鑽研它，但就不那麼熟悉、不那麼親近。它只是我理性知道的部分。而這種知道，又因爲我不活在那個社會裏面，所以我其實沒有那種感性的認識，我只有片段的認知。譬如我知道某本書，或某個人的什麼理論，但我會覺得我無法對其形成一個比較全面的判斷。就好像我們對人的認識，有時候不是從他的言論上來的。他的很多動作、他的某些表情，或者某些彼此相對應的氣氛，讓我們感動、讓我們瞭解。這不是光從其言說上來的。我對西方的認識，最多只是從理論上浮光掠影地知道一點而已。所以我平常不太會去專門去談西方文化如何如何，我通常會去談中國，想要解決中國文化的發展問題，這也是我們目前的當務之急。我在這一方面更願意花費更多的心力來討論，這是第一點。

第二，中西文化比較太難了。中國文化有哪些優點、西方文化又有哪些優點，我並不太這樣說。我主要是要區別它們之間的不同。優劣很難說，看用什麼標準。但看出若干不同是可能的。在我《傳統文化十五講》那本書裏面，每一章都是從中西文化對比的角度，從中西文化不同的思考方向上來看。比如有一章說西方很早就談到人體、人的形象。可是中國人基本不是從形體上說，而主要是談精神、談「氣」，這是一個不同的思路，不同的思路就會各自開展出不同的風景。所以我想我們現在也許不急著去做判斷，而是要做更多的瞭解，觀察它們不同的思路，將來再做較細緻的比較，或許會更好些。

生：你自己說過英文不太好，而你對克羅齊、德里達以及眾多西方理論思潮和思想都有深刻而獨到的把握，難道這都是從閱讀譯文學到的嗎？還是另有什麼訣竅？您覺得英文典籍的漢譯是瞭解西方文學和文化的最好途徑嗎？

龔鵬程：翻譯是文化交流中不可或缺的，不論我們對於翻譯有多少抱怨，翻譯都是必要的。而且閱讀翻譯也不可免。即使是對於另外一種語言非常精通的人，參考不同的譯本來閱讀也非常有幫助。況且我們的語言能力，即使能夠懂英文，也未必能懂拉丁文、法文、德文、俄文、梵文，所以我們在語言上到底能夠掌握多少語言，其實不很重要。因爲現在法國、德國的很多思想，通常也是通過英語版本來瞭解的，只不過我們比較信賴英文或者日文的翻譯而已。我們比較不信賴漢譯，因爲漢字的翻譯畢竟不像英文或者日文那樣做的那麼多，或者那麼嚴謹。我們現在應該鼓勵的，是怎麼樣把漢譯做好。像日本的翻譯就很讓人佩服，因爲他們又多又快又全。明治維新時期在很短的時間內就消化了西方的文化，比我們速度要快、要全面；而通過消化西方，他們也發展出了自己新的學問。所以我會覺得我們應該鼓勵翻譯。假如說有更多的人來關注漢譯，那麼漢譯也就會慢慢完善起來。這是從大環境來說的。

我自己確實是靠閱讀翻譯的。閱讀翻譯大家都說很危險。但其實並非如此，道理很簡單，翻譯未必就不能讓我們把握原著的思想。最簡單的例子就是佛教，我們現在對佛教的瞭解大體上就是靠翻譯。佛經幾乎全部都翻譯成漢文大藏經，我們從而得以瞭解它。當然很多人說中國佛教不是印度佛教，它有很多中國化的東西，有很多改變。誠然！但是早期的很多大師，也不懂梵文，可是卻能掌握佛教的精髓。所以只需對思想路數摸清楚了，在不同的譯文中比對，還是可以看出它很多的思想底蘊的。

生：您祖籍江西吉安，生在台灣，海峽兩邊都是自己的家。您對大陸可以說是非常瞭解了，甚至比我們生在大陸、身在大陸的人更加瞭解。這一方面是由於你關於中國文化（歷史、地理、哲學思想等）豐富的知識，您對我國文化的熱愛，也是由於您在大陸的遊歷遠遠多於我們。您的足跡幾乎遍及大陸的每一個角落；並且每到一處，您都要探尋文化歷史名勝古跡。您對大陸當下文化、政治、經濟等各方面的發展也瞭如指掌。這當然與您廣博的學識和深邃的見解有關。那麼在您看來，台灣與大陸的關係將會朝什麼方向發展？在文化和學術交流方面的前景如何？

龔鵬程：台灣的歷史很複雜麼，過去荷蘭人、西班牙人都曾染指過這個地方，也還有一些文化遺存，包括荷蘭人的後裔。日本人在台灣經營就更不用說了，它五十年的經營非同小可。但不論如何，台灣的整個文化的底層基本還是漢文化。這個文化基層並不因受日本的統治而消失。日本人派到台灣的總督，幾乎每個都會作漢詩，在台灣也跟台灣人一起吟詩作賦。除了在第二次世界大戰最後幾年日本人禁止漢文的教學之外，台灣的漢文傳統是一直沒有斷的。也就是說，台灣基本上是一個漢人的移民社會。從政治上講，它也長期成爲一個以發揚中國文化爲基礎、爲其存在理由的地區。所以在文化上，台灣要跟大陸割斷不是那麼容易的。即使現在政治上有人希望「去中國化」，但確實非常困難。因爲這就是台灣社會的性格。你不可能扭轉它的性格。政治上的操作只是一時的。從文化上說，台灣跟大陸共同擁有一個歷史，也共同擁有一套文化體系。所以在這方面的交流是不可能斷的。而且隨著經濟的互動，兩岸的一體化的結構其實已經慢慢形成了。另外就是學術的、文化的一體化。早期只是人員來往，還是兩邊各搞各的，只是有一點交際性的交流而已，但現在不一樣了。現在的一體化是結構式的扣合，在文化上已經非常非常明顯了。在大眾文化領域不用說了，台灣的歌曲、電影和大陸是完全同步的，所以現在大陸的年輕人的社會意識和言談舉止，跟台灣的年輕人基本上沒有太大差別。雖還有一些區域性的生活上的小差別，但都享受了同一種文化的進程。歷史文化這一部分也是一樣。台灣非常關心大陸的文化建設，對於歷史古蹟的破壞或者文化產業發展過程中出現的種種不好的現象，可能甚至會比大陸本地人在追求經濟利益過程中所放棄的這些東西，會更爲感到痛惜，因爲那是屬於我們共同的文化，而不是只有大陸人擁有的。每個地方的古蹟都不是你本地人的。我們擁有共同的祖先，我們擁有共同的文化，是我們生命的一部分。基於這一點，我們也非常希望能夠協助或者共同關心大陸文化發展和文化建設。大陸現在的文化環境當然還有若干不理想的地方，比如說新聞、言論、出版都還有若干不自由的地方，但是我想，只要大家共同努力，未來的情況也許會有所改善。

生：您在台灣接受了全套的教育，對台灣的教育體制非常熟悉。同時，自從一九八八年以來，您又常年往來於兩岸開會、講學，開展各種學術交流活動。近年來，您又先後被北京大學、清華大學、南京師範大學、北京師範大學、中國人民大學等知名學府聘請爲客座教授或者講座教授，長期在大陸居住講學，可以說，對大陸的高等教育體制十分熟悉。

據我所知，您辦過文化公司試圖開展一些文化旅遊和傳播之類的活動。當然，您的經營和管理意識與才能更突出地表現在辦學上：您在台灣創辦過兩所私立大學（一所是人文管理方面的南華大學，一所是人文社會方面的佛光大學），在大陸你也做過一些嘗試。請問您辦學的宗旨基本上是什麼呢？與大陸上絕大多數以盈利爲目的的公司性質的辦學（我們通常稱之爲學店）有什麼不同？下一步在大陸有什麼計劃或者設想呢？我們都知道真正辦教育或者辦真正的教育是出力不討好的事情，您爲什麼還樂此不疲呢？

龔鵬程：我原來在台灣辦南華的時候，就創了一個制度，對學生一毛錢也不收。爲什麼呢？學校是一個非營利組織，不是以盈利爲目的的。就像醫院，是以治病救人爲宗旨的，而不是以賺錢爲宗旨的。可現在的醫院是你沒錢就別進來。沒錢，就是要死了，我也不會救你。這就完全搞錯了。學校、醫院等等，都是爲公共的福利而辦的。我們一個社會爲什麼要辦學？這就跟我們要種樹一樣，種樹是爲了子孫。爲了後人。所以前人種樹後人乘涼。我們辦學也是爲了社會未來持續性的發展，因此辦學不應該是受教育人出錢的。就好像說你現在種樹，要叫後來乘涼的人來出錢一樣。照道理學校應該是要提供給每一個社會上要讀書的人來讀的。假如說政府做不到這一點，達不到這樣的功能，那麼就應該要求社會來共同提供這樣的條件。當時我們從社會上集資，讓學生免費入學，就是朝這個方向做的。強調學校應該是個非營利性事業，學校是對我們社會文化的一種投資，應該由社會共同來承擔。像在有些歐洲國家如德國、法國等，讀書本來就是不要錢的。它是一種社會的責任。我覺得這個觀念在大陸一樣也應該提倡。一個國家，其他的如軍艦、飛機可以少造一點、少買一些，但學校應該多辦，以便為老百姓提供更高的文化素養，這其實是社會的一個共同的責任，無論政府還是其他的社會單位。這是第一點。

第二，我們中國人辦教育特別是高等教育，近一百年來，基本上是學西方的。從西方那邊抄過來，要麼從德國，要麼從美國，要不就是從日本。那麼我們中國人搞高等教育，到底要走什麼樣的路子、創造一個什麼樣的新模式？這也是我所關心的問題。所以我當時嘗試著想要把現代的大學體制跟中國傳統的書院結合起來，看看可不可以摸索出新的辦學方向來。我當然未必成功，可是我想對於大陸來講也應該是一個可探索的路子吧。我們應該想一下該有個什麼樣的大學。

第三，就是我們大學裏面的學科建制，仍然是一種西方式的學科建制呢，還是說我們可發展一些學科或一些教育結構。比如說我當時推動入學不分科，今年我看到北大的「元培班」也是用這種方法，只分文科、理科，考生進來不分科。而一九九六年我在南華就推動不分科了。學生進來以後，最主要的課程則是經典教育，中國選出二十本書，西方選出二十本書，其中包括古希臘的悲劇、莎士比亞戲劇、馬克思的《資本論》，或是霍布斯或者馬奇維利等等，選西方文化和文明之中我們覺得最具代表性的二十部經典。中國也是一樣，如《六祖壇經》、李白詩、杜甫詩、《紅樓夢》、《詩經》等等。學生在四年當中，每個學期至少要精讀一本經典，總共必須要讀中、西方各四本經典，任何科系的學術都是這樣。以經典教育作為整個大學教育最核心的部分，然後再搭配一些其他的課程，比如我們的學生學古琴、學打鼓、學雅樂，這些都是把一些傳統的文化元素重新組織到現代大學的課程設計裏面去，來發展一些新的東西出來。

所以，第一，我反對我們現在大學以賺錢爲目的，把教育當產業。第二，現代的大學，都沒有考慮在中國在接受西方大學模式以後，怎麼樣跟中國的教育傳統重新結合的問題，並發展出一個新的東西來。第三就，大學內部，在教學方法、學科建制跟課程設計上，有沒有什麼新的東西。它不應是這種功利性導向、技術化導向、實用性導向的，而是真正要希望把人教養成一個有文化教養理想的人，也就是剛剛你提到的中國古代的士或者君子。這個恐怕是我們的現代教育中應該要注意的問題。

假如我還有機會在大陸上辦學校的話，我也希望還能朝這個方向做，但這要需要很多條件。如果沒有條件，我們就只能自己來辦一些小的文化活動，或講講學。譬如今年我剛剛帶了五十個學生和教師，做了一次文化旅遊。我先到南昌去看西山的道教，到青雲譜去看八大山人紀念館，看滕王閣，大家體會當年王勃寫《滕王閣序》的感觸，之後再住到白鹿洞書院去，體會當年朱熹、王陽明、陸象山等在那邊講學的狀況，加深對中國儒學傳統的認識；之後再上廬山，裏面有佛教的東林寺，有李白、白居易、蘇東坡等的詩歌和各種遺跡，對中國的文人和文學傳統有所認識，在廬山還有佛教的傳統。從那裏再到景德鎮，看一下瓷窯，看陶瓷文化，完了之後再到鵝湖書院，也就是當年朱熹、陸象山辯論的地方，這樣繞一圈回來。辦這種文化體驗來讓他們重新對中國文化有更深層的認識。當然這個規模比較小，人數也不可能多，跟辦一個學校是不一樣的。但是假如我們可以先從社會上小規模、不同地方上推展一些文化觀念著手，那它在各地方就會生根，就會逐漸產生一些作用。

生：您比較推崇像辦學這樣的大規模的活動，以施展自己的教育理念，您剛才所說的條件，照我理解，是不是主要就是資金的問題和政策的問題。

龔鵬程：資金當然是問題。但更重要的問題不在於資金，而是資金所產生一些作用。我們設想孔子若活在今日，他要辦學，他怎麼辦？他不會有錢啊！那他或許只能找子貢出錢。可是我們現在資本主義社會的邏輯是：誰出錢，誰就是老闆，學校就屬於他，他就擁有產權。可是你來想想，假如孔子辦學而子貢出錢，難道孔子還要聽子貢的嗎？這不是非常荒謬嗎？所以我們現在首先就要知道，在辦學這件事裏，資本主義社會的邏輯本身就是一個大問號。如果是這樣的話，學校根本就不用辦了。因爲到最後是有錢的大老闆說了算，那學校還有什麼可辦的呢？無論有什麼理想也無從談起了。

第二個就是社會體制的問題，它能否讓我們根據我們的理想辦成學校？不要講大陸，就連台灣也很困難。我辦南華的時候，爲什麼要辦管理學院呢？因爲政府根本不開放你辦人文社會方面的學院。當時台灣跟大陸不一樣的地方就是台灣有很多私立學校，從大陸上遷過來，如東吳大學、輔仁大學等很多，所以台灣一向都有私立學校。但是，有很長一段時間，政府不准增設私立學校，因爲要儘量教育國家化。

我們海峽兩岸從清末以來，都在共同走一個錯誤的路子，就是教育國家化。台灣要等到「解嚴」以後，環境改變了，社會開放了才開放私人辦學。然而國家還是覺得人文社會學科都是不聽話的，所以只開放辦工學院。後來才允許辦商管學院，人文社會學院是最後才准的。台灣尚且如此。所以最早的時候我那個學校叫做「南華工學院」，後來政策開放可以辦管理學院，我們趕緊去要求改成管理學院；後來到辦佛光大學的時候，剛開始也只開放可以辦人文社會學院。就是說這種辦學的社會條件其實是很難跟我們的理想配合的。而且你要設什麼學科，也不是自己說了算的，而要由國家同意。

不止大陸，台灣當時也是這樣的。要設什麼科系，得寫計劃去上報，教育部來審查。譬如我想辦出版學研究所、辦藝術管理研究所。台灣有那麼多的畫廊、博物館，可是我們所有的管理學院，卻就沒有藝術管理，也沒有藝術行政。這不是很荒唐嗎？政府裏面管藝術的科員一點也不懂藝術、不懂文化。那些推展文化工作的人員則既不懂管理，又不懂行政。所以社會上的文化藝術發展搞得像一團亂麻。可是你要增設這個學科，計劃報到教育部，它卻說：沒有這個學科啊！當然沒有這個學科啦，正是因爲沒有，我們才申請要辦呀！跟教育部不斷打筆仗，又鼓動社會，開會呼籲等，後來才終於辦成了。出版學也是這樣的，所有的新聞學院、大眾傳播學院裏面都沒有出版，因爲所有的大眾傳播的學術體系都是從新聞發展出來的。可是出版並不是新聞！它不要追求新的知識，而是知識不斷醞釀，不斷要出柏拉圖全集，不斷要研究亞里斯多德，怎麼可能完全從新聞角度考慮出版問題呢？但是這個計畫送到教育部專家那裏一審，他們就說：出版也能當一個學科嗎？我也是花了很大的力氣才爭取到了這門學科的設立。所以辦學要仰賴很多這種社會條件的。

第三，是剛才沒有談到的，就是它有很多社會期待，包括學生的社會期待。假如學生都是利祿之徒，那就沒法辦。他讀書做學問的目的不是爲了成爲一個好人，不是爲了成爲一個有知識的人、一個有教養的人，成爲一個能夠思考文化問題、爲大家服務的人，而只是爲了將來找一份好工作，提高他的社會經濟地位。如果社會上的學生和家長都抱著這個心理，你的學校還怎麼辦得下去呢？你提供的這種教育會受到學生的質疑。問：這樣對我畢業後找工作有什麼幫助呢？學生考進來的時候，想的都是飯碗，而不是學問本身。所以這是我們現在教育中的一個大問題。

教育國家化是一回事，所有的這些整個社會期待是把教育當成改變其社會經濟地位的一個途徑和手段，當成是一個敲門磚而已，沒有人把學問當一回事兒。個人是這樣，國家不也是這樣嗎？國家辦教育的目的是爲了富國強兵，所以跟個人是一樣，都是把教育當工具。在這種社會心理、這種社會期待下，學校當然就很難辦了。

過去歐洲的大學常常說，我貢獻給全宇宙的精神，我的知識要奉獻給全人類，我培養出來的人是要跟柏拉圖對話，跟亞里斯多德做朋友，我關懷的是人類的大的文化問題。這些是歐洲大學的一個重要傳統。而這個傳統在我們這個社會中都談不上了。這個傳統跟中國人講的「爲天地立心、爲生民立命」其實是一樣的道理。就是我們希望所培養出的人是一個有文化擔當的人、有文化素養的人，而不是只是培養出將來只是有很好的職業的人。可是現在都不是這樣。我們的大學則拿著自己的學位來賣錢。它有一大堆的ＭＢＡ、

EMBA、MPA、ME，這個總裁班那個經理班的，無非是拿著文憑去做買賣而已。甚至於我們學校還辦著很多產業，或者學校本身就是一個產業。這樣的話，學校當然就跟工廠沒有什麼太大差別了。

生：您剛才談到受教育者的社會擔當和文化擔當問題，您以前也針對學者對社會所負有的責任發表過許多看法，能否結合自己的經歷談談您是如何看待知識分子在社會中的角色的？我們知道，在這樣一個物質主義、重商主義的世界上，知識分子面臨著很多誘惑、危險甚至是威脅，知識分子如何堅持自己的操守並發揮自己的作用呢？您是如何看待葛蘭西所說的公眾知識分子的？葛蘭西、德里達、薩義德和喬姆斯基等是不是你理想中的知識分子？

龔鵬程：知識分子這個詞原意就是一個公眾意象，「身無半畝，心憂天下」。如果說一個人讀了書，只會考慮個人自身的利害、個人成就的話，這種人怎麼還算是知識分子呢？知識分子跟一般的讀書人不一樣。一般讀書人可能就是只關心個人知識上的成長或者只關心個人的問題，這種人我們一般就不會把他稱爲知識分子。所以知識分子本來就是公眾的。關心公共事務，他所談的跟一般社會上各個階層不一樣的。各個階層都是從自己的階層出發，所談的問題是與自己的身分、階層有關的。而知識分子呢，正好是這個社會上能夠跨越它的階層、種族、立場、身分，從一個總體的社會和總體的人的角度上來思考問題的。這種人我們才覺得他比較可貴，這也是我們所期待的一種理想。你剛才講的這些人，我覺得他們都具有類似的性格。

中國近代也有很多知識分子。現在，特別在這個時代，恐怕除了一些專業的專家這種知識人之外，更應該提倡的就是知識分子的精神。當然，知識分子看起來就是有點兒悲壯。不過也不見得就一定那麼憂苦。因爲假如它並不覺得這是一個多麼特別的使命，他覺得這是理所當然的，是自己應該做的，也不會因爲這樣就好像背著十字架去衝鋒一樣。他們常常是異議者，但也不是專門爲了要去發表不同的意見，而是不得不言。對事情本來就不順眼，那你就說出來就是了。也不需要有什麼特別的負擔。就我的經驗來說，我也不覺得這裏面需要太多的道德勇氣，本來也不會考慮講了以後會出現什麼後果，該說的就說了。至於聽衆或者社會上能不能接受，那不是你能考慮的了，其後果也不是你能預估的。顧慮東顧慮西的，最後得到的結果反而不是你原來所憂慮的東西，所以其實也不用考慮太多。

生：近年來，由於經濟利益等原因，我國高校研究生招生數量過多（據統計，二〇〇四年全國招收碩、博士研究生近三十三萬人，而且近幾年，我國研究生招生規模在以每年約百分之二十六點五的速度遞增），這樣質量就難以保證；而且學習期限又有縮短的趨勢，如從三年減到兩年半甚至兩年。有人說：這樣不斷激增的招生規模必然會導致研究生質量的下降，最終會導致我國科學研究水平的下降。您是如何看待這個問題的，有沒有好

的解決辦法？與台灣或者其他地方的研究生教育相比，大陸的研究生教育主要需要在哪些方面作出努力？

龔鵬程：大陸跟台灣在這一點倒是難兄難弟。在這個十年間，高等教育都在無節制地擴張。台灣的擴張表現在大學不斷地增設，增加了許多大學。現在有一百六十多所大學，以今年來說，五百分滿分，考生只要能考到十二分，就可以考上大學。這等於完全沒有篩選的標準，任何人都能夠讀大學。一科只要考兩分多就可以上大學，這種學生你說怎麼教呢？怎麼能讀大學呢？他上課能夠聽得懂嗎？而學校也不敢讓這些低素質的學生退學，因爲淘汰掉以後更沒有學生了。本來招生就很困難。再過兩年，我們考生的人數就更會少於大學要招生的人數了。大學要招的學生根本招不滿。在這種情況下，再爛的學生也不敢淘汰掉。這樣怎麼能夠保證教學質量呢？大陸的情況是：大學整體數量增加有限，但是每個大學都無限膨脹，都在拼命擴招，一個大學搞到十幾萬人，通過合併等途徑搞得很大。這都是海峽兩岸好大喜功、追求速成造成的一個不好的結果。

當時我辦南華和佛光，就主張辦成一個精緻的、書院式的學校，要小一點，不要招很多的學生。但招進來的學生，每一個人都能被教好。那就是要走一個不一樣的路子。看起來這個路子並沒有跟這個時代吻合起來，似乎大家都不是這樣想的。大家基本上都是搞龐然大物，都是航空母艦或聯合艦隊式的。這樣的方式對於高教的發展造成了很多問題。我們可能會模仿一些公司的合併，搞成一些大公司、大集團軍作戰的方式，我覺得這並不是高校之福。目前大陸上的高校擴張最明顯的就是研究生部分。研究生的擴張比大學本科的擴張還要可怕，因爲很多學校都盲目地要求自己變成研究型的大學。以爲研究生數量多，就叫研究型大學，而不曉得研究型大學是在於整個學校所呈現的那種研究的精神和研究的氣氛。學校要在研究上能夠體現出其研究的導向，通過這一導向，帶動學生去思考、進行研究。這才是研究型大學。現在的研究生確實如你剛才講的，不但人數越來越多，而且素質也越來越差，就學時間越來越短，都是「速成」。以博士生來說，大陸好像三年就可以得到學位，但我記得以前我們讀博士都需要十年八年，再者，過去的一篇學位論文，動輒幾十萬字，現在都是幾萬字就過關了。當然這不是字數問題，但你對學生總該有個訓練量吧。就跟我們打球一樣，總要有一定量的訓練。研究生教育能夠更扎實一些，恐怕會更好。因爲我們要跟全世界競爭的。如果自己自我陶醉，聲稱現在我們已有多少研究生，有什麼意思呢？

生：您出訪過世界各地很多國家和地區，也應邀去過很多著名大學如哈佛大學、耶魯大學等講過學，對世界上各類大學和各種教育體制都有瞭解。加上您自己更是辦過大學的，您認爲我們的學術環境是否適合學術的健康發展？從我們的學術體制上看，有沒有可以改進或者繼續努力的地方？與國際上更爲完善的教育體制相比，我們還存在哪些差距？請您分別從制度層面和個人層面加以分析。

龔鵬程：我們該改善的地方太多了。現在有幾個問題。你看外國的大學，特別是有名的大學，每個學校都有不同的風格。我們的大學，有多少是成就了自己風格的呢？其實沒有的，包括北大、清華。那是外界給它們的一些印象，而它自己形成的一些學術風格、格調，跟外國高校比的話，都不是那麼顯著。我們在提供學生多樣性的學習方面，其實都是有問題的。比如康橋、牛津，這些學校裏都有非常多的社團，有很多的藝術活動，還有很多的體育賽事如划艇賽等等這些傳統競賽，也有很多的規矩。比如很多學院裏面對怎樣釀酒啊，怎樣用餐啊，有很多的規矩和儀式。學校裏面也可能有很多特別的景觀，比如說德國柏林大學一進門，那個地方就好像是清華的主樓那裏一樣，可是那而就長年有幾百個書攤。學校最好的地方，全部都是賣書的攤販，就跟禮拜六禮拜天北大的小書攤一樣，可是如果平時我們北大清華這樣擺的話，老早就被趕走了。在柏林大學，你到食堂去，路上是書攤；到辦公室、要回家，路上也都是書攤。這些學校裏面，都形成了自己很特別的風格和特點。這樣的學校在中國其實都是太少見了。我們整個教育的規格化、體制化都非常的明顯，都非常單調。我們的學校只是研究成果多一點少一點而已，感覺在學科分佈上也沒什麼太大的區別，基本上都是教育部的一套框架。所以假如我們中國的大學，可以給它一點空間，或者是辦學的人能夠有點兒自由發揮的想法，能夠發展出自己一些獨特的風格和品味的話，那恐怕是整個大學教育進步的第一步。

生：近來高校學術圈發生了幾件事，先是人大國際關係學院教授張鳴因爲在自己的博

客上抨擊「學術行政化」而被院長辦公會議撤去政治學系主任職務（三月十六日），甚至還面臨被解聘的威脅；另一個是北大的鄒恒甫事件，鄒是世界著名經濟學家，因爲公開在職稱評審會上爲一位教師打抱不平而得罪了院領導，於是就被北大光華管理學院院長解聘了。這些事引起了網友的熱烈討論和學界的廣泛關注，高校「行政化」一時成爲學人們談論最多的話題。請您談一下這種所謂冠冕堂皇的高校「行政化」對高等教育發展的危害和改進的措施。

龔鵬程：這種現象必須要改進，這是毋庸置疑的。人們常常開玩笑說，大陸的教育領域是大陸國有體制的最後堡壘了。教育的國家化當然是長期的狀況，但是目前在教育領域裏面這種行政控制著整個教育發展。行政規劃部門規劃了哪些學科要發展，不讓你發展你就不能發展，招生數量等都要受其節制。所以說假如這個格局沒有打破，它就不是只是某個科系受到行政上不公正待遇的問題，而是整個教育發展會出現很大的困境。因爲學科的建制、招生的數量、學校各種等級的評定完全控制在行政官僚手上，這樣的話，學術怎麼可能發展呢？小而言之，大學內部也是一樣的。行政單位的權力越來越大，學校裏面最宏偉的建築往往都是行政大樓，學校裏面最大的都不是教授，而是那些行政主管。在有些學校裏面，普通的行政人員比教授要凶得多，任意指揮教授。這當然不是什麼好現象。在學校裏就應該以教學爲主。既然是以教學爲主，就應當以教授爲主，教授們根據自己的專業發展出不同的教學模式，像以前清華等大學的教授治校。

台灣當然也提倡教授治校，但其結果則是所有的教授統統都去搞行政了。完全是一種扭曲的形式。早期大學本來的含義，其實就是一種行會，一種教書人的同業公會。現在則是一群專業的教育行政官僚來管住這些教書人和學生，然後你們這些教書人的職稱等級、待遇等都要根據他們制定的標準來評定。這樣當然不能把大學辦好啦！

如何打破這樣一個官僚體制呢？目前恐怕還是很困難的。因爲學校本身這些掌權人就不願意這樣做。台灣的教授治校，就是要跟原來有行政權力的人作鬥爭，所以教授們都跑來瓜分這些權力，於是所有的教授都變成行政人員了。這當然不是一個好辦法。我們現在只能夠呼籲大學回歸它的學術教育的本質，讓大學還是從學術知識教育上去想問題，而不是把它官僚化。但是擴大來看，回到我們前面談過的現代性批判。你也知道，我們對現代社會有一種批判的觀點，就是現代社會的特徵，便是科層化體制（亦即官僚體制）無所不在。官僚化體制本來是政府所有，後來瀰漫到所有的軍隊、企業、醫院、學校統統都官僚化了。所以你看我們所有這些現代化的單位，幾乎都是一個小的官僚體制，都是對原有的官僚體制的模仿，人在無所不在的官僚體制裏面就受到極大的限制。那麼我們怎麼樣來重新反省這個社會？或者，學校假如有哪個科系能夠做一些小規模的嘗試，發展成某種科系自治，回到原來那種同業公會式的自治的那種形態去，也許可以從一個小的系做起。但是，在一個系裏，假如說某些人擁有行政的權力欲望，那麼還是很難辦的。因爲很多不學無術的人，在學術上沒有辦法表現，教學又成績不好，卻發現在這個官僚化的體制裏面搞行政是一個進階的機會，於是就去抓行政權力。抓到行政權力，就可以管住你們這些教授，並擁有某種高高在上的特權，所有的人都要聽命於他。這就搞亂了學術團體內部的倫理。

學術團體本來應該形成一種內部的倫理關係，這種倫理關係和人們之間的關係和位階並不是以行政上的權力來界定的。而是以你的研究在學術上、教學上的成績和表現爲評判的標準的。如果說是一個教授的團體，那麼這裏面誰貢獻大，大家就要聽他的。若是這樣，這些行政人員怎麼活呢？這些人做不出學術研究，教學上又不受歡迎，所以就專門搞行政。學校裏很多人都是這樣的，從這裏去獲取權力。所以假如說學術社群本身沒有辦法發展出共識，這種局面還是不容易改善的。只有大家共同呼籲，加強學術團體、學校內部以及學校之間，或者說學術社群之間的共識，首先從理論上提倡一種新的校園內部的倫理結構。這種呼籲的力量增強了，才有可能逐漸改善，否則就永遠是這個樣子。

春遊

2008.02.23

春天來了，浪遊的日子似乎也開始了。

十七日由澳門轉機抵北京。在機上看到《澳門月刊》。前半當然還是主旋律：爲祖國和澳門的繁榮發展作出貢獻、奇峰險峻阻擋不住勇者的腳步等等。但後半就不少批評時政之宏文。例如直指當局對國際金融戰爭視而不見，無異爲虎作倀，那隻老虎就是美國。對中美第三次戰略經濟對話也重砲轟擊，謂外資將逐漸壟斷中國之工商農貿諸產業，佔盡好處。又直言目前大陸地方政治生態環境惡化的總根源，其實就在於領導者個人高度集權及權力過分集中。還說中國近代之所以挨打，即源於腐敗。而如今大陸文化、教育、道德墮落的癥結，則在於意識型態部門仍被共產黨控制之故。因此，三十年改革開放，最滯後的兩個領域，一就是黨及國家制度的集權問題，黨政不分；二則是新聞出版不自由。此等言論，能在這樣的刊物上見著，令人高興，澳門果然已有新氣象了。

抵北京後，王瑞智夫婦邀去吃飯，送了我一冊他新製作出版的《未央歌》。居然精裝正體字，煌煌六七百頁。我覺得版式及印刷都比台灣商務原版還好。台灣商務版太老氣，暢銷了幾十年，連重排一遍都不肯，不斷照相重印，當然顯得模糊。這樣的書，又能這樣在大陸出版，很讓人欣喜。

我自己的《北溟行記》大陸版，也由世紀出版集團上海人民出版社印出了。名稱跟台灣印刻版一樣，內容則約有一半不同，收了二〇〇五年去清華客座以後的一些隨筆。個別在大陸礙眼的字句當然不能倖存，但大體無訛，師友們也就姑且看看吧！我在網上看到一位朋友說去復旦買到幾本好久未買著的好書，其中之一就是這本。寫書能讓人喜歡讀，自然是高興的！

以上都是快樂的事，新春自應快樂。到北京不久便逢元宵佳節，當然也須出去找樂子。

於是便與劉鐵粱等人同去河北蔚縣看社火。蔚縣之蔚，地方上都唸成尉遲恭之尉，在靠近山西處，路過涿鹿、小五台山。山路難行，又長達二百餘公里，跑到半途，車就爆了胎，只好找間野店草草就餐，吃了盆狗肉。

抵達蔚縣已半夜，社火早過，清寒砭骨。元宵還沒吃呢，於是再找了家小店，央求主人煮了點湯圓來應景。吃畢睡覺，準備明早看廟會。

不料早起一看，好大的積雪，白茫茫一片。廟會逢此大雪，也就辦不成了。我恐山路積雪難行，乃催促著趕回。沿途緩緩磨蹭而行，從早晨竟開到深夜十一時許才回來。在西直門，一路警把車攔下，準備作酒測。一看車，說：「你這車跑了老遠，輪胎都磨出味兒來啦！」我則慶幸沒出車禍、沒掉進山溝裡。路上看見翻了摔了撞了的車可有幾十輛呢！

如此徒勞往返，看來不太樂。卻也不然。北地新雪，看得高興。今年北方缺雨雪而南方大凍，北京好久沒下雪了。而且此雪若我仍在北京就見不著。北京太暖了，雪下不來，要到蔚縣及山區才能有這般雪景可看。素裹銀粧，千里冰封，尤其是山巒被雪埋了，一片銀白。從涿鹿平原遠遠看去，竟似西藏或雲南的大雪山。盤旋於山道上迴望，則又彷彿四川的貢噶雪山。此境平素豈能見之？

其次是途經河北齋堂縣爨底下村。村子是明代屯兵守關人後裔群居而成的，我原以爲是爨族或爨姓聚居，結果卻不是，全是韓姓。土木磚瓦，迄今猶存舊貌，雖開發旅遊而風味不失，十分整潔素樸。每戶人家自己住著，客人來了就是客棧，所以也全村都是驛店。

我去的一家，主人韓孟達君正在練字，滿屋子炕上都擺滿了他的習作。看來雖是小地方而風雅猶存，據說全村的春聯都出自他手筆，還曾拜師學過吶！近正寫王羲之《黃庭經》《聖教敘》，頗識甘苦。拿出一大疊毛邊紙，邀我一同寫著玩。說《黃庭經》中多古字，苦不盡識，且無法斷句，亦不知其意。我略爲其言之。彼不逢我，此惑恐終身不能解也。

玩畢，與主人一同包水餃，並燉吃了一鍋野兔而返。又在村口野台地上放煙火、放鞭炮。月明星燦，炮驚山鳥，不亦樂乎！

迷蹤拳之謎

2008.03.03

返北京才幾天，便又「不安於室」，南下廣州、珠海，再轉往無錫、上海。列子御風，去以七日。

在珠海，邀王洪海先生來講精武體育會霍元甲事。

霍元甲事，在今日，經電影電視渲染，幾於無人不知。而可惜正因電影電視渲染，故幾乎沒有人知道真正的霍元甲究竟是什麼樣。王洪海自稱農民作家，曾撰《正說霍元甲》（百花文藝出版社）《中國近代愛國武術家霍元甲》（天津霍元甲紀念館出版）及小說《霍元甲》等書，對霍氏生平考核最稱翔實，是當代研究霍氏真正的專家。王氏與霍家爲同里世好，故能如此。

但王氏書也有不足之處。一是太偏重霍氏個人及家族，而對精武體育會之描述不足。例如精武會中濟濟多士，可是趙連和、趙連城在書中只簡單提了一筆，鷹爪門陳子正、螳螂拳羅光玉便都沒敘述到。精武會在全國的拓展情況，所敘也極少。精武會在南洋的發展，則因霍元甲兒子霍東閣在印尼教拳的緣故，對印尼敘述獨詳，而馬來西亞、新加坡等地，竟幾乎未談。

其次是他太側重霍元甲的生平事蹟，而對他的「藝」論述不足。

這個問題是與上一問題關聯的。李連杰「霍元甲」電影拍攝後，霍家人對之極爲不滿，去法院提出了控告。因爲電影中描寫霍元甲全家滅門，對家屬後人來說自然覺得難以忍受。其他事蹟，電影中也是亂扯一通。王氏既與他們家世交好，替他們申辯，情有可原。但霍元甲之所以重要，老實說跟他有沒有後裔沒太大關係，跟他的生平瑣事也沒太大關係，主要是他的藝。無此技藝，便無法成那些事，也不值得人們來研究。

可是王先生的論著在這方面卻是不足的。霍元甲的武術到底是怎麼回事，李連杰、袁和平固然搞不清楚，王先生也不太明白。我在天津南河鎮霍元甲故居（其實故居早坍了，這是新造的假古董）訪問時，霍氏曾孫霍自正先生練了一趟霍家拳給我看，形貌略具，而精氣神采似乎也相去遠甚，這是現今最遺憾的事。

精武會所刊行之拳譜甚多，包括潭腿、工力拳、少林拳、鷹爪連拳、螳螂拳等。霍氏迷蹤拳卻無專書，只有霍氏練手拳，號稱雜採各派手法而成，如少林、鷹爪、長拳、佛家、形意、八卦、太極、螳螂。但太極、形意、八卦如何與少林、螳螂、鷹爪等等混合爲一，實在很玄，因爲彼此拳理上大相逕庭，不無參差之處。且若以此拳爲迷蹤藝之一，那麼迷蹤拳大抵就跟北派長拳差不多，可是以姜容樵在民國十八年所寫的《寫真秘宗拳》考之，情況卻頗爲不同。

據姜容樵說，流傳於河北滄州的，叫秘宗拳。分兩支，下窪一帶，稱爲秘宗架、燕青拳；城廂附近，稱燕青架、秘宗拳。又稱秘宗藝、迷蹤藝、猊猔藝。其藝由道光年間魯人孫通所傳。孫氏晚年嘗遊東三省，又在天津靜海授徒，「聞霍元甲君之曾祖，係孫之弟子」，因此「霍氏所傳之全部刀棍拳棒，動作名稱，理法功用，皆與孫氏所傳完全相同，其爲秘宗之正宗也明矣」。

依他這樣說，秘宗拳就不是霍家拳，而是廣泛流行於山東河北乃至東三省的一個拳種，只是霍家人也練它罷了。可是霍家所練究竟是否正宗呢？姜氏的說法似乎又有所保留。

因爲姜氏所描述的秘宗拳，乃是近於太極拳的拳種，因此曾服務於中央國術館的滄州人王子平替姜書作序時說：「其與普通秘宗拳有別者，即斯術之不用力而有內勁，不養氣而氣自貫丹田，上下連絡，動作自然，決無蹤竄蹦跳之弊，亦無聚氣努力之害」。

他所批評的「普通秘宗拳」即包括了霍元甲所傳習的那一種。姜氏講得更直接：「余以二十年之廣徵博訪，幸遇秘宗藝之能者十餘人，然求其真能得斯術之三昧者，不過二三人而已。……學者率多莽夫，徒以使氣努力爲妙用，以鼓胸踢腿爲美觀，滯而不化。……及見靜海霍氏之秘宗，亦殆受其弊而不知」（序）。直言霍氏之秘宗雖然確是秘宗，所謂「正宗」，但仍未得真傳。

據姜氏評價，秘宗以滄州較佳，能得真傳三四成；天津南窪與天津城兩派大約兩成；

河間、任邱、獻縣所傳也差不多；霍氏家鄉靜海及青縣則只得一成。至於山東德州青州，更差，一成也不到，因爲純剛不柔。另有兗州、濟寧、汶上、拳架與滄州完全不同，但其八趟秘宗合戰拳，又稱八趟燕青靠，頗存古風。

古風是什麼呢？就是柔。姜氏甚至有時會直接說它叫柔術。假若不柔，那就錯了，因此他說：「練手拳、綿掌拳、秘宗靠，皆無一顧之價值」。他的書，名叫《寫真秘宗拳》，就是想把這個真象揭露出來。

姜氏描述的迷蹤藝：「斯術姿式動作完全太極。見效之速，又似形意。偶有步法手法，轉輾進退，則又類似八卦。考古證今，固知孫通大師之秘宗藝，決非今日以訛傳訛之秘宗所可望項背者」。

這種秘宗藝，「柔多剛少，無踩腳、無坡腿，旋風腳、二起腳則更不見」（序）「在最初發明之時，其技確爲柔術上乘、內家正宗。其姿式、動作、理法、功用，無不與太極拳息息相通」（第一章）。

該書第一章「論秘宗與太極相同之點」「論秘宗之天然內功」「論今昔之秘宗藝」、第二章「秘宗拳之要訣」各節，對於它與太極相似之處闡述極詳。不只說站立時一樣要豎項、頂勁、垂肩、含胸、舌抵上齶、提肛，而且演式時要如迴翔之鳥，動作不停，純任自然，不用力而有內勁，不蓄氣而氣貫丹田。同時還說此拳之要訣亦有拗、粘、靠、攔諸法。總之是在太極八卦還沒發明之前，內家拳術之正宗。

姜氏是與霍元甲同時代而略晚的人，對於霍氏技藝，亦褒亦貶，既許爲正宗，說各地所傳「唯精武霍氏遺傳仍存少許之古派」；又批評它不盡合古法，剛多柔少。第一章且專門闢一節，名叫「論靜海霍氏之秘宗藝」。裡面說：「霍氏所學，皆近代之秘宗藝而非最古之猊猔藝，似乎偏於一方。霍氏對此，亦頗自認，且不恥下問，可見霍氏之肯虛心、能容納，固非世之以一得自矜者所能及其項背」，實是陽褒陰抑，要推倒霍氏秘宗拳這個大招牌，另立一法門。

姜氏本身也是武術大家，他這種說法到底對不對，迄今沒什麼人考辨。可是在當時精武會及霍元甲聲望如此之高的時代，公然著書立說如此，沒一點證據或把握，恐怕是不行的。因此我從發言情境上認爲姜氏之說決不能漫然視之。霍氏迷蹤藝固然柔少剛多，然而王洪海《正說霍元甲》一書中便收有一張精武會員習武的照片，練武的人是在「雲南蒙自個碧鐵路公司柔術部」，可見精武會也講究柔術，並不只一味剛猛。至於姜氏強調拳術不能只有猛力，須有內功，乃是練武的通理，練秘宗拳掌然也不能不如此。故其說還是很應參考的。也唯有通過這類挑戰霍氏權威的言論，我們才能更深入且準確地把握迷蹤藝到底是什麼藝。

其實，迷宗藝之謎還不只在於它究竟是內家拳抑或外家拳。它本是猴拳之一支，又名或古名猊猔便是明證。可是如今已不太看得出它與猴拳的關聯。姜氏解釋說是當年因見群猴嬉鬥於山中，彼此往來，純任自然，又有老猴婆娑作舞，凝神斂氣，剛柔相濟，故才創立此拳，恐怕也是臆想的成分多些。關於這部分，我也很想知道答案，可惜天津霍元甲文武學校裡南拳北腿、練著去打金牌的朋友，不太能跟我解釋呢！

近事雜記

2008.03.04

武當派掌門游玄德來北京，約了見面，談起他們要在薊縣開發府君山（即古崆峒山，傳說黃帝問道於廣成子處），居然與少林要在薊縣重建北少林同步。天津市政府真會做生意，以宗教帶動地方經濟的算盤打得精。將來少林武當同在一處，亦是件趣事。

另有一記者打電話來問北師大教授季廣茂在網上爆粗口罵川師大副教授鍾華的事。我人雖在北師大，可是許多狀況並不深知，什麼學生跳樓啦、教授吵架啦，均是後知後覺。這次也是弄了半天才搞清楚，原來是季教授寫了一本書，鍾氏撰文批評之。季氏覺得受辱，乃在網上痛詬鍾爲「屁眼教授」「腦子便秘」等等，引起許多討論。

記者問我意見，我沒讀過雙方原始論文，只知上述表像，實在無法作答。但季氏被評後，如此大動肝火，口不擇言，卻讓我深有所感。

昔時少年氣盛，頗以端正學風、建立客觀學術倫理自許，常撰書評，痛施斧鉞。我記得還有一個筆名，就叫鍾馗，意思是要專門收拾學界的魑魅魍魎。即便不寫書評，我的論文裡，對時賢前輩，也動輒要糾謬定訛一番。筆鋒不自檢束，更常出之以譏嘲狎侮。文氣甚壯、文勢足觀，讀起來很是過癮。那時節，沒有人會像季廣茂那樣大動肝火來回罵；大家都裝斯文，不是默不吭聲，就是表現出一副虛心受教或很有禮貌的樣子。我也就以為真達到了淨化學風、提高學術的效果了，不免暗自竊喜。誰知「良言一句三冬暖，惡語傷人六月寒」，我雖是婆心苦口，藥世良言，可聽的人不這麼認為，總覺得傷了倫常、滅了聲名、壞了他的人格、侮辱了他的智商、鄙視了他的學問。其門人與親屬也同仇敵愾，視我為惡寇。我後來在仕途與學界遭了不知多少冷箭，挨了不知多少悶棍，多與此有關。人情如此，能不悚惕乎？

因此後來記者問時，我就說批評固應嚴正，亦當存恕道，至少應戒用譏諷諷狎侮語；否則就應有一個批評制度或環境來保障寫書評的人。記者說是不是季某或現代人缺乏修養使然？我說未必，古人也不乏這樣的例子。

如修《五經正義》的孔穎達，年輕時去聽人家講經，大申駁議，讓人下不了台。結果人家派了刺客來殺他，他躲到楊玄感家裡，才逃過一劫。季某還只是在網上罵罵而已，畢竟沒能動手呢！

另外，前此赴國學小院。陳興武詩會，在北地寒風中居然還有十多人參加，可謂難得。該日邀徐晉如來講，他以此次穗港澳詩詞比賽得獎作品為例，討論詩詞寫作之原則，頗見條理。聽講畢，與諸君同去吃火鍋。王功權君來，問藏密修行法門，略為說之。王君近日斥資二千萬，成立中華詩詞研究院，整理詩詞文獻，又喜修佛法，看來大陸此類人還不少呢！

多情懷酒伴

2008.03.06

由上海取回散文集的稿件，匆匆校對一遍，寫了一篇後記。這是一批台灣學者散文系列中的一本，該系列由我跟周志文策劃，首批收了馬森、周志文、顏元叔、黃碧端、尉天驄、漢寶德、齊邦媛、南方朔等人的自選集，將來準備繼續編下去。後記略述爲文之道，云：

我的職業之一是教書匠。故編講義、寫學術論文似乎即是本業，作詩寫散文這等事，則彷彿業餘遣興一般，有韓愈所謂：「多情懷酒伴，餘事做詩人」的味道，是爲餘事。

可是韓愈講的，是說人應以生活爲本，成就一個有意味的生活之後才能成爲一位好詩人。現今的社會則恰好反過來，人首先是個職業人，職業限定了生活，限定了你該幹什麼不該幹什麼，同時也就限定了你的社會功能與角色，限定了旁人怎麼看你，和你怎麼認知自己。故學者即不宜舞文弄墨，混跡於詩家散文作者群中。當然，學者寫論文，以收輯資料，抄來抄去、注來注去為能事，想寫篇清通簡要的文章都不容易，就是想冒充詩人散文家，往往也冒充不來。因此若偶有例外，人皆詫怪，視如蝙蝠，既非禽又非獸。本叢書為蝙蝠們專闢一藏身之處，曰學者散文系列，即緣此故。說起來，還應感謝出版社的寬宏大量、菩薩心腸呢！

可是以我飛天神蝠的眼光看來，例外好像才是正常的，現在一般的散文家恐怕才是走錯了路。

以《文心雕龍》所敘來看，有韻的詩賦樂府頌祝銘誄之外，無韻之文包括史傳、諸子、論說、詔策、奏啓、議對、書記。前者詩言志，不免緣情而綺靡；後者則說理為主，敘事為輔，旨不在抒情言志，其情其志，只在說理敘事中見之。這是我國文章的大傳統，後來唐代古文運動諸君雖反六朝駢儷，但這個大原則可沒什麼變，因此韓愈柳宗元的那些〈原道〉〈原毀〉〈天爵論〉〈四維論〉等等才那麼多。柳宗元曾說：「呂道洲善言道」（**答吳武陵論非國語書**），其實他們誰不善言道？甚至整個古文運動就是個以文言道的大旗號，號召著爾後的文家朝此不斷努力。

五四新文化運動之後，把中國這個文章寫作傳統拋棄了，採一種「純文學」的說法，以詩、散文、戲劇、小說四分天下，詩與散文抒情、戲劇小說敘事。說理記事的文章，則或曰雜文，或摒於純文學門外，不視為文學作品。而那不能說理言道的所謂散文，抒點生活小情緒、記點身畔瑣細事，抒情比不上詩，敘事又比不上小說，本身倒像個蝙蝠，地位可慮、角色堪疑。散文家在文壇之位置，竟低於小說家和詩人，把古來文章家的榮耀喪失殆盡了。

這據說是學了外國，可是外國又何嘗如此？

在古希臘，修辭學和論辯術本來就是孿生的，彷彿中國的諸子論說那樣，是以理服人而輔以修辭雄辯之巧。到了羅馬時期，西塞羅更以其雄恣之言辯為十六世紀拉丁散文之先導，直到十八世紀末，其文體與風格仍被英國散文家奉為楷模。於此可見西方散文主要源頭一樣是說理的。

中古時期聖奧古斯丁《懺悔錄》看來是抒情的，可是實質上正是言道之作，此亦說明了這個傳統是如何強韌有力。十六世紀，法國蒙田《隨筆》三卷，基本上也都是論文。十七世紀的笛卡兒，以哲學家為散文巨匠，原理從同。至於培根論文集，那更不消說了。十八世紀英國號稱散文時代，艾迪生和史梯爾合辦的《旁觀者》雜誌乃其主要陣地，而這個刊物的宗旨，就是要把哲學從書房和圖書館、從中學和大學，帶到俱樂部跟咖啡座上，因此那時的作家，如伯克立寫的《視覺新論》《人知原理論》，往往都是哲學論著。後來休謨的《人性論》也是如此。另外，寫《羅馬帝國衰亡史》的吉朋，則做著如我國文章家從事史傳寫作那類事情。十九世紀英國散文家與哲學家大抵仍與從前一樣，蘭姆、梭羅、卡萊爾、羅斯金、阿諾德、赫胥黎，誰不是自有一套哲思或學理的？

某年，諾貝爾獎頒給了以寫哲學論文著稱的羅素，中國人皆詫異道：「那不是文學獎嗎？何以竟給了哲學家？」不曉得原來歐洲散文老傳統本來如此，文章的論點、見地，結合著文采修辭，不是膚淺鬆散的輕噫漫談就可以叫做散文的。

所以我說散文本該是學者才寫得。一般所謂散文家，書讀得少，思緒又散漫無條理，原是難以勝任的。不幸我們這個時代，學者們的腦子更壞，更不能驅遣文字。無奈只好由散文作者們暫充場面。大家見怪不怪，漸漸習以爲常，遂也以爲散文本來就是那個樣，其實是大謬不然的。

以上我對散文的這類偏見，大略已抒發於收入本書的〈論散文〉及收入《二〇〇〇年龔鵬程學思報告》的〈吃喝拉撒睡：散文的後現代性〉諸文中。因此也不必再多講了，茲僅介紹一下我自己的散文。

如上所述，我認爲散文主要是說理敘事的，故作者須對其生活形成一套見解、對其存在擁有一種體認、對其人生態度與意義取向有一番思考，如此方能說理瑩徹，所敘之事也才有敘述之價值。我自己寫的文章，雖距此目標甚遠，但基本上是朝此邁進的。偶或因機因境，快意騁辭，不自檢束，亦仍能由此見到我這個人的想法與脾性。

我的文字，受中國古代文學之影響極深，則是誰都看得出來的。我自幼便不喜歡白話文，以能寫文言文自鳴得意。到大學畢了業，仍幾乎不會作語體文。如此作怪，在當代自屬異數。可是，我的散文其實還有另一個淵源，那卻是一般人所不知道的。

那淵源是什麼呢？其實就是我在上文所敘述的我所理解之西方散文傳統。我讀書作文，皆喜振葉尋根、觀瀾索源，由掌握其整體脈絡整個傳統入手，故頗浸淫西塞羅、蒙田、培根、蘭姆諸君之手筆，還受過不少存在主義之影響。寢饋研練，黽勉不已，漸漸才變成今天這個體段。

這期間，我曾出版過《少年遊》《豪賭族》等散文集及《時代邊緣之聲》等一大堆散文論文混雜的集子。事實上，我的散文像論文，論文像散文，我自己是不太分的，別人也未必分得清。有一年，我寫了篇論遊戲理論的文章，張曉風先生就認為是好散文，選入了該年度的散文選裡呢！

然而，說理敘事而能情味醰醰，談何容易？其所以能如此，又非說理敘事云云所能盡其底蘊，底蘊反而是在情上。此理雖較玄眇，難以具論，但讀者若略誦韓愈「多情懷酒伴」之語，亦可思之過半矣！

北魏道教

2008.03.12

今年初在台灣辦了書法展，澳門基金會吳志良兄看了，覺得也該在澳門辦一場，乃安排了三月十七號起，在澳門教科文中心展到三十日。昨由北京將裱好的字扛到澳門。但托運以後，竟支離破碎，箱也破了、包也散了，字軸散亂，還有整根木軸都被打斷的。從前，我還真不知道機場所謂貴重物品保存原來是如此保存法，此番大開眼界，自是目瞪口呆。無奈收拾之後，才匆匆趕到珠海。

不過，不愉快的事不必多說。在飛機上寫了一篇張澤珣《北魏道教造像碑研究》序，附在後頭。大家看著玩吧：

對於石刻史料的重視，是清代學術的特點之一，但主要成就只在文獻目錄式的收集、著錄、整理上。民國以後，才有比較多的內容研究。可是看看湯用彤所說：「若能搜齊其文，研求其造象之性質，如彌勒彌陀等崇拜、年代上及地域上之分佈等，則於北朝宗教之瞭解必不小也」（**漢魏兩晉南北朝史，北魏造像**），便知此事仍是期待多於實際研究所得。

湯先生談的是北朝的造像。這批造像，在湯先生以後，陸續有了些人關注，但絕大多數僅限於做佛教的研究，知道那與道教有關者便極少，更不要說是研究了。僅有的一些，大部分亦僅是著錄、附圖、論其形制、考察題名者姓氏居里、並做文字校釋而已，屬於基礎研究。真正對這批材料的性質及內容展開具體分析的，恐怕就是張澤珣這本書了。

這是研究性質的殊勝。其次，張澤珣對今存造像碑四十六通，幾乎一一親臨所藏地，摩挲考案。資料掌握之齊、聞見之真，自然也度越前輩。對碑文內容、形制、區域分佈、題名供養的組織形式之分類、紀年的甄錄均最爲詳備精審。

這都是本書主要的優點。因爲有這些優點，它在道教研究上自然就能提供給我們許多新的思考。讓我舉一個碑爲例。

過去，陳寅恪先生曾推測寇謙之家族是由漢中遷到馮翊的老天師道徒。今考正始二年〈馮神育道教造像碑〉，題名即有「萬年縣寇文安」，正可證明寇氏一族確是奉道的。

自正始二年至神龜年間，馮翊萬年共有三通道教碑。但除這個碑之外，另兩通都是雙教碑，表示造碑者兼有佛道信仰，而寇氏家族則不然。對於寇謙之在北魏太武帝「滅佛」行動中的立場及作用，學界尚無十論，但寇氏家族奉道而不信佛，此碑至少可提供個輔證。

又如道教「三洞」的概念，是劉宋時期才確定的，陸修靜於泰始七年（四七一）才編成《三洞經書目錄》上呈宋明帝。可是我們看〈馮神育碑〉，一個碑中就出現四位「三洞法師」參與造像活動。可見以三洞來概括道教上清、靈寶、三皇文諸派的觀念，及建立經籙授受之體系，若不是十分迅速便流傳到了北方；就是東晉末期出現模糊的三洞概念後，南方固然有陸修靜等人之完善化定型化，北方可能同時也在發展這個概念。

單一通〈馮神育碑〉就可以讓我們想到這麼多事，張澤珣鉤稽考索了四十六碑，可以替道教研究打開多少新視域及思考空間啊！

例如她講的這批造像碑，年代是北魏，西元四二四年至五三四。這段期間正是北魏大興道法，皇帝都要登壇受籙的時代。太武帝四二三年即位，四二四年左右即「崇奉天師，顯揚新法」，四三八年更詔罷沙門，以致出現佛教界所稱的「三武之禍」的第一禍。太武之後，孝文等雖佞佛，但一樣登壇受籙。而且朝臣上疏反佛者甚多，如宣武時的陽固、裴延儁，孝明時的張普惠，孝莊時的李崇、李瑒等均是，顯見佛道相爭仍極激烈。可是，從造像碑上看到的，卻完全不同於這幅景象。官文書及知識分子議論，會較重視意識型態的爭論；佛道教團的爭衡，也涉及利益之爭奪，可是民眾信仰的實際狀況卻頗有佛道兼融的態勢，「雙教碑」十分普遍。這是過去道教史佛教史研究所沒法注意到的。過去我們都以爲佛道混雜式的民間通俗信仰，要到宋代以後才漸盛。於今看來，頗爲不然。

另外，從雙教碑中也可以看到當時信徒是把佛教視爲道教一支或同類來信仰的。過去學界對南北朝期間的佛道關係，不無偏袒佛教之嫌，動輒說道教模仿佛教製造經典、模仿佛教辦儀式、模仿佛教刻石造像，教義也抄襲自佛教；又強調佛教在社會上的勢力及影響，好像道教除了依附帝王勢力以資對抗外，民間普遍都是信佛的。以這些碑文考之，亦殊不謂然。

以上這些，張澤珣都有很好的闡發，値得讀者細看。以下則就我管見所及，再補充幾點。

由碑文上，可看到北魏雍州還有許多如寇氏一般世奉天師道的豪族，印證了《三國志．魏志》說張魯降魏之後，其道民被遷徙到雍州的記載。這批遷徙來的道民，從碑文上看，信仰與組織形式都保留了下來，張澤珣並舉了《大道家人之戒》等文獻來說明這一點。這當然是正確的。不過，張魯在漢中的政權乃是政教合一的，敗降之後，徙入關中，教團組織形式上即或能維持，其道治、道署、男女官的政治性質絕不可能沿續。在缺乏政治性統轄力之後，做爲教區佈教所的道署道治自然也就會出現《大道家令戒》所說：「諸職各各自置，置不復由五氣、真氣，領神選舉」的情況。寇謙之之所以會倡議改革，打出新天師道的旗號，殆亦由於此。

也正因爲如此，寇謙之的新天師道運動，看來便是想恢復那種天師道原有的政教合一型態，皇帝即是道君，國民即是教民。本來教民既要向國家納租米錢稅，又要交給教區道署，現在也劃一只交給政權了。

澤珣發現北魏這些造像碑中，教徒不但替自己及家人祈福佑，也替皇帝和國家祈福，原理其實正在這兒。從南朝流行的上清或丹鼎服食道風來看，我們會覺得道教徒好像只是

「求一己之福」的。可是從太平道、天師道等老傳統看，治身與治國須是合而爲一，道眾求福佑，原本也就是企望國治太平的。

換言之，北魏道教造像碑顯示的，未必是新趨勢，反而是因重回政教合一型態而表現出來的現象。歷來研究寇謙之「清整道教」的行動，均未注意及此。但利用這批碑刻造像，卻可讓我們明白當時奉教者心態上確實不只關心著個人與家族，還期望政權鞏固，皇帝康強。

那時許多碑上又都提到了彌勒信仰，動不動就寄望將來「龍華三會」時自己或家人能獲庇佑。彌勒這種未來佛信仰，之所以能在這批道教徒中廣獲接納，佛教學者當別有考據，我則認爲即是與天師道太平道宣傳未來會有太平金闕帝君降臨、開啓太平盛世有關。寇謙之復興道教，既走回政教合一的型態，自然也就要宣揚此說，慫恿魏太武帝把年號改爲「太平真君」，正呼應著這個說法。

這是從寇謙之家世與天師道之淵源這一面說的。可是由〈馮神育碑〉來看，北魏新天師道也有不少舊天師道以外的東西。例如四位三洞法師，即表明其時經籙授受體系深受靈寶道的影響。當時之齋法，張澤珣主要從天師道的齋法傳統去解釋，我則以爲那裡面頗含有靈寶的成分。天師道是信仰北斗的，齋法齋期多與拜斗有關。可是當時齋期雖循舊例，碑文上卻極少有關北斗信仰的內容，倒是充滿了解除七世父母之苦的說法，這都是靈寶《度人經》一類普度思思使然。至於《魏書．釋老志》云太上老君「授謙之服氣導引口訣之法，遂得辟穀」，這種近於上清道之修練方法，在碑文中倒是看不出有什麼跡象。

澤珣爲天津「泥人張」之後，藝林伐山，本諸家學。邇來精益求精，上考南北朝佛道石刻造像，以博其藝。此書即其博士論文。我很慚愧，不能從藝術上討論其書，且旅中亦無資料可供查對，故僅就一二道教史問題略爲申說如上。謹以爲序。

戊子春日，序於廣州澳門珠海旅次

珠澳事記

2008.03.21

在珠海聯合國際學院召開的「國情國學教學研討會」，這次是第二屆，以書院傳統為主題。邀了中國文化書院王守常、岳麓書院李兵、韓國世宗大學李慶龍、日本千葉大學蔡孟翰諸位來，加上我與周志文，並請郭少棠先生講「從新亞書院到聯合國際學院」，以示薪傳。

書院精神，乃當代批判反省中國教育問題之主要資源，幾乎所有不滿當代教育的人，都會從這個資源去重新開發未來可走的路，本屆會議自不例外。會議與上次藉《明夷待訪錄》來談中國國情一樣圓滿成功。我自以為這是能替現今各校實施的那種政令宣導式國情教育提供一個好榜樣的。

但我自己卻是累得很。十一日飛抵澳門，把準備在澳門辦書藝展的材料交給張多馬兄，再轉到珠海校園時已近深夜十一時。

十二、三日上完課，請武當派掌門游玄德來講論武當拳術後，即再赴澳門。十四日請朱壽桐、張澤珣、鄭振偉找了幾位學生來幫忙，才將展場佈置停當，然後就再趕回珠海去籌備開會事宜。

十五、六日開完會，又轉回澳門，張羅著十七日開幕的事。

澳門教科文中心隸屬澳門基金會。此會之性質大約類似台灣的國家藝術基金會，但功能似乎更大，澳門大學亦屬該會，可見一斑。邇來業務漸繁，而教科文中心已不敷使用，準備拆了擴建。故我這次展覽，竟是拆建前的迴光返照，說來也算趣事。

展出看來也很成功。展場比上次在台北展出時略大些，或看起來大些，佈置了五十一件，對聯、掛軸各半。因旅途攜帶不便，故在裝裱形式上未作太多變化，只以用紙、顏色及字體之變動來調節視覺效果，反應也還不惡。

展場貴賓雲集，張澤珣且帶了澳大的學生來此權充上課，由我導覽，作了一次書法教學。王岳川恰好在澳大客座，也來看了，談起我文人書法的觀點，頗爲贊同。據他說北大現已有書法研究所，他還是副座。我孤陋，居然不知。在北京時，只與北師大、首都師大的書法科系有些來往。

展會場上見到常宗豪先生則最驚喜。與常先生不見，殆十餘年矣！先生自香港中文大學退休後，即頤養於濠上，前亦曾在澳門藝術博物館辦過個人書法展，風華頗異於時流。有次我去天津，龔敏兄弟招呼我去他們辦的藝廊寫字玩，曾與常先生通了趟電話，此番相遇於海濱，殊出意料。

其實澳門人文薈萃。以人口密度言，文學藝術家之多，可能冠於整個華人地區，可惜當局對此未必重視。如今的澳門，經濟大好，政府錢多得花不完，也不想花，更不知怎麼花。文人學者投閒置散、養尊處優，而其實是無所事事。想改造社會、貢獻心力，亦輒有無處使力之感。學生也無心於學業。因經濟太好，工作機會太多，學生無升學壓力，也不想升學。就是去學校讀書，例如進大學，多數也只是兼差，大半是另有正職的。所以能按時去上那幾堂課就已不易了，何能奢求他們用功於課業？澳大人文學院院長郝雨凡有次請吃飯，說他還曾收到學生的投訴，說某老師上課竟然打擾他睡覺，要求處分云云，可見風氣！

但澳門的經濟也不是沒有問題的。目前主要仍靠賭場，可是，一、賭場已開到廿七家，客源基本飽和，內部競爭壓力漸增。一旦諸方勢力開始拼場，社會必然動盪。二、美資、澳資大舉進入，本地老賭王只能挾政治勢力以相抗，未來問題將越趨複雜。三、依博彩業形成之單一經濟型態，未來性可憂。未來台灣若金門、澎湖開賭，加上兩岸三通，澳門自將大受影響，榮景不再。四、把澳門轉型為博彩、旅遊休閒、會展中心的綜合型經濟，喊了許多年，可是迄今成效不彰。

旅遊事業最可惜。澳門申報了世界文化遺產，目前也以此為號召，但是對澳門文化的開發、研究，其實極為貧乏；就算是用它們來招攬觀光，也做得不太地道。例如普濟寺的連理樹居然死了；康真君廟依然廢棄著；議事亭前的老建築全都租給商家開店，以至去看世界文化遺產的人只看到一堆麥當勞、星巴克、精品皮包店、牛仔褲店……等，都是令人搖頭的。

我準備推動一個以珠海、澳門、日本長崎、馬來西亞檳城、台灣淡水的跨國城市研究，針對這些中西文化交流老城市新問題做些綜合探討。以上這些問題，以後再說吧！

偃武修文

2008.04.12

自澳門回到北京後，大感驚異。我在北京生活多年，但好像這回才發現北京的春天原來如此花光燦爛。本以為已錯過了去江南賞春的時間了，不料此地春光竟也繽紛可喜。槐柳銀杏紛紛抽條，綠成一片不說，桃花李花櫻花也都怒放了，還有紫丁香白丁香一類花樹錯雜其間，令人眼常一亮。尤其令人神醉的是元大都遺址公園裡的「海棠花溪」。上千株西府海棠，蔚為花海，花下行吟或泛舟，輒疑身在江南。就是日本京都東京的櫻花，也不過如此了。只是遊客無此風雅，不能在花下飲酒、賦詩、鳴箏、吹簫、鼓琴或作舞而已。

而我也不能趕著春光去遊春嬉春，手上要寫要校的稿子不少，害得我有些辜負春光。附錄我為《中國詩歌史論》《中國小說史論》《中國文學批評史論》三本書寫的總序，以誌此寫讀生活之一斑。前幾篇老在談武術，現在偃武修文，正好讓讀友換換口味：

承北大出版社朋友的好意，將我論文學的一些稿件集編起來，分爲中國詩歌史論、中國小說史論、中國文學批評史論三部，以便大陸的學侶檢索參考。感謝之餘，謹略附識語，敬述因緣：

我生於台北。少年時期從父教，讀了點詩文；又得師友愛護，漸識治學門徑。十七歲負笈於淡江大學，開始撰寫研究論著以自勵。大一時試作《莊子注》一帙，大二試作《謝宣城詩研究》、大三作《古學微論》、大四作《近代詩家與詩派》，各三十餘萬言，另有散稿若干。今收在本編《詩歌史論》中談晚清的一些篇章，大抵即昔年殘稿，輯出求教於方家的。以後若得暇，將再逐漸整理出來。

那時我正從張眉叔、汪雨盦、張夢機先生學詩，屢追陪諸詩老之詩酒文宴，文字甘苦，略有體驗，故稍不同於一般不能創作的學人。大學畢業，入碩士班後，又秉心得，做了若干推廣詩詞的賞析工作，撰有《古典詩歌中的季節》《小品文賞析》《詞賞析》《東坡詩賞析》《讀詩偶記》等書，銷行迄今。因此我的學術生涯，不妨說是由說詩開始的。博士論文做的也是《江西詩社宗派研究》。

但我治學，自幼受孔子啓發，子曰：「君子不器」「博學於文」，當然不能只以「興於詩」爲滿足。孔子師老聃，而老聃，據莊子形容，乃是「古之博大真人」。我愚妄，遂以博大真人自期，因此文、史、哲、政治、社會、宗教、藝術，什麼都要研究。在文學這一塊，自然也就不僅限於詩，例如小說，我就談得挺不少，後輯稿爲《中國小說史論叢》《紅樓夢夢》等。在這方面，我顯然又與學界流行的「專家」風氣頗不相同。

我們學界，除了強調專業之外，理論研究與實際文學批評也還不一樣，人員、思維，乃至學術傳統，其實畛域各別。做文學家生平考證、分析作品的朋友，對理論大多心懷疑慮而亦莫測其淺深。從事理論思考的，對作品之實際研究也罕下工夫，縱其玄思，以構系統而已。然其系統，時或不免於稗販西方成說。故談文學創作與作品欣賞者，對之又頗不以爲然。我則在擔任中國古典文學研究會秘書長、會長期間，大力提倡一種帶有文學批評意識的古典文學研究，希望能溝通二者，重建中國文學批評乃至文學理論之傳統。曾出版過《詩史本色與妙悟》《文學與美學》《文學批評的視野》等書。

這些二十世紀八十年代的做爲，大都具有一種「追求中國性」的意涵。相對於世界上其他的文學體系，我及我一些朋友們可能是想說明：中國文學的特性何在、中國文學的理論到底是什麼、中國文學批評的術語又都有什麼確切的含意和指涉。因此這不是一般地泛述史事、考證史料、或審美欣賞。而是帶有強烈歷史意識、方法論思考及中西比較文學視野的探問。例如問：中國到底有沒有一個抒情傳統？在抒情傳統底下對作品的詮釋方法有何局限？中國有沒有悲劇與史詩？若無，中國小說戲曲的結構原則又是什麼？……等等。

不斷追問這些問題，當然也就會涉及對文學與中國社會、中國文化之關係的梳理，因爲中國文學之所以如此，必然是與其社會文化相關的，它本身亦代表了中國文化之主要面相或內容。因此八十年代後期我便已開始將文學研究結合起我的哲學、社會、歷史、宗教知識，綜合發展爲文化美學式的探討，著有《文化文學與美學》《文化符號學》《中國文人階層史論》等書。既由社會文化以觀察文學，有文學社會學的趣味；又由文學以論定中國社會文化之性質，說明中國文化因有這麼個「主文」的傳統，所以迥異於歐西印度諸文明。

釋古，目的當然是在詮今。我們怎麼解釋古代，其實正表現著我們如何面對當代。以上所描述的那些工作，大致可以概括為：我是誰？我從前是什麼樣一個人？而現在，由於社會變了，我也不免有些改變。可是我又到底該變成什麼樣呢？要繼續問這些問題，文學研究者才真正能找到自己的定位或方向，因此，我雖出身於古典文學陣營，研究的問題意識及具體研究課題從來就不限於古典。我曾在國際關係與戰略研究所、傳播管理所、未來所、歐洲所教過書，還辦過管理學院，這些與現代社會相關的知識與經驗，也顯然不同於一般古典文學研究者，會促使我去思考文學在現當代社會的處境與問題。稱為「現當代」，當然是從俗，套用著大陸流行的文學分類法。我自己對這個名稱並不贊成，故有時說現代，有時說當代。論旨自然也與一般治現當代文學之名家不甚相同，所輯諸文，可見一斑。

以上這些敘述，簡單介紹了這幾本書中各篇文章的總體脈絡，否則文章東一篇西一篇，可能讀者會摸不著頭腦，不知此東鱗西爪者，實非漫然苟作也。這也是它們與一般論文集不同的所在。至於各單篇論文，質疑舊範式、開拓新視角，乃我一貫的風格，便不用說了。

《後漢書》有〈獨行傳〉，我亦方今學林之獨行者。欣賞我的，視我為獨行大俠；討厭我的，則以為上述種種皆是大盜惡行，不足為訓。兩方面的評論，我都很喜歡，故略述獨行者之獨，以爲讀者告。

戊子清明，序於燕京小西天如來藏

讓傳統文化走進校園

2008.04.28

近日依然東奔西走。十五日赴珠海，十七日深夜飛北京，十八日便又到了土耳其，二十七日才倦遊歸來。

去珠海前，中華書局與北師大教育所合辦了一場小學校長論壇，談如何讓優秀傳統文化走進校園，命我去講一點個人感受。開講時，我想起小學時的老師，不禁有些感懷，對這個題目也有些感慨。所以略說了以下的開場白，附錄於此，以供參考：

我讀的是現代化的學校，並未受過私塾教育。但自幼在家中已習得一些基本文史知識。入小學後，得逢黃燦如老師，她命我每晚去她家中溫習功課，功課做完，就在她家隨意泛覽詩文章回小說。寒暑假則要我午後去她宅中背誦《孟子》、《論語》等。這個經驗，似乎也略同於古代之私塾。

後來我讀了初中高中大學碩士博士，當然習得了許多其他的知識，不局限於上述傳統文化內容。我也從事過許多行業，編過雜誌、做過出版、當過官，還辦過幾所大學。但從小所受到的那一點傳統文化教育，實在一生受用不盡，遠勝於後來學到的其他知識。因此每想起小學老師，就心懷感激。每聽一些沒讀過什麼古代典籍、沒機會自幼受傳統文化薰陶的人在咕噥：讀多了古書會不會食古不化、會不會不適應現代社會等等時，便心生憐憫。因爲這些可憐人從來沒嘗過龍肝鳳膽，竟兀自驚疑吃了會瀉肚子呢！

但我自己學習傳統文化的經驗，也令我深知社會上對它的質疑其來有自。

像我讀書時，整個教育體制其實就是一套迥異於傳統的現代格局。這個格局始於清末之教育改革。廢科舉、立學堂，遂把中國幾千年的教育體系一併廢了。而新學堂裡，唯新是騖，那些傳統文化、聖經賢傳，巴不得全丟進字紙簍裡去。因此光緒廿九年〈奏定學堂章程〉已說道：當時社會上正瀰漫著「唯恐經書一日不廢」的輿論氣氛。清政府對此，惄焉憂之，故刻意在中小學堂上列了讀經之課，以免諸生忘本。可是時世潮流所趨，非人力所能阻擋，清朝迅即滅亡，民國元年便廢了小學讀經。此後袁世凱於民國四年時曾準備恢復，旋因稱帝不成而不了了之。民國十四年，段祺瑞執政，章士釗任教育總長，又擬恢復。亦不果。可見時勢風氣之一斑。

這段期間，恰好也是「五四運動」掀起反傳統浪潮的時代。整個社會都朝西化的路子在走，並把西化稱爲現代化，視傳統爲現代化之阻礙。

直到民國二十年才漸漸出現反省批判這條新路的氣候。當時國民大會召開於南京，即有代表提案希望恢復讀經，但提案依然沒能通過。廿一年，錢鍾書的老爸錢基博去上海開高教討論會，提案讀經，也大遭與會諸校長之恥笑。足見新潮仍居主流。可是反對者畢竟多了，廣東湖南不遵中央號令，自行規定學童須得讀經，雖被新派人譏諷是軍閥提倡讀經，但新潮權威看來業已遭到了挑戰。廿四年遂有十位教授之「中國本位文化宣言」，認為中國固然應與世界交流，卻也不能邯鄲學步，失其本我。

後來的思想界，大概仍沿續著這樣的脈絡。新潮鼓盪，繼續滌除前進的障礙，終於釀成文革、破四舊、對傳統文化大革其命。可是衝過頭了，漸漸又起了反省的聲音，欲撥亂而反正。二〇〇四年大陸許嘉璐等人發表的「甲申文化宣言」，不就像十教授中國本位文化宣言的翻版嗎？兒童讀經漸漸蔚為時尚，乃至有所謂國學熱，亦均代表對反傳統浪潮之批判反省。

台灣在大陸文革期間，曾推行著中華文化復興運動，但當時文化界學術界主流其實一樣是揚五四之大旗，力行現代化的。故六十年代即有中西文化論戰。情況猶如現今大陸雖不乏倡言本位文化，呼籲讀經、重視傳統文化的，可是主流的現代教育體制對此仍乏回應，且不少人還指責那些提倡讀經、講傳統文化的人是「走向蒙昧的文化保守主義」。

也就是說，整個傳統文化，近百年間都是在不利的環境下掙扎著發展下來的。主流思潮與體制乃是新代現代化教育，大部分時間均主張滅絕或揚棄傳統文化，少部分企圖扭轉局勢的宣言或動作，迄今尚未真正改變這個格局。

因此，我們現在從事傳統文化教育，除了整體環境不利之外，還必須面對許多歷史留下來的問題。

例如，現今小學教育是以白話文爲主的。大陸的教本幾乎沒有文言文，台灣是在五、六年級時融入文言，中學時才漸漸增多，比例由百分之十五漸增至百分之三十五。可是不管如何，文言與白話在現代是分裂的，學習者面對它們時的認知、心態、學習方法都不一樣。

這種文言白話區隔爲二的現象，是五四白話文運動後才有的。古人不會如此。一個人既看古文八大家的篇章，也同時看著通俗章回小說。講話時，對上層人士自然之乎者也，與傭僕市井人士言談，則一樣要使用白話，整個語言是交織揉混在生活具體情境中的。我們已經喪失了這種情境。因此文言文彷彿就需刻意去學才學得成，且文言好像也與白話是隔斷的兩套語言系統，所以兩者間竟然需要「翻譯」，彷若外國文字一般。

說到文字，也是問題一籮筐。近代新思潮之一就是檢討批判漢字，認爲漢字不科學、不改革不足以使中國現代化，所以從國民政府時代就推行簡體字，大陸後來更厲行文字改革，一度準備廢除漢學，走上拼音化道路。如今雖懸崖勒馬，不再繼續改革，可是仍維持著簡化字，並把它稱爲「規範字」。小學教學基本就是使用這套文字。

但以這套文字來教小朋友識讀應用，實在問題重重。目前規定一、二年級要認八百至一千，三、四年級要認二千五百字，五六年級要認三千字，大部分還得會寫，數量比台灣還多。台灣的小學生大抵只要求認二千二至二千七。而且據大陸所定國民常用字表看，常用字只有兩千，因此小學就得學三千字恐怕太多了。不過這並不打緊，要命的是字太難認。

如老師的師，現在寫成师，刂與帀在現代漢語詞典中都不是部首，請問要查什麼部？頭，本在頁部，現在寫成头，請問查什麼部？葉，本是草木枝葉，故在草部，現在變成了叶，該查口部嗎？衛，現在成了卫，查什麼部？聖人的聖，現寫成圣，又像怪人，又像老土，查什麼部？門、開、關、闢，本來都跟門有關，如今开关辟都把門給拆了，查什麼部？塵，本是塵土，今寫成尘，竟在小部，不再是土了。聽，本是用耳朵才能聽，今寫成听，竟在口部，不再用耳了。傑，本是人傑地靈之傑，今寫成杰，竟被火燒，放在火部，不再是人了。辭與亂，本皆與𤔔有關，是用手梳理亂絲之意，現在變成辞與乱，一在辛部，一在舌部，不再看得出關係了。對，義類在手；勸，義類在力；歡，義類在欠；如今改成对、欢、劝，全放在了又部。諸如此類，實在是一團混亂，義類不明，歸部不清，小朋友識讀時只能一個個去死記，因爲部首歸字的原則已遭破壞，許多地方無法用部首識字法去辨識和記憶。

你或許要說我把問題誇大了，全國幾億小學生都這麼讀，情況沒那麼嚴重，部首歸這歸那，熟悉了就好。

是嗎？我看到過一本教人如何教小孩子識字寫字的教材《現代小學識字寫字教學》，裡面就把歡字既放在又部又放在欠部；把辭字一會兒放在辛部，一會兒放在舌部。可見就是專家學者也鬧不清楚，小朋友能不犯糊塗嗎？

簡化字使得部首識字教學困難，情況既如此，改用其他教學法會好些嗎？恐怕也一樣。例如字族識字法，青、清、請、情、晴都以青爲偏旁，形成一組字，認得了青，也就可連帶認識這一串字，這稱爲字族識字法。可是我也見過一本推薦這種教學法的書，把清請都印成了清。因爲簡化字言字邊簡化後，幾乎絕對會跟三點水相混。

目前小學裡還常用「字理識字法」或「部件識字法」來教學，可是漢字簡化以後字理就難講了。像廣，本是形聲字，黃聲，今改爲广，形聲之理便不可說。而且广字乃是尼姑庵之庵的本字，弄得《紅樓夢》裡大家去賞蘆花的秋雪庵，小朋友讀來老以爲是秋雪廣。又如廠字，現在把廠裡東西都搬空了，變成厂，字理亦不通。且厂乃山崖的厓字，亦容易弄混。進，本是一小鳥跳躍前進之貌，如今竟是一口井跳跳跳。壓，從土，厭聲，今作压，既非土，又不見聲。兒，象形，象小孩腦袋特別大之形，而且小孩子腦上囟門未閉，故以此爲特徵。現寫成儿，也全無字理可說。

這些困難，教過小孩子的人便能體會。今年政協大會期間，有宋祖英等幾十位委員提案，希望在小學裡恢復教繁體字，其實正是許多家長與教師的心聲。對於革命時期造成的錯誤，希望能予改善補救。可惜教育部一口便回絕了這項提議，足證歷史留下的傷害，修補起來是挺費事的，矯枉需要時間，急也急不來。

而傳統文化教育在這裡總體不利的情況下進行，困蹇可知。因此目前傳統文化教育仍只能採取補充、輔助之方式。如教識讀書寫，以簡化字爲主，略輔以傳統漢字之識讀；閱讀篇章，以白話爲主，略輔以文言文或傳統典籍、詩詞等；教材教本，以現代教育體系規範者爲主，而傳統文化教學放在有心的學校自編教本中去發揮；正規課堂，依國家規範教學、傳統文化教學則多放在課外補充……等。現在各中小學的所謂傳統文化教育、兒童誦讀，不都是這樣嗎？

不是大陸現在才如此，我當年在台灣讀中小學時基本也是如此。黃燦如老師固然教我課外大讀詩文典籍，可是她絕不准我上課時看。一次我在課間讀《水滸傳》，她發現後，竟一把抓起那麼厚的一本書，啪，撕成兩半！這個動作，令我畢生難忘，也使我充分理解到傳統文化在現在教育體制中卑微的地位，只能以輔助、補充、課餘的方式爲之。

且縱使身爲輔貳，也不能太過招搖。就如這次論壇的題目：「讓優秀傳統文化走進校園」，在傳統文化上面刻意加了個限定詞：優秀。這就預存了一個觀念和心態：傳統文化有精華也有糟粕，我們不是復古，也不擬全面恢復傳統文化，只是挑選一些優秀的傳統文化進校園去教教小孩子而已。這不是爲了防止被批評被質疑，而預做防範，或根本等於告饒嗎？傳統文化是否爲優秀，評判的標準又是什麼？若以現代教育尺寸去挑揀、去過濾、去篩選，那又何必再去進行什麼傳統文化教育呢？

傳統文化教育目前看起來熱鬧，可是實際處境如此，能不令人感慨嗎？

土耳其旅遊答客問

2008.04.29

我屢欲由新疆通中亞，去土耳其，而皆未果。四月十八日，經《萬象》雜誌與土耳其駐大陸使館之安排，去旅行了一趟，主要是在伊斯坦堡，安卡拉、安那托利亞（Central Anatolia）中部及卡帕多細亞（Cappadocia）一帶活動。著眼於歐亞文明交會之問題，故不選擇它沿愛琴海、地中海地區。

目前去土耳其的中國人極多，且有不少人摯愛這條路線，認爲到伊斯坦堡比去巴黎更酷。因此我走馬看花的旅行日誌或一鱗半爪的見聞，根本沒有寫出來的價值，我在旅途中寫了一天就放棄了，只專心做個觀光客。

但回來以後，竟有朋友好奇來問道：

哇，好棒，去土耳其，就可以每天做土耳其浴了！

答：不，土耳其人基本上都不洗土耳其浴。家家都有浴室了，誰還去公共澡堂？那大抵只是用來宰觀光客的。且多獨立設置，就是五星級旅店也未必有。洗一次索價不菲，因爲他們都知道你不會再來了。

那至少可以每天喝到土耳其咖啡？

答：土耳其是咖啡文化的起源地，據說喝啡的風俗即是由此傳播到維也那的。可是土耳其人一般也不喝咖啡，平時只喝茶。茶稱爲Cay，中譯「恰伊茶」，其實就是茶字。泡成茶滷，兌開水喝，另加方糖二三顆。還有化學合成的蘋果茶。我去一家陶器作坊時，主人奉茶，曾獲喝一盅，甜膩無比，同樣是本地人不喝，專用來供觀光客的。

若想喝咖啡呢？

答：大城市有腥巴克、某當奴，也有茶座可點咖啡。但價格不菲，爲茶之三倍，份量則約一半。且土耳其咖啡不過濾，底下全是渣。當然上面也一半是渣，所以喝來一嘴沙。土耳其有種占卜術，即以此爲斷。因你若喝到沒什麼渣的土耳其咖啡，那就可以去抽獎了，必有好運。這樣的咖啡，自然也可能有人特別喜愛；但你若想帶點回來，基本上也沒有，超市裡較容易買到的是雀巢咖啡或三合一。伊斯坦堡香料市場倒是有，當工藝品賣，買咖啡杯或勺時附上一包。

那麼，喝茶吧！

答：也行，但要注意價格，從一杯三里拉，到三杯一里拉不等，價差極大。土耳其一里拉約等於人民幣六元，他們的公務員，例如警察，月薪約七百里拉。但若你若在街上討杯茶喝，竟要三里拉，你會心理很不平衡。土耳其又乾，一天要喝七八杯茶，茶資實在頗爲可觀。

不喝茶，就喝水如何？

答：一樣！一瓶五角到三里拉不等，視你運氣及長相而定。

何必買礦泉水？自己帶壺熱水出去逛不就得了？

答：想喝熱水？基本沒有。旅館不提供熱水壺、電熱器及開水。你當然也可以請櫃台送一壺熱水來，但一壺約五里拉。

旅館為何竟不提供熱水？

答：旅館還不提供鞋、牙膏、牙刷、梳子、茶杯等，旅客最好自備。不過旅店通常會提醒你，你們已替你把這些東西都妥爲保管在櫃台了，你若去取，只須交付極優惠之價格，各幾里拉便可。

旅館裡的餐飲如何？

答：旅店各式各樣，可選擇者多，但基本上都難吃。旅行社安排的各種美食餐廳，也都難吃。因大抵是旅遊餐。餐廳跟各旅行社有合作關係，各有專供的旅行團及國別對象。例如有的是日本客的定點餐廳，有些專營韓國團，有的針對歐洲團，有的店只有台灣客喜歡去，各色人等付的錢及口味各不相同，餐廳當然就因此而分了類。不過，我的建議是都不要去，千萬別聽旅館、旅行社、遊遊指南上的吹噓，地道的土耳其飲食，只能自費去街上閒逛時，跟本地人一樣在街邊巷裡找！

街邊巷裡都有些什麼？

答：沒什麼，基本上也很單調。土耳其美食在歐洲夙享盛名。但那是對歐洲人而言，對中國人來說，吃一兩天嚐鮮也還好玩，再下去就會嘗試絕食了。因為食材太少。菜，翻來覆去，只有沙拉、生菜、蕃茄、小黃瓜、土豆，或單吃或剁碎了吃，或混拌油醋去吃；肉，只有雞、牛羊，海邊略有些魚蝦而已。不准吃豬肉，又無鴨鵝兔驢等數不盡的食材。烹飪手法更單調，不會蒸、不會炒，只會烤和煮。所以一尾魚只能烤成一段木頭般的死肉，淋上一點酸汁，澆拌一些香料，便成了當地所謂美食。不會做蒸魚，也不能做魚湯。湯，我在土耳其喝來喝去，約只兩種，一紅一白，均是熬煮，用蕃茄、扁豆、肉屑、奶酪、洋芋等熬成，沒有青菜豆腐湯、蛋花湯、海帶湯、魚湯、雞湯、牛羊肉湯、老鴨湯……等無數煮燜燉煲之技。因此歸納起來，只能說是單調。

做牛羊肉應該比較拿手吧？

答：當然！土耳其人乃突厥後裔，飲食風俗與新疆維吾爾哈撒克極爲近似，且受伊斯蘭教規影響，不准吃豬，故日常食肉，以牛羊肉爲主。不過，肉似太少。以肉丁、肉屑、小塊肉爲主，肉排肉腿皆罕見。中國北方那種涮羊肉、烤全羊、手抓羊，從羊頭、羊心、羊肝、羊肺、羊腸、羊血、羊腿、羊蹄、吃到羊尾巴的風氣，此地邈乎無聞。故若想吃牛羊肉，去土耳其，不如去新疆內蒙。

餅呢？

答：餅是中亞發明的，是中國人做烘餅的老祖宗，當然不差。且古風存猶，用大爐貼燒，風味不惡。不過一樣是單調。基本上是類似春捲皮或荷葉餅的乾烤白餅，夾著牛肉或雞肉、碎菜吃，宛如北京台灣都有的沙威瑪烤肉夾餅，有時也夾麵包。可見餅亦已不如中國多姿多樣！

甜點呢？

答：甜品不錯。據說土耳其人酷喜甜，是受《古蘭經》的影響。經文上說：「享受甜蜜的味道是虔誠的標誌」，故土耳其人吃得極甜，茶都加兩三顆方糖，可見一斑。其實糖本來就是中亞民族發明的，後來才傳到中國和歐洲。古代中國只有飴和錫，不會製蔗糖、砂糖，唐代才由中亞學來，所以中亞民族乃吃糖的老祖宗，風俗形成在《古蘭經》以前。現在仍然擅長做糖果糕點，旅客不可錯過。但吃前需有些心理準備，有糖尿病及其嫌疑者勿輕易冒險，奇甜無比。

講了半天都是吃，你就沒看見什麼其他的嗎？

答：唉呀，吃多麼重要呀！土耳其做為歐亞文化之交匯區，正需從其飲食見之。例如歐洲人看土耳其，覺得它豐富，中國人看土耳其吃食，覺得它簡略，原因就是土耳其得歐亞之中。

歐洲人只有麵包，土耳其就多了餅，且有一種加上了做麵包技巧的餅，比我們的鍋盔還厚，又不像鍋盔那麼乾。歐洲人只有土豆、麵包，土耳其日常也就吃米飯，還有蛤蜊鑲飯、葡萄葉包飯之類吃法。香料用得又多，適足以表現它在世界香料貿易中的地位。伊斯坦堡香料市場上舉目所見，姹紫嫣紅，令人目迷五色者，類皆爲此等物。其中且有些爲土耳其特產，像我們中醫裡的乳香，乳香木就只土耳其有。它在香料世界的地位如此，飲食中用香料之道自然也就極其豐富。例如茴香，我固然吃過茴香肉包、炒茴香等，可就從沒想過它可添入酒裡。土耳其人常喝一種葡萄白蘭地，有濃厚的茴香味，喝時可兌水。但只要一兌了水，立刻變成奶白色，如飲酸奶一般，十分有趣。味道初喝時很不習慣，但略飲便也覺其風味獨具。所以，觀察土耳其，飲食是不可忽略的！

也就是說：飲食表現了土耳其的多元文化現象？

答：我剛才只說它表現了居於歐亞文化之中間者的身分，以及表現了它在香料貿易上的地位，並沒直接說它多不多元。目前土耳其爲多元文化之表徵的說法甚囂塵上，土耳其本身以此爲宣傳、旅行社以此爲號召、世人以此爲標籤去認識土耳其，可是我對此卻是存疑的。

仍從飲食上看：我國閩、廣、江浙，各省方言、風俗、飲食之差異多麼大？但我從伊斯坦堡到卡帕多細亞，跑過的距離，至少可以由山東到內蒙了，而其區域差異絕對小於我國任何兩個省，起碼飲食就基本相同，可見其內部一元化其實頗爲嚴重。

目前全國百分之九十五左右爲伊斯蘭教徒，凱末爾又提倡民族國家理論與政策，要求土耳其只能是土耳其人之土耳其，以致三〇年代引發民族大遷徙，希臘人均棄其田產廬墓，返回希臘。卡帕多細亞地區舊的教堂、旅邸、民居乃因此多成廢墟。今以此廢墟爲觀光景點，以爲古代文化多元之證，實不免令人哭笑不得。

赫梯人、拜占庭帝國之歷史，其實也是如此。除了在博物館中展示，或用爲觀光資源之外，現實上並不在意。我在安卡拉國家博物館旁的城堡裡遊觀時，就發現他們把許多羅馬時代希臘化時代之教堂、墓碑、紀念建築取來做爲堆砌城牆的石料，情況跟咱們國內把一些老碑刻胡亂拿來鋪路、架橋，做新建築的礎石完全一個樣。我們各地方爲發展旅遊，也大力宣揚歷史文化，但「經濟搭台，文化唱戲」，傳統歷史文化何嘗真被這批人所體認、所珍惜，道理和土耳其正是相同的。

可是土耳其在歐亞之間的角色與地位，似乎也使它不多元也不行。

答：對，歐亞文明在此交會，形成了文化交會的格局，這種位置與格局，使它不多元也不可能。

但這種交會也可能只代表了衝突，未必即等於融合。而且這只是歷史之實然，人對於這種歷史實際之處境，卻可能另有體會，或對此交會衝突之局籌思有以平抑之。我覺得土耳其即是這一類。

在拜占庭時代，把本來被禁止、藏躲在卡帕多細亞山窟地洞裡的基督教忽然拔舉為國教，揚之於青雲之上。反過來壓制了原本生存在這塊土地上的老信仰。等到拜占庭被滅，鄂圖曼帝國以伊斯蘭教為國教、基督教又被壓到地層底下。鄂圖曼本是亞洲文明，突厥人本身也自有其文化，曾信奉過本族原有宗教、佛教、摩尼教等，可是信了伊斯蘭教以後，卻盡棄故我，把舊文化全丟了。奉伊斯蘭真主之名，跟歐洲各國爭衡了幾世紀之後，如今又欲「脫亞入歐」，積極讓自己成為歐洲之一部分。

這樣一個國家，雖絕大部分領土在亞洲，人種亦屬亞洲，文化更與歐洲頗有差異，卻在自我意識與認同問題上如此，豈不像極了近代的日本？凱末爾昔年也最欣賞日本天皇。正顯示著這其中存在著太多錯亂，歷史層層掩蓋，文化一次一次被否定，人的主觀選擇又一次次企圖扭轉歷史實然的處境。歐亞多種文明衝突的悲愴，絕不是把多元文化拿來觀光賞玩的人所能體會的。

你的講法總是太極端。文明衝突的同時，應該也就有融合。

答：理論上固然如此，實際狀況則要看是衝突為主，抑或以融合、溝通交流為主。土耳其這個地方，因爭戰不斷、生存競爭激烈，看來竟是有我無你式的衝突為主。

早期西台王國何等強大？把巴比倫王國都給滅了，勢力進入兩河流域，並進兵埃及。不旋踵西台王國又被滅了。烏拉爾、佛尼吉亞諸國崛起，又與希臘大戰，特洛伊戰爭、名垂青史。接著波斯勢力進入，又把諸國滅掉。亞歷山大東征，攻佔拜占庭，波斯薩桑王朝攻佔安那托利亞中部。哥德人口入侵，希臘人的城市頗遭破壞。

再來就是東西羅馬分裂。東羅馬以基督教為國教，不只壓制異教，抹滅了早期的文明。就是它自己也窮折騰。例如基督教分裂為羅馬公教和東正教，幾乎勢不兩立；八世紀時還大掀聖像破壞運動之風，與文革打砸古物、破四舊一個樣，時間則長達一百年，聖索菲亞教堂等各處之壁畫、鑲嵌等，幾乎破壞殆盡。

至十一世紀，塞爾柱帝國崛起，也就是在中國西北被唐太宗擊敗的突厥人，西遷至此，攻下了這片土地。希臘羅馬化的時代當然就結束了。可是塞爾柱衰亡分裂後，十字軍東征，又洗劫了跟自己一樣的基督教文明，你說這是什麼亂七八糟的事？

十四世紀以後，鄂圖曼帝國建立，奉唯一真神阿拉，其他文明自然更遭破壞或掩蓋，所以至今我們在土耳其旅行，所能看到的歷史，大抵皆是劫後殘存的廢墟、斷垣，靠沈船與考古所得，聊窺一斑。傳世的文物，其實絕少。就是托普卡普王宮、朵瑪巴切王宮，這幾處具指標意味的處所，亦無多少傳承文物可觀。安卡拉與伊斯坦堡博物館，則主要是考古。

考古是撥開一層層被掩蓋的沙土，去發現歷史。倒過來說，我們就可知此地文明是在一次次殺伐爭戰中被層層掩蓋或竟消滅了的。看起來，此地各文明之特性，乃是不寬容。兩大主要帝國，一奉基督教、一奉伊斯蘭教，而都是唯我獨一，不容商量的。因此我說此地文明殆以衝突爲主，融合是其次的。

融合方面，難道就全無可述？

答：那又不然，此地既爲歐亞交通之孔道，來往交流，勢不可少。且不說別的，人種就是個大融爐。雅利安人與突厥人大量長期混血，中間還有若干少數民族及來往商旅，文明自不會那麼純一單調。

我在托普卡普王宮曾見其御膳房改裝的瓷器展廳，看見它所收藏的元明清中國瓷器，多達萬餘件，論數量，乃台灣故宮以外第一，不乏精品，看得令人目炫神移。青瓷白瓷也多。另外還有不少日本的「伊萬里燒」、維也納瓷器等。當年中國瓷器流通於西方，土耳其就是主要仲介者，可是它後來大量吸收中國製瓷技術，又旁採希臘維也那各地之風格，在伊茲尼克（znik）、阿凡諾斯（Avanos）等地發展了極好的瓷作，土耳其藍、蘇丹紅之色彩，運用極爲成功。在古代大量用以裝飾其宮殿、教堂，現在則爲地毯之外，一大工藝生產。

地毯也一樣。地毯編織，是中亞民族的絕技，但土耳其吸收了中國絲綢紡織技巧，所編絲質地毯堪稱世界第一。此均文化融合之效。此類事例，不能殫述，只能請老兄你自己去玩時細細體會啦！

你的講法，怎麼好像跟我看過的旅遊報導不太一樣？

答：現今為了因應去土耳其旅遊的熱潮，各種ＬＰ（**也就是旅遊指南，千萬不要誤以為是台灣政客的粗口**）不計其數。光是Lonely Planet授權的中文版，簡體字本就厚達六百三十七頁，且蠅頭細字，需另附放大鏡一副，以供閱讀。可見旅客上路前絕不愁沒有資料可以參考。若不愛看書，網中材料也多得是，圖文並茂，足供採挹。

不過，旅遊指南大抵皆是為著哄人去那兒玩而編寫的，所以報導均有選擇性。例如它會告訴你某處如何好玩、風景如何秀麗，可是常忘了提醒你：也許需長途跋涉十小時、路上或許無聊得想自殺，或許已把你顛得骨架子都散了等等。

而土耳其的許多事，又不方便介紹，因為不乏禁忌。例如對它的國父凱末爾將軍之功過是非、它與庫德族的戰事、與亞美尼亞人的紛爭、與塞浦路斯的糾葛，旅客最好莫要詢問，更莫討論。因為二〇〇六年諾貝爾文學獎得主，土耳其作家帕穆克在德國演講時，提到亞美尼亞人曾遭殺害，都還被土耳其法院以破壞國家形象之罪名起訴，咱們外人又豈容你到土耳其境內來說三道四？旅遊指南為了你好，大抵不提起這類事。你什麼也不知道，才好去盡情吃喝玩樂、採購血拼一番。基於這些原因，所以旅遊指南雖然詳盡，我的問答或許也還不乏參考價值呢！

弔柏楊

2008.04.29

這兩日，正在旅行後的渾渾噩噩中，忽聞柏楊先生物故，大感震悼。

影響先生以郭衣洞爲名，寫了許多小說，但論現代小說史的人，幾乎沒有誰討論它。影響絕大、無與倫比的《異域》，卻署名鄧克保，當年誰也不曉得竟出自他的手筆。後來知道時，台灣已非反共之年代，講台灣文學史的朋友，當然不會措意此書。大陸呢？這書是描述國軍在滇緬反共的，也根本就不可能在大陸印行。因此，作爲文學家的柏老，其實是孤獨的。

他後來以寫雜文出名，並以寫雜文入獄。實在也是荒謬。那些雜文，嬉笑怒罵，本來無非插科打諢。是在報社服務時期的趁筆之作，聊爲專欄補白，跟他精心寫作的小說不可以道里計，而卻以此成名，柏楊心中想必不能無憾。

後來他以此賈禍，入了獄，成爲人權鬥士。更是不虞之禍形成了不虞之譽。因爲他本非有意爭人權、唱反調、求民主。當時是在一個錯亂的年代中，被冤枉爲以雜文影射譏諷當道，所以才入了獄。當時柏楊並沒有政治動機，也沒有政治理論。跟許多思想犯、政治犯頗爲不同。

當然坐牢也成就了他的思想。在獄中，乃至出獄以後，他大力研究歷史，編寫了千萬字，還花了十幾年工夫白話翻譯《資治通鑑》。延續過去魯迅說中國只有一部吃人的歷史云云，他努力闡明中國乃是醬缸文化，非現代化不足以找到出路。這是個人遭際與時代感受的真誠心聲。

但醬缸文化之說，只可以驚俗目。聊爲一時口談可也，畢竟經不起推敲。他花大氣力做的史編、史纂、史論，史學界其實也不太看得上眼。其史料、史法、史例、史論，甚至翻譯，在在可商。故亦與其小說一般，學界對之，但存諸不論不議之列。

也就是說，他後來雖克享大名，但名實錯亂，我覺得他是很寂寞的。晚年以人權鬥士之名，被當道動不動就拿來擺弄擺弄，李登輝、陳水扁，都動輒找他「請益」，其實只是利用他罷了。名愈高，愈令人覺得不忍，覺得正是這錯亂的時代一個錯亂的標本。有些地方替他塑了像、許多人高談柏老柏老，可是真正瞭解他的有多少呢？

其實他做了許多外界並不太知道的事。例如他跟李瑞騰合編的東南亞華文文學資料，是這個領域開山之作，影響深遠。這類事，乃至他深沈的心聲，恐怕都還有待世人再多做些瞭解呢！

關於出版

2008.05.12

收到川大宋代文化研究中心編的《宋代文化研究》。其中居然有一文論宋翔鳳的經學。宋氏爲清代常州學者，不是宋朝人，編輯弄錯啦！

說及此事，是因有朋友怪我的書出版太慢，預告了老半天，還沒上市，故要我催催書店。其實編輯工作常常忙中有錯，謹慎點也不是壞事。

不過，《龔鵬程四十自述》與《書到玩時方恨少》，確實是已經出了。前者由工人出版社刊行，後者是黃山書社。五月三十一號下午還要舉行《四十自述》的發表會。

手上還有不少書要出，這裡先預告一本。哈哈，勿怪老夫吊人胃口！《武藝叢談》自序：

周作人《看雲集》自序說：「書面上一定要有序的麼？這似乎可以不必。但又覺得似乎也是要的。假如可以有。雖然不一定是非有不可」。文勢扭捏，一句一斷，正表明了寫書人替自己的書作序時之複雜心情。那用一整本書都講不清楚的心緒與想頭，竟要在這一篇序文裡寫明白，豈是易事?賭起氣來，就索性不想寫了。可是真不寫嘛，自己心上又過不去，於是終究還是會說一說。雖然說得囁嚅蹇澀，讓人覺得還不如不說的好。

我寫此序時，便頗有此種情緒。武術是我少年時最喜歡的活動，如今年歲老大、江湖夢遠，徒能於紙上談俠說劍，不無感慨。而頻年混跡上庠，講論詩書，往來無白丁、談笑有鴻儒，看來好像也不適合再去聒絮好勇鬥狠的武林舊事了。可是少日一段情緣，竟爾割捨不禁，仍要耗費我許多筆墨，想來亦自覺可笑。

舊作《俠的精神文化史論》之自序，曾略述我少年俠行，那實在是荒唐浪盪，不堪回首的。大抵我先是從文字上獲知了一些武林掌故、技擊佚聞，其後便實際練將起來。以一本李英昂先生所編的《二十四腿擊法》入門，故首先接觸的就是北派長拳之體系。先學十二路潭腿，繼練功力拳、華拳、甘鳳池所傳少林拳、太極掌、螳螂拳等，漸漸泛濫無歸，南拳北腿，什麼拳種都要去找書來練一練，四處打聽得有什麼高手都要去會一會。台灣與香港的武術書，幾乎被我搜羅淨盡，還要去柔道館、空手道館體會體會，能找到的各種譯介，也都窮力蒐集。六、七年間，積書數百種，養成了我後來做學問的一些習慣或方法，並讓我大體摸熟了中國武術之來龍去脈及各門各派的功法特點。

我之習武，本不是用來做學問的，主要是技擊實戰，每天邀人手搏，打得個不亦樂乎。可是由習武而博考文獻，考稽參互其異同，竟使我獲得不少文獻學的知識與方法，對武術史有些瞭解，實爲意外之收穫。我後來成爲文史工作者、學者教授，契機實肇於此。

學武而有收穫者，不只如是。例如我因練拳習武而需略知醫藥經脈之學；因練功行氣，而需略知內養修道之學，也開啓了我對醫學與道學的認識。後來我能在長庚大學中醫研究所講課、能創辦中華道教學院，均與此有關。而我因好武論俠，又需上溯中國俠義之傳統、討論武俠文學與實際武術之關聯，對於門派幫會在中國社會之發展也需留意，以致後來創立中華武俠文學學會、著作《遊的中國文化史論》《俠的中國文化史論》，亦皆得力於這段舊時童子功。可見我後來的許多做爲，事實上都可說是練武生涯的延申。就是拳武本身，好像也一直未曾脫離過，二〇〇三年我還創立中華少林禪武學會，想發揚發揚少林一脈武學呢！

可是畢竟我這三十年間主要活動的場域不在江湖、不在武林，而是在所謂的學術界文化界。在這些地方，武術乃是支流甚或末流，一般人不懂也不關心。文人學者，袖手雅談而已。對於武術竟能關聯於中國文學、醫學、藥學、儒道佛學、幫會史、社會史等，大抵並無概念，不知此乃欲瞭解中國社會與文化之秘鑰。

相對來說，武術界的朋友，演武論技，固擅勝場，但文史非其所長，又常不曉學術規範，故其講古論藝，時不免河漢其談。更常因門派所囿、見聞所限，知識不廣。

因此我在學術界與武術界其實兩方面都缺乏共鳴者，我只是一直在做著我自以爲好玩的一些事而已。偶或稽古考文、說拳論劍，常也不知寫成的文章可持與誰看。

山東畫報社韓猛兄因編輯出版我《書藝叢談》《俠的精神文化史論》而知我於武術一

道嗜痂有癖，乃催促我裒集舊稿，輯成茲編。認爲獨樂樂不如眾樂樂，也許神州之大，仍不乏與我同懷者，我的一些看法或許竟能找著知音亦未可知。我感其盛意，乃輯比舊作、附益新篇，拉雜談藝，弄成了現在這樣一本書。

此書首論達摩《易筋經》，次論張三丰武學，間接就說明了少林派與武當派的相關問題。接著分論崆峒、崑崙、峨嵋、青城各派，及迷蹤拳、筋經門。少林、武當、峨嵋、崆峒、青城是傳統門派，迷蹤拳也是傳統拳種，但崑崙是新興門派，筋經門則不見經傳，乃所謂「秘傳」之學。我承認武學中有此一類，也相信大陸臥虎藏龍，民間應當還有不少此類能人，故擇此以示例。武術門類雖雜，大體不外這幾種。

大體介紹了大陸武術門派功法與發展狀況之後，繼之就要討論台灣。台灣的武術十分複雜，我以宜蘭縣爲例來做說明，並以台灣北部淡水的海盜史來爲它之所以武風盛行做個背景的補充，以供想像。

當年做此研究，申請了國科會的研究經費，研究助手爲學棣林明昌教授，得他襄助甚多。他精於太極。我辦佛光大學時，體育課就是請他來給學生們教拳。後來我在太湖辦道學研討會，他也提交了〈鄭子太極美人手研究〉一文與會。鄭子太極，是鄭曼青所創，風行於海外，可是大陸並不熟悉，故亦附入本書，以見台灣武藝之一斑。

宜蘭縣武館那篇，講的大致屬於台灣傳統武術，鄭子太極卻是一九四九年後由大陸傳入的新拳種，兩者合觀，或許較可一窺全豹。本來我少年所習，以大陸傳入之北派拳術爲多，對於這些拳術，一直很想好好闡揚一番，可惜因循未就，僅能拉明昌此文來替我補拙，說來也甚慚愧。

台灣的武術，傳統由閩廣傳入、一九四九年以後從大陸輸入者外，引進日本韓國武術亦較大陸爲早，且發展蓬勃。這裡我選擇「中華合氣道」來做介紹，說明此種武術如何傳入、如何發展，並探討它未來與中國武術融合之道。增加這個面向，討論台灣武術才較完整。

中國武術向海外移民社會的拓展，台灣只是其中之一端，東南亞爲另一更大之領域。例如近四十年武術文化復興，香港武打影片功不可沒。此即可見武術在東南亞華人社會中的地位及重要性，尤其是李小龍演出的「精武門」，開創了武術文化的新時代，也令功夫成爲國際語言及中國文化的重要符號。而在那個時代，大陸的精武會乃至大部分武術團體和門派卻都還沒什麼活動；薪火相傳，往往僅能恃諸海外。

精武門電影當然是虛構的，但編劇之所以選擇以精武會來說事，正顯示了精武體育會在海外發展甚爲蓬勃、精武史事易爲流俗所觀聽。可是到底精武會在海外的傳播如何，迄今我倒還沒見過有什麼正式的研究。我此處以馬來西亞的精武會爲例，說明海外華人武術社團如何經營發展，以見傳統武術在海外之概況，或許可供有心人參考。

華人世界講完，接著就要談中國武術傳播於異邦之問題。琉球本是中國藩屬，後來併入了日本。日本原先也是中國藩屬，明代以後才獨立且與中國抗衡。所謂藩屬，即是廣義的中國屬地，是中國的一部分。後來雖然獨立了，淵源關係亦終不能掩去。故論中國武術，自不能不述及這個層面。

在這個部分，〈琉球武術小記〉介紹琉球本土武術及由中國少林拳傳入的「唐手」兩系。唐手爾後傳入日本本土，衍爲空手道。可說是中國武術曲折地傳播於日本之一例。日本當然也有直接由中國傳入的武術，例如後來發展爲柔道的柔術，即由陳元贇所傳。但柔術流派很複雜，我在談合氣道時已大體介紹過一些情況，所以就略去了，僅概述其劍術。日本古劍術，與今人習知的現代劍道並不是同一件事，門派眾多，技法繁雜，乃專門之學，我之簡述，聊備參照而已。這一篇談的主要是「術」，另一篇〈武士禪〉則說日本武道之精神內涵，並對此精神內涵略做評議。

最後幾篇，談拳經、劍法、奇門秘技、南拳北俀、武學與醫學藥學等等，乃是對以上所述的簡略補充。本來這些問題都該深談，此外也還有許多專題需要進一步申論，但言不盡意，這樣簡單寫寫，聊以述情也就可以了。

全書框廓，大抵如此。稍示武學之廣塗，偶忞胸臆於談鋒，提要鉤玄，愧乎未能，徒存少日之意氣，誌一時之芳菲而已。知我罪我，何足道哉！

災後

2008.05.19

四川大地震災情之慘重，不必多談，舉世已盡知矣！十三日赴珠海，聯合國際學院邀韓少功來做講座，並同時舉辦文化創意大賽。本來是很喜慶的活動，學生們表現亦甚佳，但更令人動容的是那種自發的關懷之情，鼓舞捐輸，盡心罄力，使我這飽經憂患的人也深有所感。

在珠海時，我又邀得鄭州劉義明先生來。劉先生為萇家拳第八代掌門。此拳創於清乾隆年間，為海內少數真有來歷、授受可考之拳種，學理與技法影響後世武學甚深。可惜近年世俗聲名不著，故特請來演示，以開學者之耳目。

十五日晚在暨南大學打尖一宿，次日又飛廈門。廈門也在熱烈捐輸中，且已派救援隊赴四川。

此次救災行動可圈可點、可歌可泣之事蹟甚多，但也暴露了許多問題。例如一、太晚同意國際救援團體進入災區施救。第一支救援的日本隊伍，十五日才到達災區，救人的時效大抵已過，能發揮的效果自然十分有限。本地救援團體有時還有「哼！你們又能比我們強到哪兒去？」的奇怪心理。

二、全國缺乏民間救災體系，發生災情，只能動用軍隊。抗雪災、抗洪水、救震災，無不如此。但軍隊的任務及訓練，老實說，主要是殺人而不是救人的。因此缺乏救災設備、觀念及技術，只是靠著組織起來的人力去硬拼而已。拼搏之精神十分可貴，但有時不免事倍而功半。因此未來痛定思痛，當有以籌思此事，不能每次都讓軍隊去應急。

三、救災前四天是溫家寶總理直接進入災區指揮的。可是救援人力主要是軍隊，偏偏溫雖貴爲國務院總理，卻根本無權調動軍隊。軍委會主席是胡錦濤。故軍隊之調度仍須繞個圈子，由北京再下指令。這個體制，顯示了軍隊沒有國家化其實是不行的。

四、震災發生後，交通、水電、通信中斷。海陸空全員出動，都還要搶攻三四天才能基本恢復，可見這些地區的基礎建設實在大成問題。許多村鎮只有一條小路與外交通，此路一斷，便成絕境。近年大陸花大氣力在發展城市，可是城鄉差距如此之大，實在也是令人擔憂的。

諸如此類問題，自然還有許多，現在救人第一，大家不好多說什麼，但未來應多做些檢討才是。

此番赴廈門，主要是廈門衛視要做個講座。講兩題：國學生與死、國學新與舊。抵達後，下午即錄影，在廈大演講。共講四小時，幾乎累癱了。

講畢，次日與周寧、徐學、陳守舉、張宏諸兄快晤，並商量下半年在廈門舉辦書法展的事。張宏的宏寶齋，與北京榮寶齋、上海朵雲軒等被評爲五星級資深藝廊，掛了個金字招牌。此等名號，實在有趣。在他處看了不少收藏。近年大陸文物藝品熱，正反映了社會上的文化需求與品味漸漸提高。不過，文化的事，非一蹴可及，還得慢慢培養。我在廈門看電視，陽光衛視有一節目，介紹蘭亭集序諸帖及相關故事，字幕就全用正體字，此甚可喜也。然御筆、御碑之御全寫成了禦，這便是還有待改進之處。

又，抵廈門時，恰逢詩人鄭愁予先生伉儷。鄭先生已移居金門，乘渡輪至。袖中摸出一瓶金門高粱，竟然還是李錫奇畫展的紀念酒。遙想當年在金門辦詩酒節的豪情逸趣，相與撫掌。鄭先生說回金門後，還要號召人去四川協助災後重建呢！

國學營招生

2008.05.25

前此談救災，網友有些不同意見。既如此，那也就不用談了。病人不聽醫生的建言，反而自以為高明，來亂搶白一通，我醫生當然只好笑笑。茲介紹我將辦的山東國學營。

國學營，去年去白鹿洞，今年去孔孟故里，登泰山，共同體會中華文化之美。現在開始招生！前進山東，探索孔子與儒家文化的故鄉！

一、活動簡介

1、國學研習營，去年開辦廬山白鹿洞鵝湖書院之旅，成果豐碩，十分圓滿。今年將續辦山東之旅。

2、自漢朝以來，儒家文化成為中國思想的主流，成為兩千多年來中國人立身處世的中心思想。繼去年在白鹿洞書院研習中國文化而大獲好評的廬山國學營，今年我們將前往孔子與孟子的家鄉，講學於洙泗之上，體會舞雩歌詠之美，探訪儒家文化的發源地。

3、有「五岳獨尊」之盛名的泰山，在中國文化中備受推崇，歷代帝王皆以封禪祭祀泰山為盛事。登臨泰山，體會孔子「登泰山而小天下」、杜甫「會當凌絕頂，一覽眾山小」的心境與感動。

4、濟南自古有「泉城」之稱，城內有泉水百餘處，以趵突泉、黑虎泉、五龍潭、珍珠泉四大名泉久負盛名，有「家家泉水，戶戶垂楊」的美譽。遨遊《老殘遊記》筆下的大明湖、千佛山，領略「四面荷花三面柳，一城山色半城湖」的濟南風光。

5、本團與一般旅遊團不同，不但有正式課程，旅途還將與山東大學、聊城大學等學術團體交流；考察濟南（**大明湖、千佛山、趵突泉、靈巖寺佛教文化**）、曲阜孔廟、孔府、孔林、舞雩台、尼山書院、洙泗書院、微山湖、荀子墓、孟子故里、曹植墓、萬畝石榴園、張良墓等處，以深度的文化之旅，開拓心胸，增長見識。

另一雙眼睛

2008.05.28

有朋友說我常以台灣或西方之眼看大陸，好像這是大罪，罪不可赦。哈哈，我倒以為這正說出了我的長處！

從前，魏徵曾告誡唐太宗：「以銅為鑑，可以正衣冠；以古為鑑，可以正得失」。人都需要看鏡子。看鏡子時，也就是在練習用另一雙眼睛，假想自己是別人，從另外的角度或對立面看自己，繼而糾正自己。不但要看鏡子，我們還要看史書、讀古書。以史為鑑，拿古人做自己的榜樣。學人家的長處，也警惕著別人的短處。

個人如此，國家社會亦然。對我們現在這個時代與社會，我們有生活於其中的體會、認識與感情，但它對不對、好不好、能不能再予改善，或還有什麼發展的可能性，則可透過兩個方面來探討。一是以古為鑑，用古代不同的社會狀況、思想資源，來觀察、批評、反省現代。二是以其他社會，例如同一文化體系的不同社會群體（像大陸人就應看看台灣、香港、海外華人社會。台灣人便該看看大陸）；或不同文化體系的其他國家，像歐美。要透過這些，才能發現我們身處其中、習焉不察、以爲本來如是，或自以爲已經非常好了的情況，還有改善之可能，或可有另外一些不同之理解。

因此，以另一副眼睛看，乃是作學問、觀察社會的必要法門。古代、西方、台灣等華人社會，則是我們現在最重要的三個參照系。當然，若能在現實世界之上，還有一個超越界的理想社會以供參照，所謂「究天人之際」，那就更全面了。

五四運動以後，國人非唯不肯以古爲鑑，甚且以古爲仇。如今某些人又持中國國情特殊論，反對以他人他國爲鑑。這些朋友也許從不照鏡子，故我也不好勸他們多學著用上述四個參照系來想問題，但我自己卻是習慣這樣做的。

三十一日（週六）下午兩點，我將在北京市海澱圖書城旁的第三極書店做我《四十自述》的發表會，談我如何以另一雙眼觀察、批判我自己，並略述治學之法。有願意做點學問的朋友，歡迎來聊聊。

關於賑災部份。由徐曉倡議，已募集了十萬冊書籍，六月一日就將送達災區。香港中國文化研究院，則聯合了青年報等單位，要把他們做的《燦爛的中國文明》網站多媒體光碟一百萬套送去。

後面這件事尤其與上文所談有關。因爲該研究院並不在大陸，而在香港。可是它的網站介紹中國文化，遠勝於大陸，曾榮獲聯合國「世界最佳文化網站」大獎。二十五日在人民大會堂舉行徵文活動及光碟贈送儀式，邀我也去參加，並聘季羨林、馮其庸、李學勤、湯一介、袁行霈、王文章、羅哲文和我等爲院士。其實我等只是榮譽職，成績都是胡從經先生的香港團隊做的。他們的眼睛，看到了中國古代文化的精采，也看到了現在的不足和需求。

寫作與出版

2008.06.04

山東畫報出版社已出版了我的《俠的精神文化史論》，近方收到，展讀慨然。舊作《大俠》一書，爲此道中開荒之作，錦冠出版社刊行。但不久出版社關門，我那本書也就絕版了。後來增益新作，由風雲時代出版。本想在大陸另與論儒道釋諸文合刊成一套叢書，輾轉未果。如今才終得印出簡體字版，與舊作《遊的精神文化史論》可視爲姊妹篇。嘗有朋友抱憾說我在《遊的精神文化史論》那本書中論了遊士、遊女，這個遊那個遊，而獨獨對遊俠論得太少。其實談俠說劍，俱在此書，不妨並觀。山東畫報還要再出我一冊《武藝叢談》，將來也是可以合看的。

三十一日，承工人出版社好意，又爲我《四十自述》一書做了新書發表會。說到《四十自述》，感慨自然更多。昔年替我出書的周安托兄，已歸道山。而我紀錄的那個四十歲的靈魂，也在風塵中逐漸老去了。

此書與坊間一般傳記頗不相同。尋常傳記、回憶錄，是「左史記言，右史記事」那個傳統中的記事之作，重在敘述相關人事經歷。我這是自序之體，猶如司馬遷的〈太史公自序〉或劉勰的《文心雕龍．序志篇》，屬於「詩言志」的傳統。故談的不是個人的自然生命，而是文化生命。體例也從詩講起，分詩、思、事、史四部份，每部份各五章。談我「十有五而有志於學」以後，求學問道之過程，並如何「三十而立」、如何四十而大惑。其中當然也不乏對事件時局之描述，因為我歷世之經歷也頗豐富（卓克華兄每次在我返台時，都找我去吃一家清真牛肉麵，他推崇那是台北最好的，並為該店謅了一幅對聯說：「相逢唯食牛肉麵，世味須問龔夫子」。可見我世味久諳，人所共知），但論次別有重點，目前恐少有同類之作。

克華又曾說我這本書乃治學方法之書，我亦以為如此。四十以前著作四五十種，綱要大抵在是。不過一般人讀之，未必須如此嚴肅地看，把它當散文讀也不妨。通常散文家無學問，學者又無文彩，此書略能兩兼之。

發布會上，沈昌文先生及詹海雲兄替我做了介紹。沈公云他欣賞我能文情並茂、中西兼通，並戲稱為我之「粉絲」。海雲與我，則是前一天葛榮晉、張踐、王傑諸先生邀了同去大覺寺喝茶才碰到。他由台灣來，在民族大學講學，三十一日正好要回去，聽說我有這個活動，臨時把機票給改了來替我助陣。諸君盛情，至可感也！

計我在大陸已出版了十六種書，《俠》及《四十自述》等是舊作新刊，但也有其他一些是新近寫的。舊作當陸續修訂整哩，以就教於學林；新的研究也要賡續錄出，以示自強不已。近方寫《中國文學史》，已成其半矣！

詩人節

2008.06.11

今年端午，大陸第一次放假。許多人並不知道放假的原因，也無法體會其文化含義，仍把它像五一、十一那樣過。放假、休息、玩玩、打打牌，或促進節日經濟，好好消費一番，頂多就吃吃粽子應應景而已。

前此曾應海峽電視台之邀，去電視台談了一下端午民俗。今則參加中華詩詞研究院所辦的「北京詩詞青年峰會」。

本來昨已去陶然亭公園參觀過了。該公園貼出了許多詩欄，介紹詩歌史、作詩基本知識及創作比賽佳作，提醒遊園者：中國是詩的民族、陶然亭也有深厚的詩歌吟唱傳統，現在顯然也希望能再鼓勵市民來作詩。目前效果雖然看來還不明顯，但公園能注意及此，並以此慶祝端午節，我仍以為甚是難得。

今天這個會則更為難得。詩詞研究院能主辦此會，而又居然有那麼多青年詩詞創作高手來參加，令我大爲驚異。什麼碰壁齋主、種桃道人、矯庵、噓堂、蘇無名、靜虛子、天涯孤舟、東海一梟，聽起來彷彿武俠人物的年輕詩人，濟濟一堂。袖示所作，則才情功力不容小覷，頗令我有不知今夕何夕之感。五四運動快九十周年了，傳統文學生命力旺盛，還未被革掉老命，仍顯得很年輕、有活力，真讓人高興。

本來端午就有兩個意義，一是民俗的端午，即掛菖蒲艾草、喝雄黃酒、纏絲縷、佩香囊以驅吉避凶的那一部分；另一部分則屬於文化上的端午，以祭屈原爲核心。屈原在大陸課本上，被當成愛國主義教材，其實屈子之意義遠超過此。台灣以端午爲詩人節，正是看重屈原的文化意義。他芳菲高潔的人格，即時時提醒著詩人應該努力拒斥流俗。

五四運動就是個世俗化的文化運動，在文學改革方面，以白話反文言，首先是把文學問題簡化爲文字媒介問題，然後再把文字淺化爲語言。西方的現代詩，興起時是具有批判現代社會、探索現代人精神意識狀態之涵義的，可是我們的白話詩運動，主要重點卻不在思想內涵，而在形式、語言媒介上，並幼稚地以爲改用白話或現代口語就自然可表現現代精神思想了。對於口語遠比文字淺俗、不精確、不凝煉、不深刻的媒介特性，卻又避而不談。甚而在意識內容上大罵「文以載道」，強調詩言志或抒情，說是要講自己的話。可是，自己這個情這個志到底有何內容、有何深度，爲何值得抒、值得言，則未深究。而反對形上學、反對宗教之態度，更使得整個文化運動缺乏超越性之面向，也缺乏歷史性，所以才會表現爲打倒傳統。

這種平面的、淺俗的文化態度，把詩文跟道的關係鬆脫了開來，看似解放了詩文，但不再具有神聖性的詩文創作活動，跟工匠雕刻、歌手奏樂唱歌有何不同？文僅一藝而已，結果就是這一套文字遊戲也競爭不過其他視覺藝術、表演藝術，必將逐漸沒落、逐漸邊緣化。目前的情況就是如此。

因此，糾正五四以來文學革命之弊端，重新創作傳統詩詞文學，不只是在形式上維護、傳承原有詩體、文言，乃至駢文。更要在精神上反流俗，在文化上開展對現代性的批判，這才能真正走出一個新局面來。

大連行

2008.06.17

十三日赴大連圖書館演講，談「生活的儒學」。此題我近來常講，內容各不相同，但方向基本一致，都是希望能讓儒學在現代社會生活場域中復活的。故不同於一般只能從存有論、倫理學方面去講儒學的學究，亦不同於用儒學來講國家意識型態者。

但此行有感觸者，不在這個問題上，而是以下數事：

一、大連圖書館館長張本義先生，早於二〇〇〇年即創辦白雲書院，以義塾型態，開辦國學班及國粹講會。有親子班、基礎班、提高班、成人班等。書院依清代書房風格裝潢，課桌、書案及文具擺設皆具古意。學童向孔子行禮、誦學規而後就學，據云迄今已畢業數千人矣。院中並附吟唱團，吟誦傳統詩詞，在海內外頗有演出，是現今大陸書院教育較成功者。尤難得的，是經費仰賴自籌而教師又皆義工，可見人心不死，故能如是。

二、大連圖書館本身的館藏也十分豐富。我懶得出去遊覽所謂市政建設，故向張館長請求入書庫去讀書，大體摸了一遍。覺得該館有幾部分東西較為特殊。一當然是滿鐵資料，其中中日文資料均甚精，在今日尤不可多得。二是地方誌。三是滿文檔案。四是羅振玉藏書。五是小說戲曲。小說戲曲部份，從前孫楷第先生略介紹過，此外則還沒做學術整理，我以爲是極可惜的。

像滿鐵資料，相對於日本人來說，我們的整理即遠爲不及。可是政府在許多地方亂搞建設、濫花錢，而對文獻整理卻吝於支持；因此館裡經費與人力均不足以真正展開這些研究，只能勉強守著這批寶貝，令人看著著急。

三、館裡多篤學好書之士，張館長不必說了，招呼我的孫海鵬諸君亦然，范旭侖君更是木訥的讀書人。圖書館待遇菲薄，大連居大不易，然鑽研書卷，自適其樂。此在今日浮華澆薄之世，不免令人感到未來文化還能有點希望。

四、在大連偶值蕭文立先生，並去他那兒看了些羅雪堂的東西。他並不是一般意義的學者，研治文史只是「業餘」。但遊於雪堂之孫羅繼祖先生之門，根柢遂較一般學者紮實；且因與張本義先生合編《羅雪堂合集》，視野大闢，亦非拘墟者可比。在大陸各城市，我多多少少會找到他們這樣的民間學者。名氣不甚大、性氣有點不合時宜，或自學成材，或親承一二老宿之教，因心有所好，故術業頗有專攻，反而比學院中人更能如韋伯所說是：「以學術爲志業」。此類畸人逸士，或竟爲此間文化發皇之真正主力亦未可知。如前此「詩詞研究院」所辦的詩詞青年峰會，不也是聚了一批畸人逸士嗎？

出版與出版人

2008.06.19

新出《四十自述》《俠的精神文化史論》均有書評，將來再選刊出來，供朋友們參考。

《四十自述》與台版無大異。敘舊事，再做增飾，就沒意思了。其中僅涉及政事者，因觸本地忌諱，略有刪節而已。讀者想能諒解，並共同期待未來能有一個不必刪書的環境。

《俠的精神文化史論》跟舊作《大俠》相比，補了〈漢代的遊俠〉〈清代的俠義小說〉〈英雄與美人：晚明晚清文化景觀再探〉〈俠骨柔情：近代知識分子的生命型態〉〈武俠小說的現代化轉型〉〈人在江湖：夜訪古龍〉〈劃破黑暗的刀〉〈藏在霧裡的劍〉〈看三少爺的劍〉〈且爭雄於帝疆〉〈E世代的金庸：金庸小說在網絡和電子遊戲上的表現〉〈少年俠客行〉〈論報仇〉〈刀劍錄〉等十四篇，等於新作了。

近日另出商務版《漢代思潮》增訂本。補了〈中國文學史漢代篇〉共八篇文章，約六十頁。《晚明思潮》則比台灣版多了〈馮夢龍的春秋學〉〈黃宗羲民本思想探賾〉〈王學經世：兼論其與朱子學和現代社會之關係〉〈蕅益智旭唯識學發隱〉等四篇，一百餘頁。

另外，《書到玩時方恨少》即是台版《孤獨的眼睛》，大體未動，只改了書名。而《北溟行記》則是書名未改，內容不一樣。台灣版收的是二〇〇四年八月到二〇〇五年一月間的全部旅行筆記。大陸版收到二〇〇六年六月，但是摘選，故兩者有一大半是不同的。未來如有機緣，再把所有旅行筆記合刊吧！

歷年著作，大抵即如上述這般，增來補去，改頭換面，有時連我自己亦不太弄得清楚，未來如有人要研究，版本問題恐怕也頗費事。那爲何不如古人般，待寫定而後刊呢？嗨！今古異勢，整個出版及閱讀的情境不同了，寫定而後刊，既無可能，亦無必要。若要完整，只能期待將來做資料庫啦！

其實今天講一些書籍出版的事，本也不是要談我自己的書，而是忽接到台灣學生書局老東家鮑家驊先生的惡耗，觸緒紛遝。一時間，與出版相關的事凌雜生於眼前，不知該說些什麼好，故屑屑亂扯了以上幾句話罷了。

台灣學生書局，是鮑先生與劉國瑞、劉厚餘諸先生創辦的，除出版文史哲圖書外，還辦過純文學月刊、王子月刊、書目季刊等。後來劉國老去經營聯經出版公司，彭正雄先生去自辦文史哲出版社，都仍與學生書局聲氣相通，故可說是台灣文史哲學書籍出版的主力之一。

老派經營，不與時髦風氣相競逐，故無俗世聲名或巨額財利，但對文化實有貢獻。如新儒家牟宗三、唐君毅、徐復觀諸先生書大抵皆由書局出版。吳相湘、屈萬里、劉兆祐諸先生主持編務時，致力整理文獻，對台灣圖書館學、文獻學界亦均有重大影響，至今《書目季刊》仍爲台灣唯一專業民辦文獻學期刊。又，語言文字學方面、古典文學方面，書局之出版事業亦皆與該學科之榮枯直接相關。全世界研究漢學的人，也沒有不知道學生書局的。這對一民辦出版社來說，是極不容易的事。

實際上，整個書局只有十來個人，至今成書數千種，且均爲有用之書，非暢銷垃圾，其勤敏即可見一斑，文化識見亦可見一斑。

有一年，我去日本慶應義塾大學參訪，說是佛光大學校長來了，對方漫然視之，如待一般客人。待我提出要去他們書庫看書，始矍然有些敬意，覺得來人有點文化，知道他們的家底。等到我在文庫中看見該校頗藏學生書局之書，而說起我亦曾在書局主持過編務後，對方才改容致禮，態度大不相同。那時，我忽想起古代和尚待客「坐、請坐、請上坐；茶、泡茶、泡好茶」的典故，真覺得做一個正派出版人實在是極有尊嚴的事。書店的總編輯，在人家心目中，竟遠比大學校長重要得多。從前胡適曾想辭了北大校長，去商務當總編。我以前不明白其中的道理，那一霎間卻完全瞭解了。一家好的出版社，影響與貢獻，實在比一所大學還要大呀！

可是你若與書局的人說他們有如此大的貢獻、在外邦有如此大的地位，他們又一定謙遜不遑。老派人，誠篤謙和，若出本性，對讀書人尤其敬重，這是書店的傳統。我很喜歡這種感覺與氣氛，初不料老先生竟然就辭世了！唉！

寫讀生涯

2008.06.26

前此談到出版新書的事。不好意思，嘿嘿，又有新著出版了。

北大出版社剛印出「龔鵬程文學漫步」系列中的《中國詩歌史論》《中國小說史論》《中國文學批評史論》。詩歌史、小說史都各有三十八萬五千字，批評史五十二萬八千字。稍早我曾在本網誌附載該叢書序文，可以大略理解其內容。乃是我歷年在文學研究方面論文的選編。大陸學界朋友要找出我在台灣過去曾出版過的論文並不容易，我問學較勤，筆耕不輟，文章又多散失，現在選輯起來，應稍可便於參考。

說到讀書做學問，其實甚難。我迄今成書數十種，看起來好像很容易，譽我者說我是天才，酸我的嗤我草率、輕易爲文。實則哪個領域不是真積力久、坐破蒲團才獲得了這麼一點點知識？哪本書不是鑽研考索、不斷增訂之所得？我現今近視一千三百度，非無故也！我不是暢銷作家，故每撰一文，大抵都在「攻堅」，想要解決一個問題、闡明一個觀念、突破一個範式、提倡一種方法。這種文章之難寫，亦不可爲不知者道。幸而我以此爲樂，「學而時習之，不亦樂乎！人不知而不慍，不亦君子乎！」故仍然每天讀個不停、寫個不停。

旅行方面。剛去了山東。中華文化標誌城辦公室來邀我去討論相關規劃事，遂赴濟南。住在舜耕山莊附近，泉城公園等處均綠化頗佳，但城中爲奧運而大興土木之勢仍未稍緩。

抽空與山大傅永軍、山東畫報尹奎友、韓猛諸兄見了。並與韓猛同去拜訪李恩久先生，談山東武壇掌故。李先生還練了一趟陳氏太極濟南架，是我寫讀生涯不錯的調劑呢！

國學營歸來

2008.07.16

山東國學營已於十四日辦畢，回到北京，幾乎累癱。因此也沒氣力再寫什麼遊記了，姑且轉錄UIC一位同學的隨筆，以見一斑。看來學員們覺得頗有收穫，也期待明年再辦。但我太累了，明年的事，再說吧！

清晨五點三十，抽身離開擁擠不堪的火車站。午間十一點三十，電腦播放著巴赫的變奏曲，我開始回憶，搜索記憶中十天來的點點滴滴。

心中有千言萬語，卻又感覺到無力敍述。內心的感慨就要噴薄而出，文字的無力卻一次次使得我語塞。

孔子墓前簡單的祭拜，周老師的真情流露，讓在場的每一個人都爲之動容。晚上聊天的過程中，老先生向我們講述他的心情，抱歉於自己的失態。其實，我們能理解，理解老師面對聖人時那種難以抑制的激動。這麼多年來，老師所學習的，並且傳授的，大部分都得益於孔夫子當年傳流下來的經典。與孔夫子在書本間對話了幾十年後，終於有機會站在他的墓前，向他敬一杯酒，大概是所有像老師這樣的長者的心願吧。

向老師談及他所帶給我的心靈啓發與指引時，幾度激動的落淚。作爲一個「稱職」的理科生，在高中時，我沒有給自己過多的時間接觸文學，特別是古典文學。慶幸的是，在大學的第一年，就讓我遇到了周志文教授以及龔鵬程教授。記得在最迷茫的階段，每天奔波於兩個教授之間的講座，聆聽文學的點點滴滴，灌注於心靈。漸漸的，眼前的迷霧被一層層撥開。似乎看到了自己的人生道路，不再是得過且過。

周老師對於我而言，就像是啓蒙老師，讓我這個曾經執著於得失的人，看到生命另外的閃光點。不僅僅是對功名的追逐，心靈也需要我們經常的對話以及滋潤。對於人生前二十年來的迷茫與稚嫩，我慶幸於在二十歲這個關口，感受到了歷史給予的力量，看到了未來的方向，而不是像周老師所言，再經過十年，二十年，才幡然領悟。

腦海中總是浮現老師感慨而又殷切的眼神，他說他在我們的身上看到了中國未來的希望，看到了中華文化復興的希望。每每想起，總會讓我感覺自己重任在肩。慶幸於文化的火種播撒在了自己的心靈深處，更感受到了將它發揚光大的重責。那一晚的深深擁抱會銘刻在心，老先生的真誠，以及他博大的胸懷會一直勉勵我。

龔老師的博學再一次令我們傾倒。但也讓我們看到了不同於課堂上的他。就像同學們所言，他不是聖人，十天的接觸，讓我們看到了一個可親可敬的老師，而不僅僅是一個教授。每每都會閃現出老師開懷大笑的場景，回想起他來到我們身邊讓我們帶一個雞蛋上路的關切語氣，以及他與師母執手上階梯的畫面。

這一次旅程帶給我的，不僅僅是知識的灌溉，更是心靈上的撫慰與震撼。用十天的時間去飽滿自己的靈魂似乎過於草率，但用十天的時間去啓迪內心對知識的渴求，卻是足夠的。

校長曾經對我們說過，他希望在我們離開學校時，帶走的，並不僅僅是一張文憑，而是人生未來要走的路的方向。很慶幸於自己當初選擇了ＵＩＣ，爲我的人生打開了另一扇大門，抵達心靈的大門。正如他所言，教育，應該是用生命去感動生命的事業。而我們，正是這麼被老師們感動著。

重新踏上堅實土地的那一刻，我真切的感受到，自己是富有的。

萬分感謝龔老師的組織、周老師的參與。明年的活動一定參與~

看台灣

2008.07.25

十七日返台，迄今一週。

剛回來時，台灣因颱風淹水；這幾天又酷暑難當，看來天氣跟經濟一樣糟。所以社會上對大陸觀光客來台頗爲期待。可是也有人說：他們要來台灣看什麼呢？

我剛在山東辦完國學營。山東大學爲我們舉行了開營儀式，並請杜澤遜教授向團員介紹了山東省正在編文獻集成的事，且謂此工作頗受啓發於台灣銀行過去所編的《台灣文獻叢刊》。這個刊物，在大陸各台灣研究機構夙有好評，卻不料對山東省之文獻整理亦有裨益，令我憬然有悟。

方今兩岸開放直航，大陸人士來台旅遊者，想必均以遊賞山川風物爲主。例如阿里山、日月潭諸名勝，當爲行程首選。確實，台灣地形地貌特殊，海上聳起數千公尺之中央山脈，東北的海蝕地形、南部的墾丁熱帶景觀、東部的斷崖與大理石切割地形，如太魯閣等，皆爲大陸所無。相關動植物，亦頗有大陸不經見者。故山川之美，足供臨賞，可以移情。但自然美景，其實世界各處都有，雄奇幽絕之處，台灣未必就能獨占鰲頭，無可替代。唯有人文景觀則不然。台灣的歷史因素，形成了特殊的中華文化區，語言、文字、風俗、文物，在在可觀。這才是大陸人士來台所應注目的。

來台旅客，大抵均由旅行社安排了去景區遊賞，台灣之語言、文字、風俗、文物，雖未必能專門去觀察體會之，但行程中當亦能略有體驗，因此此處也就無庸詳說。倒是台灣的文獻之美，或許可略予介紹，聊爲提醒。

台灣本爲海上孤島，開闢甚晚，明末清初漢文化才漸移入。清末又遭割讓給日本。光復後，政府隨即遷台。故在一般大陸人士之想像中，台灣的人文建置，殆皆光復以後事，前此則草萊無文，或淪於日本文化而已。此固由長期受制於「國共鬥爭」史觀以致視域受限，亦因對台灣文獻缺乏接觸使然。

台灣開闢雖晚，但在清朝已人文鼎盛，勝過許多大陸地區。其詳可見《台灣文獻叢刊》《台灣文獻史料叢刊》《台灣先賢詩文集彙刊》《台灣文獻匯刊》等。頃正編輯的《全台文》《全台詩》《全台賦》，莫不卷帙浩繁，文采斐然。如《全台文》所收，止於一九四五年，便有七十五冊，二千萬餘言。《台灣小說彙編》，凡四十六冊。大陸論晚清民初小說史及鴛鴦蝴蝶派者，於此可說全未寓目，不知當時海外尚有此一文脈奇葩也。

除台灣士人本身之創作外，古代文獻之蒐集亦甚可觀。曾任北大、中央大學教授的徐子明先生於一九四八年來台時，就曾說：此地「草木蔥青，山水清幽，頗堪怡悅。而圖書蘊藏之富，尤內地所難方。苟志在進修，則東西典籍大都皆備。不爾，則歷朝筆記饒衍盈閣，往往爲書肆所罕見，亦足於陶寫」。嗣後政府遷台，帶來大批文物，就更不用說了。故如今台灣所藏文獻，往往可補大陸之闕。

文獻乃人文成果之一端，舉此爲例，乃是希望大陸朋友在遊觀山川之際，亦能同樣關注台灣的人文發展。

繁簡由之

2008.07.27

開放直航及大陸人民赴台旅遊之後，經濟上的互惠互動雖還言之過早，尙看不出成效（就是最簡單的省錢省時，目前都達不到，因仍要繞經香港飛航情報區），文化上擴大交流影響之跡象卻十分明顯。台灣各景區爲了迎接大陸遊客，已大幅更新了簡化字的看板、招牌、廣告、文宣，包括產品的包裝和相關說明文書。昔年反共抗俄時代遺留下來的口號標語，也儘量拆除，以降低誤解、促進溝通。

在此之前，大陸出版品早已可在台灣公開流通了。在台北，採購大陸圖書，可說比在大陸任何地方都要便利，且服務周到、價格低廉，故簡化字之閱讀，在知識界已毫無問題。社會上，則開放大陸探親以來，廿餘年間去大陸探親、旅遊、經商，就學者不計其數。這些人對簡化字亦是早就熟稔的。因此，爲因應直航及大陸人民來台旅遊而大幅增加的這些簡化字，可單純視爲體貼和生意經。猶如在大陸各旅遊區過去除了英文之外，往往加注日文說明。近年因韓國旅客大增，便也加標韓文。這屬於一種功能性語言，旨在提供對方的方便，以利行銷我方的產品。對於本地人之文字使用及文化認同，大抵不致造成混殽或形成重大影響。例如沒有人會覺得大陸各地競相標示韓文、各城市遍佈韓文烤肉店的招牌，將影響到中國人對漢字的使用。

不過，簡化字畢竟不同於韓文和日本漢字，它大體與傳統漢字相同，雖局部簡化，但並不能說就體系迥異了。其中若干簡化字的寫法，本出於古代之俗體字、異體字或民間已通用之簡體字。如竈寫成灶、臺寫成台、體寫体、門寫成门，民國廿四年教育部所公佈之簡體字表中本來就已納入，至今台灣人在手寫文字時也普遍通用。因此簡化字與正體字不同的，其實只有那些一九五六以後的新造字，如蕭變成了肖、葉變成了叶、幣變成了币、聖變成了圣、衛變成了卫之類。英文韓文與中文，體系不一樣，不會造成混殽；日文也體系不同，故雖裡面夾雜了漢字，但亦不會混殽，那偶爾碰上的漢字，反而擔任著他鄉故知的角色，可帶領我們去意會異鄉的風光。唯獨簡化字，體系大同，其小異之處反而令人彌增疑惑。孔子說：「惡紫之奪朱也」，正是由於紫近似朱而卻不是朱之故。

台灣學界的共識，即是惡紫之奪朱的。對正體字情有所鍾，均不以簡化字爲然。認爲條理紊亂、推類妄謬，不利辨識，也不利學習。但尊重大陸民眾只受過簡化字教育，對正體字不熟悉，故亦不想強令大陸改行正體字。對台灣內部簡體字、簡化字之流通，亦以爲文字流通，取便功能，沒必要強制規範；且社會日趨多元，規範既不必要也不會有效果。因此一九九〇年教育部即表示：招牌、廣告、報章雜誌使用簡體字，乃個人自由，政府無權干涉。反觀大陸，二〇〇六年上海市還規定招牌、廣告、標志牌若出現繁體字時必須加標簡化字。可見大陸對繁簡字使用之政治顧慮仍然很多，情況跟對待日文韓文並不一樣。

但文化上的事，不能由政治來考量。兩岸交流互動愈密切，正簡字的並存通行現象勢必愈形擴大。如前所述，台灣過去簡化字只流通於學界文化界，現在則將更擴及社會各領域：城市招牌廣告、旅店說明文件、農場山莊，乃至原住民部落，都會有更多的簡化字在使用著。

同理，大陸的正體字使用環境也在改變，目前已與八十年代截然不同了。正體字出現之頻率，越來越高。我在珠海一學校看學生張貼的海報，竟有百分之八十是正體字，雖然因繁簡轉換不熟悉而常有錯字，但已很令人驚異珠海與港澳文化互動影響之效了。其餘可以類推。

例如過去大陸出版品雖也不乏採用正體字者，但基本上是古籍點校或專業古代文史研究才會如此。今年則隨電影《色．戒》熱潮而推出的抗戰時期大學生活小說《未央歌》，卻全採正體字印刷。此等暢銷通俗讀物，竟敢如此排印，正說明了出版人對正體字閱讀市場充滿了信心。至於網路這種新媒介，本以青少年使用者占大多數，可是正體字的網站或部落格也並不罕見。我自己在新浪網的網誌，即採用正體字。早期常有人上來惡詬，說看不懂，要求改用簡化字。但漸漸此類人就少了。或許他們看不懂便懶得再來光顧，可是願意費神來讀的人仍然不少。總統選舉後，我貼一短文，點閱者便多達四十餘萬，足證正體字未必就無市場。網上一些作傳統詩詞、寫辭賦的朋友，當然更常使用正體字。而這些作者也不同於過去那些老幹部老學究，都是年輕人。

大陸的正體字使用環境已然如此，今再因直航及赴台旅遊，人人都可到台灣這個以正體字爲主的環境中去體會一番。過去已熟悉正體字者，當會愈感親切；過去不熟悉的，則蓬生痲中，不扶而直，玩一趟下來也就熟悉了，將來「識繁寫簡」，殆無困滯。所以說交流促進瞭解、增強文化互動，對兩岸的人文環境總是好的！

漢語文化學

在現實困境中展開的理想追尋——專訪龔鵬程教授

2008.08.15

黃千修、黃詩涵、江宣燁採訪整理

寒假期間抱病正如火如荼的修改論文之際，突接獲語獻所仕華所長的緊急電話，表示兩天後龔老師就要前往北京，得趕緊做個錄影專訪！當下心頭一驚，急翻書櫃，遍尋不到龔老師的書，加上腦袋瓜昏沉沉，又急又慌，心想龔老師一向以才氣著稱，抱佛腳也難矣！急忙求助詩涵學妹到國家圖書館找龔老師相關資料。

專訪當日狀況連連，先是原約定採訪地點逢週六不開放，寄望支援的詩涵學妹又較約定時間遲些到，匆匆趕來連話都不及交談，就忙著架設錄影機，想到只睡三小時，大腦仍留在床上的自己，恍神間問了第一個問題，「聽老師們聊起您和志文老師在北京師範大學創立了漢字研究所，該所著重點為何？」只見龔老師嘴角帶著一絲絲笑意細心地解釋著道：

這個研究所和過去傳統文字語言研究不太相同，新時代的漢字研究特別著重於中文電腦化，譬如，漢字的編碼、遊標，還有漢字的字庫。我們使用電腦打字，想要在電腦上呈現漢字，必須事先造漢字存檔，因爲電腦本身不會用中文思考，要你一個一個碼打，讓系統去替換成中文，因此系統內必須先有漢字的字庫。而漢字的字庫、編碼問題，以及檢索系統，直到現在無論是語言學界或工業界，仍有很多問題尚待解決。又如一些字形、字體，一般打字是用楷書及隸書，但是篆字在電腦處理上已經非常困難了，若遇上異體字、古體字，便無法呈現，其他如大篆、小篆、甲骨文、金文、楚國的帛書，乃至鳥蟲書、金錯刀等字體。因此藉中文電腦的運用，我們可以利用此機會將中國所有的字體重新整理，結合現在的技術，使中文的使用更便利、更具規範化及標準化。另外則是在整理傳統文字的過程中，必然會涉及到對於當代漢字運用的問題，如兩岸之間的正簡字的轉換、對照，教育部的標準字，大陸的規範字等。過去大陸進行文字改革階段，所有的漢字都在簡化，因此現今編輯大陸漢字規範字字表時，對於傳統的文字該不該納入的問題，值得深究，因爲不能把它當作錯別字或不規範的字，這對於未來兩岸文字的重新統一，能否產生作用，這就是我們做的工作一部份重點。

聽老師解說太入神，腦袋裡想著，那些畢業生都在做什麼呢?沒想到脫口而出竟是：「那現在已經有畢業生嗎？」忘不了老師那驚笑的眼神，並且按耐住笑說著，當然有，已經十五年了。我們現在已經有很多碩、博士生，且成爲在大陸的國家重點研究基地，還有一個國家實驗室。工科的實驗室很多，但文科很少，這實驗室承擔大陸很多國家的項目。

當下真想挖個地洞鑽，趕緊問學生來源？龔老師耐著性子回應：也有一些工科方面的學生，我們剛辦過十五週年紀念會，因爲有「漢字研究所」，還有研究基地，因此在大陸是一個蠻重要的研究機構。藉著十五週年研討會，回顧過去，邀請了台灣當年創辦的朋友去，也談了一些未來發展的方向等。

「漢語文化」的實踐家

聽到此，覺得龔老師是「漢語文化」的實踐家，因此更加好奇老師對「漢語文化學」的定義。他認爲它很簡單、清楚，只是因爲大家對這詞彙太陌生，以致說法不一致，胡說一通。

過去的語言文字研究是純語言文字的研究，語法、語言結構的分析，這些東西最多運用到語用、語意。談這個部份最多跟文獻結合，比如說在漢代這句話代表意義爲何？中古音是什麼聲音？中古音的系統爲何？古代的語法或語言結構如何？如果把它擴大到文字來說，就須瞭解文字的字形、字義、構造的原理，文字的演變如何？該時代字體是怎樣？所以過去的語言研究，基本上是兩大部分，一部分是語言形態學，研究語言的語音、語法、語意，以及本身內部的結構關係。

第二部份是歷史語言學。歷史語言學是研究語音、語意、語法在歷史的不同階段，有著怎樣的表現、變化，過去我們中文系所講的文字、聲韻、訓詁，基本上都是這樣的型態。《文字學》我們談六書的構造，小篆、甲骨文、金文，有怎樣的不同演變，但從《說文》以後的演變，就都沒有從時間去談。《聲韻學》不也是這樣嗎？《聲韻學》講漢語的語音、語法的結構、它基本的關係，母音、子音的關係，送氣不送氣、舌音、唇音、齒音等等。先談這個結構之後，再談這個結構另外有怎樣的變化，中古音是怎樣？上古音是怎樣？近代我們就不太談了。大概談到等韻圖、韻鏡，以後我們就講得很少了，《中原音韻》之後的演變談的很少。過去在中文系我們還上《國語語音學》，現在也沒了。這兩部份我們都談得不夠完整。氣力集中在上古、中古，而近代、現代談得較少，更不要說漢語在當代、現代的運用，以及它跟社會文化的關係。

講到這裡，我們回到什麼叫做「漢語文化學」？漢語文化學，就如剛才所提到，我們不只是要談它在某個歷史上字該怎麼寫、音該如何讀、它的聲音為何、語法怎樣，我們更要談這樣的語言，這樣的文字跟當時的歷史、社會有什麼樣的關係。是什麼樣的社會、什麼樣的文化，才能產生這些語法、語彙，或者語言結構。那麼是什麼樣的文化，創造了這樣的文字，然後這樣的文字的社會功能、思維關係是什麼？這個社會的人在運用這些語言文字，它的意義何在？漢語文化學談的就是這些東西。

而文獻是語言文字的載體，我們現在要去整理這些文化研究，當然對於文獻需要有更多的掌握。特別是我們不只做現代的，我們還做一些歷史研究。譬如，古音從哪裡看呢？無非是從文獻上來做整理，由於當時沒有錄音記錄，所以必須掌握文獻，從文獻去瞭解。因此我們對於歷史、社會的研究，文獻就顯得很重要。

語言應用有好多層面。第一，在政治層面上，有文字政策，譬如說教育部最近又突發奇想，把中文改成華文，「國語」這個語詞也要放棄了，這就屬於語文政策。過去我們推廣國語教育，現在提倡語言文字的多元化，教育部都在主導語文政策。所以語言的政策面牽涉到我們社會文化的分層、政治上的角力。除了台灣的例子之外，最典型的例子，是大陸的文字改革，它成爲非常重要的社會事件。這是政治層面上。

其次，在社會上，每個人都在使用文字，也包括整個社會教育體系。教育體系是什麼呢？譬如，大眾傳播、報章雜誌，還有電視廣播的閱聽，我們其實學到了很多語言知識；此外，還有廣告媒體、招牌等等，這些都是從社會教育角度來看。我們由此學習到許多語言文化的使用，我們也參與到語言的使用，對於這個部份該如何注意它，值得我們討論。

還有，社會中，使用文字基本上是約定俗成的，但同時還存在規範它的體系。規範它的體系是什麼呢？是學校、教科書、字典，還有語言學習的教材等等，必須有規範才不會太散漫，這個系統我們也要討論它編得好不好，在使用上是否方便、正確？它跟社會語言學之間是有一個辯證的張力。社會的語文表現，跟它的規範體系之間是有落差的。它們是互相校正的，在某些時候這些約定俗成的語詞，我們都會納入到字典中，變成一個字典的涵義，確定它是可以正確使用。可是某些時候是用字典的涵義去規範，讓它不至於太氾濫。

最後才是我們日常生活中使用的文字。譬如，在日常生活中寫信，或者是跟情人講話、和親戚朋友這種口語，日常生活的語言，乃是我們最後的研究領域。

至於網路上的語言，它不是日常生活的語言，那是另外一個層次。剛剛提到社會教育體系，所謂社會教育，包括我們在電腦上使用的文字、在廣告媒體平常看到的一些文字，這些東西其實它也有個規範，那個規範是網路中間形成一個慣例，形成慣例後彼此互相模仿，這和我們日常的口語還是不太相同。

「文字不朽」是中國人的歷史觀

聽至此，不禁問龔老師台灣的漢語文化體系的發展現況。

老師表示，漢語文化的討論到現在基本上還不成形，而不成形的原因在哪裡?大家注意到這方向，基於對現象的憂慮，除了語言文字的濫用，也涉及到我們現在對政治和社會的不滿，還有意圖矯正它們的心態。可是若做為一個學科，現象面的處理，其實應放在最後，首先要做的是打開一個學科的新領域，建立一個新學科的視野跟方法。

譬如，我們談漢語文化，要從語言去討論文化。這裡面就有個預設，預設語言跟文化，語言跟思維必然相關，或者是相應的，或者是相等的。這在語言哲學上其實有很大的爭論，且不談西方的理論，光就中文而言。學習中文的人都知道，「言盡意論」跟「言不盡意論」，在歷史上是長期被爭論著。所謂的「言盡意論」的意思，是「我想得到，我必然說得出」，譬如，人在做夢時會說夢話，因為那時在想所以就說出來；或者打電話時，雖然說話對象不在眼前，還是會比手劃腳，因為你的思維和語言它一起在動，這個動是你的身體、你的手勢和思維。我們的語言是有一個結構的，就像打手語一樣，手語是從手勢變化來的，也模仿語言。我們的內在語言是看不到它的思維狀況，可是它跟語言一樣有邏輯，因此語言和思維狀況是緊密相關，所以怎會有一種「言不盡意」的情況呢？「想」是靠語言在「想」，所以稱為「言盡意論」。

可是另外也有人說，假若是如此，那啞巴難道沒有思維嗎？聾子難道沒有思維嗎？聾子和啞巴當然也有思維，那他們是靠什麼思維呢？換句話說，我們的思維可能是跟語言相關，可是不相等。正因爲它相關而不相等，所以才有「言不盡意」的問題。在語言哲學上，這是很複雜的問題，不同的學派，亦有很多的爭論。

當你要談「漢語文化學」的時候，漢語是一種什麼語言？「漢語文化學」跟「英語文化學」有沒有不同？可能很不一樣。使用漢語的民族，它所創造的文化，跟它的文化內容；它想到的東西，跟從英文去想到的，會不會一樣呢？「漢語文化學」的這個學科，它基本上建立在這個基礎上，不然我們就說「語言文化學」就好了，爲什麼要說「漢語文化學」呢？基礎是設定爲「漢語」，這個語言跟思維是有關係的，而且關係是極爲密切，乃至於幾乎相等。所以應用漢語的民族，他在思維的過程中，會有其思維的特徵。就因爲語言的不同，所以文化內涵才不一樣，因此我們才需要通過對漢語的研究去研究文化。否則，研究文化，可以從政治、經濟、社會等各種角度研究，爲什麼需要從漢語去研究呢？漢語研究文化，有其特殊優勢處，因爲它更根本的是研究到你的思維，所以它不是只增加政治、經濟、社會的單一角度，而是通過這個思維，貫穿到文化的各種角度，所以無論從文學角度看文化，或從經濟角度看文化，還是從思維角度看文化，基本上，最後的底子還是「漢語文化」。

所以「漢語文化學」籠罩、超越、貫穿所有這些不同角度去研究中國文化的優點，因而「漢語文化學」是很重要的，但「漢語文化學」的基礎是有爭論的，假如我們說語言跟文化的關係這麼緊密的話，請問，第一，一個西方人能不能夠瞭解中國文化，恐怕不行。因爲他的思維不一樣，就無法瞭解中國文化。就好像女性主義者說，「只有女人能夠瞭解女人」；同樣道理，那只有中國人瞭解中國，西方漢學家就無法研究中國了嗎？

第二，古代的語言跟現代的語言是不同的，我們使用現代漢語，特別是白話文運動之後，我們的語言結構、語法跟西方的語法比較接近，跟傳統的中國語法，有很大的差異，因爲語言改變了，語言中的語法、語音、詞彙等都改變了。語音的改變很明顯，平仄沒有了，入聲字沒有了，聲音也不一樣了，那我們從聲音而得來的思維跟感覺，以及對古人的體會，還能夠瞭解嗎？現在我們的現代漢語中，語法結構，限定詞比較多，詞性也作區分。古代的你、我、他是沒有詞性的，現在我們作了區分，雖然不像法文有陰性、陽性，名詞上的區分，可是我們有增加很多的限定語，不像傳統文言文，它的詞性變化很靈活，沒有太多的限定詞，現在白話文的美感功能少，指涉功能增強，使得我們無法去瞭解很多傳統文化的東西。是不是這樣？假如，事實恰好不是這樣的話，西方人就也一樣可以瞭解中國文化；可是我們由漢語角度來看文化問題，我們的特點又在哪兒呢？

這一類的問題，是「漢語文化學」先要解決真正的學術問題。不是去做市場調查、研究口語那樣就好，那個的分析很簡單。滿街的標語都可以研究，所以這沒什麼好做的。

我們要真正建立一個學科，必須從很多根本上去做討論，譬如，我剛提到的語言和思維的關係，還有語言和文字。西方人是沒有文字概念的，因爲它的文字只是語言的附屬品，它是書面語，是一種語言，沒有一個獨立的文字系統。中國人則不然，中國人有個獨立的文字系統，所以我們叫做「漢語文化學」的時候，我們其實已經西方化了。我們從西方的語言學結構與討論文化的關聯上來推想，而不是從中國文化。

中國文化最大特點是它有文字，而且文字力強過語言，因語言在中國傳統認爲語言是代表會消失的、是沒有憑證的，口說無憑，要寫個字據才行，寫字才有據。而文字是不朽的，因爲被寫下來，刻在石頭上，塑造在銅器上，所以文字代表不朽。不朽是中國人的歷史觀，西方人沒有不朽的觀念，西方人的歷史觀跟中國人不一樣。西方人不是追求社會現象中的不朽，而是追求現象背後的本質，本質才是永恆的，現象是流動的。所以爲什麼他們強調語言呢？語言是第一序的，文字是根據語言記下來。語言表示在場聽到的話，如果不在場，就只能根據文字，或者根據影像。文字與影像是第二序的，只要文字出現，就表示因爲有遺忘，所以才需要文字。文字紀錄必然是有缺漏的，所以文字代表是不在場，是第二序、是遺忘、是缺漏等等。中西方文字的概念根本不一樣，所以我們從文字上來看文化，可以看到許多文化的問題，與只從語言來看是不同的。

換句話說，「漢語文化學」這個學科的名稱本身就還需要加上一點補充的說明。

邁向「漢語哲學」的境界

龔老師提及，有關說話人腦袋裡面的東西跟嘴巴講出來的東西之間的關係。這種關係，有時會不一致，但這種不一致，有些人解釋中認爲這不是不一致，譬如說是口誤，像政治人物就常講錯話，但是有些語言學的研究，則認爲這不是口誤，是他腦子中真正想的東西。所謂的口誤，其實並沒有錯誤，是腦袋中真正的想法，所以才脫口而出。又譬如說我現在講得不清楚，可能因爲我本來就沒想清楚。因爲邏輯混亂，所以才講不清楚。再者，是因爲思維時，對語言的掌握就已經出現錯誤了，因腦子裡的語言、語法、語音、語意出了錯誤，所以表達出來才是錯的。最後是「我想，然後我再說」，想有很多層次，佛洛伊德不是說有潛意識嗎？所以在佛洛伊德的研究中，大家都知道有夢的解析，用夢去解釋潛意識。可是佛洛伊德還開發一種「日常語言分析」，就是分析我們的日常語言，特別是口誤，他認爲口誤來自於我們的潛意識。

我們現在台灣做的漢語文化學的朋友，有的連佛洛伊德的層次都達不到，因爲根本進不去，沒有哲學層次，只有對於現象的歸納、整理，這都是很淺的。如果做日常語言分析這一派，從佛洛伊德以降，直到後現代以後，還有所謂的日常生活分析，注意的人也很少。

還有，漢語文化學、語言文化學，它跟其他的符號學是有關係的，像是現在女孩都熱衷買名牌、穿時尚衣服。我們的服裝，代表什麼樣的身分，就跟說話是否得體是一樣的。

語言在表述時，就顯示了身分、性別、地位等，服裝也是一樣。服裝的邏輯，如何搭配服裝，跟選擇詞彙的道理是一樣的，這個就是符號學。符號學它不只是分析這個字面，而是從語言文化、語言現象中去看我們的日常生活中的文化。譬如，這些交通號誌、房屋建設等怎麼配置，行人走路時該禮讓誰先走、讓座等等，我們語言中的敬語，要先講什麼話，後講什麼話都是。這個東西關聯著整個人文社會，不是關起門來談的，這才叫做「漢語文化學」。

目前我們已經有若干成果了，畢竟這麼久以來，大家都在努力嘗試。例如當你要說明中國詩歌特質的時候，一方面可能訴諸哲學，如老莊、禪宗，或中國天人合一思想等等，也有些人想嘗試用漢字構造著手。比如把傳統的詩歌翻譯成英文時，你就會發現譯出來的文字和漢字的意境，有很大的落差。所以從漢語的特點，去研究詩歌、研究文學，早有很多人嘗試了。

又例如哲學上討論，中國哲學講的這些東西，它跟西方哲學有什麼不一樣呢？西方從邏輯上來講；而中國哲學不是從邏輯講，我們的哲學上有很多類比、聯想，所以說很像詩歌的比、興。我們講哲學講得很像文學，這些東西是不是和我們的語言有關係呢？那其實也已有很多討論。我們「漢語文化學」這個學門若要發展，就要借助於這些研究。

第二，我們既然發展了這樣一個學科，西方的語言文化學，就是我們很可界定參考的一個領域。因爲西方從十九世紀末、廿世紀初，在哲學界一般把它稱之爲古代的西洋哲學就是形上學的時代，近代的西方哲學，是個「認識論」的時代；可是到了廿世紀，西方的哲學是一個語言學的時代，所以哲學經歷過一個語言學的轉折。也就是說，本來早期在談上帝、談形上世界，到後來，大家就說你怎麼去認識這個形上世界、認識上帝？這變成了「認識論」。現在的討論則是說，你講的這個上帝，這個「認識」是什麼意思？我講的又是什麼意思？這是一個語言學的時代，西方的哲學十九世紀末以來，是朝語言學發展，變成所有學科的一個基礎。譬如，我們研究神話，都看李維史陀的人類學研究。不僅是田野調查就能弄清楚的，它的文化人類學，底子是索緒爾的「語言學」。基本上是以語言學的框架跟觀念去發展出來這些研究，後來包括羅蘭巴特講的「符號學」「流行服飾」等這類東西。總之，西方的語言學在哲學、政治學、社會學領域裡面如何去發展，都可以讓我們得到一些參考。

對語獻所的期許

專訪最後，請老師對語獻所勉勵幾句。龔老師說，這個學科在未來當然有很大的發展性，它可以發展成一個具有統攝力、貫穿力，是各個學科成立的基礎，是能夠有所反省的學科，所以在未來應是大有前途的。

以前看老師的著作，總覺得龔老師是難以親近的。望著龔老師專訪結束後揮別率性的身影，想到專訪時他層層剝絲抽繭細心的解說，龔老師親自示範了「語言」與「文字」的差別，引領我到「漢語文化」的境界，深深感受到龔老師細膩貼心的一面。

行腳

2008.08.30

散文自選集《多情懷酒伴》，已由上海人民出版社出版了，品相還不錯，三三一頁。前此，台灣九歌出版社剛出《台灣文學三十年菁英選》，其中《散文三十家》由阿盛主編，也收了我，視爲三十家之一。如今散文自選集能在大陸出版，自然很是高興。

上海人民出版社另亦出版了我編的《讀經有什麼用?》。以一九三四年《教育雜誌》所載有關讀經的爭論文章爲主，供新時代的朋友參考，有四六九頁呢!

以上兩書的序文，我從前都刊出了，因此其內容概況也就不必再贅。在北京，生活無非如此編書寫書，平淡無奇；倒是奧運期間，台灣友人來往較多，除張輝誠等人之外，還得見黃維樑夫婦、陳錦釗等人。二十一日才南下金陵，參加第三屆兩岸中華文化發展論壇。

本論壇係江蘇省社科聯主辦，台灣則由《文訊》月刊組織，王邦雄、顏崑陽、李瑞騰、陳昌明、高柏園、王榮文、封德屏諸君皆來與會。可是會議安排行程十分緊湊，抵南京後即赴連雲港，然後經徐州、淮安、揚州、鎮江，再回到南京，累得不行。

會議主題是「文學名著與區域發展」。這當然是因連雲港想以《西遊記》孫猴子來促進該市發展而設計的題目，故會議內容也就不必說了。我提供了些藥石之言，但想來該市難以消受，是以更不必說啦！唯王震彩父子來領我去遊孔望山看石刻、去將軍岩看岩畫；李建華來談他如何收集有關《西遊記》的資料等等，聊可一述。

會後往徐州，欲聯絡沙先一而未果。友人知我至，準備了狗肉相迎。我說：「上回還吃了狗爪子呢，此番不知還能吃著否？」至夜，果然找來，說可用以宵夜下酒。我覺得太打擾了，乃自出覓一狗頭，扭了一截狗脖子回來，並配以茶饊子回敬。地方人士皆大詫，說：「你怎麼找得到這些東西？我們本地人都還不知道哪兒有哩！」我說：「覓食之道，通於治學，當然須找得著一般不經見之材料，才顯本事！」

又經徐州往淮安，到揚州，仍住揚州大學。趙昌智先生夜間來訪，贈我所著《中國篆刻史》等書，看來退職後甚不清閒，頗用功著述。瘦西湖則依然，唯大明寺新辦鑑真學院，與揚州大學合作而已。平山堂卻不供茶，有些辜負了第五泉的名聲。

由揚州渡江至鎮江金山寺，吃了一餐素、爬了一回山。昔友人藍吉富曾戲言吃素會過敏，故遊山訪寺雖好，吃素實令人不敢領教。此非肉食者之偏見，無肉則不歡；實因素菜館都做得難吃，吃飯等於修行，且是修苦行，所以想歡也歡不起來。

金山寺畔正大興土木。但不是建而是拆，把民房都拆遷了，準備闢為數千畝水域，重現水漫金山之勝景。揚子江心第一泉，屆時可能就確有在江心之感了。可惜這次也沒去泉畔芙蓉樓品茗，便匆匆趕去博物館看文物。

繼而由南山去句容，登茅山。茅山與金山同，雖皆古名山大道場，然皆毀敗，八十年代才重建，故樸鄙可想。此次來，與十年前亦無大異，心甚傷之。

返南京，與高國藩先生、傅真法師晤面。法師擬辦玄奘學術研究中心，故來相商。高先生則偕涂元晞父子來見。涂先生創辦金陵國際語言進修學院，迄今已十七年，在學學生兩萬人，是台灣人在大陸辦學的前輩，我愧弗如。

從南京回到北京，已是廿九日了。自台灣來大陸，匆匆忙忙間，便已半月。半個月來，行止大抵如此。流水般的生涯，記起來恰好也似流水賬。程邃有印章曰：「一身詩酒債，千里水雲情」，差可移來做爲我這樣生活的寫照。

獨自弔詩人

2008.09.23

赴海寧，開金庸研討會，先到無錫。

太湖黿頭渚三山仙島改造工作，去歲因藍藻肆虐，環湖生態均須重做整頓，改建工程茲事體大，當然也須暫緩。今則以小規模補強島上原有道教元素爲主，做了個規畫草案，並請陳興武兄撰寫若干楹聯，攜去與園林局諸君商量。只一宿，便轉上海，抵海寧。夜裡乘船在湖上看放煙火，倒是不錯，忽風、忽雨、忽出月光、又忽見焰火，尤妙！

去年才來海寧開過王國維會議，記憶猶新，一切似乎亦如舊。唯大推地方名人之風，如今盛行於江浙。海寧袁花鎭本已有金庸舊居，頃又要在硤石鎭市區再建一座金庸書院，趁會議之便，舉行破土，我輩皆成站角助威者矣！

大陸地方上仰慕金庸、南懷瑾之狀況，學界殊不以爲然。但沒辦法，社會上之一般認識即是如此，家鄉尤其要藉此炒作。餘姚尚且要建余秋雨故居呢，海寧捧金庸，又何足怪哉！我輩成人之美，自然也就只能笑笑。且地方上開學術會議，是項莊舞劍，意在沛公，本意真是崇仰文人、尊敬學者嗎？哈哈，更多的恐怕還是想藉名人招商引資，帶動旅遊觀光罷了。因此，不但我們是道具，金庸也是道具。開會，只是官員們作業績、搞宣傳之一法。北京來的朋友，有人感嘆道：「嘿！想不到這小地方開會，官氣比北京還重」，道理其實在此。

會議本身，開起來也令人頗生感慨。原因之一，是武俠文學研究，看起來熱鬧，實甚寂寥。神州之大，每次會議，來來去去，卻就這麼些人。也許是圈子太小，也許是學界仍未真正認可這是個值得研究或具學術價值之領域。原因二，是研究者既少，水準又甚參差，許多根本是人情、湊數、湊熱鬧而來。年年如此，難有提昇。論點重重複複，數十年間，亦苦乏進展。三，是整個武俠文學研究，集中在金庸上，其他作家作品沒什麼討論。而論金庸，又因不相干、無意義之雜文閒談數量太大，縱有真知灼見，輒遭淹沒。故令人在真正研究還沒進行前，就已心生煩厭，懶得湊此虛熱鬧了。對此困局，我是沒辦法施救的，因而只能感慨。

會議期間，去看了錢塘潮、徐志摩墓、錢君匋紀念館，還去了趟桐鄉。在徐志摩墓邊，一時心血來潮，有了兩句詩：「且與看潮水，獨自弔詩人」。正準備足成一首五律，不料墓畔有一水景，名白水泉，泉壁上刻字謂癡男怨女淚不乾云云。蓋古井無波，昔人以喻貞婦；此則反用其意，謂泉如愛欲，難以止竭。取義如此，當然也就不乏癡男怨女來此致意。所以泉前兩條木柱，一邊寫著：「花花愛大肚豬」，一邊寫道：「飯飯我愛妳」，代替了詩詞楹聯。我看了哈哈大笑，詩也不用再作，亦懶得循山路轉回，便翻牆從白水泉上走了。

遊嬉

2008.09.28

在海寧開完金庸研討會後，又轉往桃花島繼續開武俠節的會。

桃花島上的人都信誓旦旦，說此島自古就名爲桃花島，但尚我存疑。島在舟山群島中，旁邊的島，取的名字都很土俗，什麼螞蟻島啦、朱家尖啦、蝦峙島啦，沒幾個雅的，沒道理獨獨這個島偏錫此佳名。且此島過去名不見經傳，近年才附會金庸《射鵰英雄傳》黃藥師住在東海上桃花島之說，大興旅遊，辦武俠文化節、建桃花寨，益發令人疑其島名也是附會來的。但畢竟沒去過，又無暇查考文獻，不好妄下斷語，故此次海寧會後即順便轉去瞧瞧。

誰知從海寧去桃花島，坐了一天車，才到舟山，人人都累得說不出話來。夜已無船，只得在舟山住一夜。海氣騰蒸，燠熱無比，漁市又鹹腥撲鼻，令人難耐。與林保淳、張富鈞、韓猛叫了兩輛三輪車坐出去逛。夜中亦無甚景觀，唯粉紅髮廊保健按摩櫛比鱗次，殊教人疑其法禁之寬。

第二日早起坐船，又折騰至近午才抵桃花島。時在秋老虎肆虐期間，島上只有驕陽，不見桃花。午後去桃花峪，繞著海，循棧道稍走走，便人人如泡了熱水浴般，若欲虛脫。只覺海景尚可，黃藥師故居卻可哂：八卦樓的八卦居然有五個是坎卦；張紀中所題門匾，稚拙如幼童學書；內則供彌勒佛，輔以財神，一解籤人在此租地取財。過桃花潭，潭無桃杏，唯睡蓮鋪水而已。

因覺此等武俠產業不甚足觀，又在杭州有事，遂於次日一早就搭船轉寧波赴杭州了。仍與林、張、韓諸君同行。一路甘苦備嘗，舟車勞頓，傍晚才到杭州，又皆幾乎面無人色。

晚上他們去看張藝謀的「印象西湖」，我先去唐雲藝術館商量十一月在此辦書法展的事，再趕回工商大學，與張仁壽、徐斌、吳光、吳炫、王曉華諸君見面。西湖僅匆匆一瞥，未能遊觀，隔宿就又趕到上海，再返北京。

十幾天在江南亂轉了一大圈，既沒幹出什麼大事，也沒有什麼心得。增益新知，愧乎未能；遊以攄懷，好似也沒有做到。雖會讌不少，但彷彿亦沒太可記掛的飲食；日日高談，然又無足豁神思之快語。這樣遊嬉度日，看來是不行的，吾知過矣，而今而後，將稍節制之！

知老底

2008.10.01

柏楊先生故世時，我在北京，有幾家媒體來找我略述其行誼。柏老在大陸，自然是名聲震耀的文化鬥士，但說起他以郭衣洞本名寫的小說、他做的東南亞文學研究，卻是聽者茫然，不知他還有這一面。講到他在影響台灣最大的《異域》一書，更是聞所未聞。原因無他，《異域》描寫反共孤軍在滇緬邊區出生入死之經歷，折射出一個大時代的悲劇。這種題材與感情，迄今尚不能在大陸上公然表現，故大陸的朋友無緣知之。

《異域》，在一九九〇年台灣中國時報開卷版舉辦的「我們都是看這些書長大的：票選四十年來影響我們最深的書」活動中，得票僅次於鄭豐喜的《汪洋中的一條船》。兩書均對那幾代人心智成長及人生觀有重大影響，也均曾搬上銀幕，賺人熱淚。可是現今若對大陸文化界的朋友談鄭豐喜，相信大部分人也是不知道的。

同樣，一九九九年雲南出版社爲了編一套《讀好書文庫》，收集了一份中國人推薦的外國文學名著，排名第一的是《莎士比亞全集》，第二名卻是一本台灣人恐怕絕少聽聞的《鋼鐵是怎樣煉成的》，這本書係蘇聯尼古拉・奧斯特洛夫斯基所作，一九四九年以後，一度成爲大陸銷量最大的外國小說，塑造了那個革命年代人對生命、對國家的熱愛。直到一九九七年清華大學編印該校學生必讀書目時，仍以此書爲首選。雲南出版社當然一樣把它列入好書名單去了。但有趣的是：此書在外國人所推薦的外國名著中，乃是名不見經傳，沒人推薦的。情況略同於台灣人對此書之陌生。

類似的例子可還不少，例如趙樹理的《小二黑結婚》、賀敬之《白毛女》、李季《王貴與李香香》、艾思奇《大眾哲學》，都列名南京大學所編《中國讀書大辭典》的近現代名著中，而台灣人極罕聽聞。一九九八年北大爲慶祝百年校慶，推出了北大學生應讀書目三十種，其中包括毛澤東選集、鄧小平選集；一九九七年青年出版社編的《青年必讀書手冊》，認爲青年應讀中國文學首選書廿種，亦包含毛澤東詩詞。毛鄧著作，當然曾深刻影響過無數人的靈魂，以致到了廿世紀以來，北大等校仍認爲現代青年還是要仔細讀他們的東西。而這個道理，台灣人卻是極難體會的。

當然，十年前的社會環境和思想狀態，與現代頗不相同。一九九七年武漢大學所編《大學生文化素質教育百部名著導讀》推薦的一百部古今中外名著中，《共產黨宣言》《資本論》《社會主義從空想到科學的發展》《家庭、私有制和國家的起源》《帝國主義論》《國家與革命》《毛澤東著作選讀》《鄧小平文選》《論一元論歷史觀之發展》《論個人在歷史上的作用問題》等均赫然居首，再加上周立波的《暴風驟雨》、梁斌的《紅旗譜》、楊沫的《青春之歌》等。選書風格，跟同時期的北大差不太多，明顯帶有時代之印記。現在，那些推薦書單的教授，若再要舉薦，恐怕未必會再要求青年必讀老毛老鄧之書了。

但事情之有趣，恰在這兒。許多書，當年風靡一時（不管是為什麼風靡），人人耳熟能詳，伴他度過了春青、度過了苦澀。如今時過境遷，也許此等書早已在市面絕了跡，自己也可能久已忘懷，不再爲書中故事、人物、思想所悸動。有時說起來，或許還要爲那個枯澀困窘的年代感到憤懣。因爲當年之所以讀這些如今看來或許價值可疑的書，而且一時風靡，人人精熟，正顯示著時代的荒蕪。但這些少年時期即已熟稔的東西，終究在我們知識結構、感性經驗之各方面，形塑了我們的生命，其影響其實是深邃且難以磨滅的。

我常在大陸各城市的公園裡遊嬉。每於花木扶疏之處，輒會遇見一群群中年人集合了練唱，也有人帶了樂器來伴奏。他們或有組織或非固定之合唱團體，但唱起來無不酣暢盡興、熱情洋溢。我諦聽之，或近前訪視其譜，發現基本上都是革命歌曲，即「毛主席用兵真如神哪」這一類的。現在什麼時代了，還講革命鬥爭，不是神經病嗎？可是我曉得這些陶醉在老歌裡的人既不準備恢復舊生活，也不是想扛起步槍啜著小米粥去打仗。他們唱這些歌，跟台灣中年人喜歡哼哼「快樂的出航」「寶島曼波」「安平追想曲」、收集葉宏甲《四郎真平》漫畫的心情其實相差不遠。懷舊，通常不是在追懷那個時代，而是在憶念自己的青春年少。而這樣的年少，只有當年唱的歌、讀的書、一齊瘋過野過的死黨才能體會。可惜昔年死黨大抵友誼早已褪色，或鵬飛星散不知去向。故此時唯有再唱唱老歌、再溫一溫舊書，才能稍慰中年哀樂之情。

由於那些老歌所顯示的價值觀及人生態度，跟現實世界頗有距離，因此他們平時並不能經常把它唱出來。只有到公園裡找著同樣準備傾訴這類感情的人，才有機會大聲宣洩，因而唱得特別忘我、特別熱切。相較之下，他們讀過的書，就不易找人傾談了，只能在替年輕人開必讀書目時才能熱情推薦之，希望他們也能參與屬於那一代人的感性生命與知識結構。

新時代的年輕人，未必需要讀或願意再讀這些書，因爲自有屬於他們這個時代的書可看。但兩岸之間則不然。

兩岸中國人分隔的歷史，使得兩岸人各自讀著自己的書，各自擁有自己的夢想。如今在現實世界上，台灣人和大陸人雖覿面相親，在社會經濟各領域走到一起，但在知識結構、生命型態、感性經驗這些地方卻仍難以理解、不易溝通。原因固然很多，但彼此讀過的書、唱過的歌對方都沒聽過，未始不是其中之一。這種隔閡，是靈魂深處的陌生感所造成。因此，理解彼此的歷史，似爲當務之急。而理解的方法，則不妨從瞭解對方過去都讀了些什麼開始。

民族研究的方法

2008.10.02

近日研究民族文化，一元論不僅陰魂不散，甚且推陳出新，造了許多新奇可怪之說。其中有繼續闡發中國人種及文化都來自巴比倫等地的，如蘇三；有說全世界人種及文化都源於雲南彝族的，如楚雄彝族文化研究所的十五冊叢書等等。

前者不值得一駁，後者我從前寫過〈暈眩的黑老虎：彝族文化的困境〉，收入一九九七年幼獅出版社《龔鵬程縱橫談》。近見雲南出版社所出扶永發《神州的發現：山海經地理》，實在感慨繫之，不知爲什麼還有那麼多人不死心，非要證明文化一元不可。

該書說山海經所記就是雲南麗江等地，黃帝、炎帝、夸父、蚩尤等古帝王古傳說人物皆雲南人，雲南人在商湯時開始走向世界，因此不但羌藏商周都是雲南人之裔孫，日本人朝鮮人的祖先也是雲南人。

我們常笑近年韓國人把什麼都搶去當成了他們的發明，可是看看這類所謂的研究，又比人家高明到哪兒去呢？

文化一元論本身甚是可笑，但其發展起來卻很可怕，腦中一但有此想法，便如電腦遭了病毒，是要錯亂發癲的。我過兩天要去馬來西亞，行程之一是開一個客家研討會。而客家研究就是個曾遭了毒手的領域。在大漢族沙文主義的浪潮下，客家民族曾被解釋爲是漢民族多次南遷而形成的。近年在台灣的客家則更被「本土化」所汙染，論說愈多，愈不見其本相。

馬來西亞紀事

2008．10．17

一、歐亞大學

去馬來西亞，是爲歐亞大學藝術所授課。

有些朋友知道我現在還是歐亞大學的校長，但對這所學校並不清楚。辦校原委本來也頗曲折，故我一般並不太談，這裡簡單做些介紹。

我常去新加坡馬來西亞講學，參與當地華人社會不少活動。還曾應僑委會之邀，幾乎跑遍馬來西亞各個州，一州州地去演講，包括東馬沙勞越、沙巴等地。一天飛一站，不以爲苦。

原因是我深感馬來西亞華人處境之蹇困。他們在大馬，胼手胝足，建設家園，卻受馬來政權歧視，成爲二等公民。勉強維持華文教育，盡力保存中華文化，過程可歌可泣、艱苦卓絕，可是成果有限。至今，馬來西亞教育，仍以英文及馬來文爲教學語言。受華文教育的青年，入大學的機會大受壓縮。即使入大學，中文系的畢業學位論文也都還只能是用馬來文寫，遑論其他。若不在大馬升學，就只能到台灣（早年大陸未開放），因此迄今留台大學生已達三萬人。

這三萬人，有一部分可能就此不再返回大馬。而返回的，政府也不承認其學歷，多只能在華人社會裡謀職。而且也不再有深造之機會，因爲華文教育體系只能辦到高中。近年南方學院、新紀元學院慘澹經營，想升格成爲大學，至今亦仍不可得，故如何協助大馬青年繼續升學，如何支援馬來西亞華文教育，一直是我想努力的工作。

後來辦佛光大學時，發展世界華文文學研究，與馬來西亞互動更加頻繁，乃因此決定在該地開辦境外教學研究所。不過因馬來西亞華人高級師資較爲欠缺，大部分教師都得從台灣去支援，教學成本太高，待我卸任後，董事會覺得不賺錢，便把它們都停辦了。期間還想賴給我一個罪名，說我私自辦學，不符法令云云。我頗不值其所爲，且認爲學生既已招了，就必須給學生一個交代，乃另在盧森堡註冊了一所歐亞大學。之所以會在歐盟註冊，一是馬來西亞不會承認台灣與大陸的文憑，但會承認歐盟的；二是想藉此機緣，發展多校區跨國教學體系。

經幾年慘澹經營，舊的研究所學生已陸續結業，歐亞大學進入自主招生的新階段。於是又另在美國註冊，馬來西亞校區則開辦藝術、歷史、宗教等研究所，日常事務委由副校長王琛發負責，我仍可四處雲遊。

這個大學，最大的宏願，是全世界華人可以都只用中文就可讀畢博士，而且只需在其所在國，不必遠赴重洋異邦。今年在台灣與大陸，也嘗試要開辦幾個研究所了。

二、檳城

此番抵檳城，恰逢全城在拜祭九皇爺，此禮在台灣沒有，在大陸更不可能有，但盛行於泰馬、新加坡、印尼。每逢九月一日至重九，連續九天，全境供齋吃素。黑道及妓業也都要收市。每家每戶，素衣白褲，乃至披麻帶孝，做九天法事。最後一夜，九皇大帝遶境遊行，群送出海，要在海上送很遠才折返，所以法事做完，都在下半夜了。第二天早上許多店家就因此休市，在家休息。

這樣的儀式，甚為怪異，而且最後遊行時，幾乎全城神佛都出動了，觀音堂、關帝廟、哪吒壇、趙王爺、大聖寺……，無所不有。各擡神轎，伴以乩童信眾，沿途香火不斷。路過各壇各寺前，神轎要一一禮敬，廟祝也要站在廟口，持令旗香柱迎之，雙方各纏一麻繩鞭帶，稱為法鞭，像條大蛇，繞在脖子上；把紙錢燒起，鋪在地面。然後各如武術界比武請手一般，叉步盤腿，下拜，拱拳為禮，舉起繩鞭在地上劈哩拍啦，打得火光四濺。神轎則衝前盤紆作勢。又有乩童，或持畫戟，或舉釘錘，或肚兜鯊劍，或箭衣畫臉，各各異態。九皇大帝之車乘，則飾以菊花，宛若靈座，男女皆虔誠不嘩。

這九皇，據說為斗母宮北斗信仰。北斗一般都說是七星，但道教認為整個北斗其實共有九星，其中有兩顆隱星，而各星皆有星君，故總為九皇。但因大陸及港台雖也有北斗信仰，卻無此儀式，故頗令人疑其別有緣故。王琛發認為整個儀式類似《禮記》所記「小祥」之喪禮，可能是祭拜明朝皇帝。檳城這一帶，舊爲反清復明會黨之根據地，故相沿如此。

這種民俗宗教活動，或謂爲小傳統，或以爲甚土，其實不然。我在十二日怡保開完會回檳城時，就又碰上中壇元帥千秋誕辰花車遊行。中壇元帥就是哪吒，遊行之熱鬧也不下於九皇大帝，海墘及落洞高速大道一帶交通大癱瘓，還有三十幾輛來自 BI Boby Kit Club 的改裝汽車，在顯靈壇邊擺開一般時尙界常看到的「香車美人」陣仗，令人大爲驚奇。古老傳統顯然與華人社會新生活完全融爲一體，跟台灣的廟會、神明出巡、媽祖遶境等同樣可觀。

三、針挑

十日由檳城去吉打州開會，先是第五屆華人文學節，楊松年先生主題演講。今年選出四本文學作品，推薦給各華社華校。冰谷寫沙巴森林及所羅門群島故事、何乃健論寓言等均頗可觀。

十一日開第廿五屆華人文化節，檢討一九八三年華社提出的「國家文化備忘錄」。由我做主題演講，題爲「全球化趨勢下的大馬華社」。

演講時我提到馬來西亞華人不應妄自菲薄，自認爲是中華文化的邊陲。因爲許多中華文化之內涵仍保存於大馬，彌足珍惜；許多中華文化之新發展，也可提供不同的經驗給大陸及台灣。

前者，我談到九皇大帝、三一教，真空教、德教、同善社、萬國道德會、世界紅卍字會等。這些都是大陸所無或已絕跡了的。我這次來大馬，陳進國恰好在此做了真空教的研究回去，我則去看了三一教主的玉山祠。祠中所供的神，連我也有不認得的。可見到馬來西亞做研究，是我們研究中華文化的人所不能不幹的事。

講畢，有一人來找我，問其名，曰：莊國榮，我聯想起台灣那位，差點便懶得跟他扯。但他很熱心，非介紹他師傅給我認識不可，說：「您講中國傳統的許多東西還保存在大馬，確實不錯，我師神技即爲其中之一，先生非去看看不可！」我扭不過他，只好隨他開車去訪。其師溫健隆正在朋友家喝酒，被找回，在家中等我。

我去一看，聊起才知溫先生道脈源出嶗山三清宮，是丘處機一系，後來在華山沖霄觀傳法。其師湖北人，出杜心五門下，本自然門醫武傳統。授徒四人，分別學其拳術、針草、符籙、天醫（即祝由科）。溫氏得其針草之學，武術方面有師傳生鐵大球，練習手法，爲我演示了一番。針則非針灸一般常見之技，是用針入肉以後，挑動搖針以洩邪氣，兼用灸法。

此類民間異人，在馬來西亞其實很多，也許應做個文化資源保存的調查計劃，系統地整理整理。

四、華社

整個華人社團的處境，自然還是不利的。但最近大馬政治生態丕變，反對黨國會大勝，執政的「國陣」普遍都面臨改革壓力，華總代表大會亦於近日提出多項提案。政治經濟部分就不說了，教育文化方面的提案如：請政府落實增建華小的制度；請政府廢除用英文教數理；請政府承認獨立中學統考文憑；請政府允准新紀元及南方學院升格；請政府尊重校園自主，停止干預校園選舉；請政府保留華人義山、古廟及文物古跡；請政府尊重華人宗教自由等。由其呼籲，便知華人處境之難，其效果也不可期。

對於華人與華社之處境及對策，我的〈全球化趨勢下的大馬華社〉一文或可參考，故附於後：

一、國族主義下的華社

東南亞華人社會之形成，不用說，是源於中國人之海外移民。

在秦漢唐宋時期，中國聲勢盛大，四裔慕義來歸者多，因此歷史的動向是以「夷狄」或「諸蕃」進入中國體系為主的。中國人移往海外蕃國者畢竟甚少。明清時期恰好相反。中國體系開始鬆動，藩屬逐漸散離，而中國人亦日益走出直轄本土，向世界擴散了。

以馬來西亞為例。中國人在漢代就已經到過馬來西亞，但直至唐宋，均無華人定居該地之記錄。元朝以後才有，如汪大淵《島夷誌略》所載：單馬錫「男女中國人居之」（**單馬錫，即新加坡舊名**）。鄭和下南洋以後，此類人益多。而大規模移入，則須待一七八六年英軍占領檳榔嶼之後。在英殖民勢力擴占馬來西亞各州之際，華人之移入人口也隨之增加。十九世紀已移入五百萬人，二十世紀以後更移得多。僅一九〇〇至一九四〇年便移入了一千兩百萬。

但早期華人雖散居於世界各地，而其意識內容卻並不覺得他離開了中國。不止是在種族、國家文化認同上，他均仍認同中國。他僑居於異地，亦未必即與中國疏隔了，因爲他們仍然談著中國事，仍參與救國、中興、建國、光華、覺民大業。因此他們遂亦成爲「大中華」「大中國」中之一份子。「興亡有責，匹夫足動聖聽」（金山正埠中西日報敘）。

這種思想意識，當然會遭到所在國的疑忌排斥，視華人爲「境內的異國人」。偏偏二十世紀又是東南亞、非洲、中南美洲各地紛紛擺脫殖民，走向獨立及民族建國的時代。民族國家努力伸張其國族主義以自脫於世界殖民強權之外，對於在他們國境內，非其族類，其心可能也異之中國人，既有感於族類之異，更對中國人這種跨國性的世界網絡深具戒心，認爲那也是一種強權，故不能不伸張其國族主義以壓抑之。

所以我們才會看到馬來西亞、印尼、新加坡、泰國…等地各種排華或壓抑華人的舉措。手段或剛烈或陰柔，總之，是要轉化中國人爲馬來西亞人、印尼人、新加坡人、泰國人…等；轉化「僑民意識」爲「國（所在國）民意識」；轉化「落葉歸根」心態爲「就地生根」；轉化「僑社」爲「屬國團體」；轉化華僑資本爲所在國內民族資本。

「中國人」一詞也越來越不好用。因爲會突顯國家認同上的困窘，因此漸漸以「華人」相稱。正如王賡鼎所統計，一九五〇年以前，《南洋商報》等報刊中，華字頭詞彙（如華人、華教、華校之類）可說完全沒有地盤。但一九五一以後，逐漸追上僑字頭詞彙

（如僑胞、僑團、僑社、僑教、僑校、僑務…等），取而代之。國字頭詞彙（如我國、祖國、國父、國府、國軍…等），則在一九五一年便已絕跡了（見《新加坡華文日報社論之研究（一九四五－一九五九）》第五章第四節，新加坡國大中文系出版，一九九五）。

這種僑民意識或中國意識之弱化現象，殊不僅新馬一地而然。各種現象足以證明：在客觀形勢不利的情況下，原先申張國族主義的世界各地中國人，已逐漸識時務地放棄其國族主義，企圖融入所在地國家了，其國家認同已發生了變化。

雖然如此，華人的國族主義亦並未全面潰散。因為「中國人」的認同中，其實包含著種族血緣認同及文化認同。具體的國家認同雖已轉向，「忠愛之忱」不施於中國政府，而施之於所在國，但種族血緣卻無法改變。

文化上，亦只有兩條路，一是放棄自我文化，同化於所在國之文化，企圖融入於其中；二是以「國境內少數民族文化」的身分及名義，要求所在國容許其存在，並尊重多元文化之價值。若採取後一條策略，種族文化之重要性與獨特價值，便會被不斷強調。其存文保種之具體做為，則顯示在散居中國人在世界各地辦中文學校、推廣華文教育、辦華文報刊、發展華文文學等事務上。

二、全球化趨勢下的華社

時序進入廿一世紀，全球化論述風起雲湧，國族主義頗遭看衰，華人華社的命運又如何呢？

譚天星〈戰後東南亞華人文化變遷探討〉認爲現代華族的問題主要有幾派意見，一謂已形成「世界華族」，海外華人已形成爲世界上最大的跨境民族，或者說中華民族已向海外延伸成一個世界性民族。二謂海外華人只是各所在國中之少數民族。三謂現代華族乃是在二次大戰後，在東南亞形成的一個新興民族。四謂華族已非實際存在物，如泰國之情形。

譚氏自己的看法則是：「華族，是海外源於中華民族，分屬於不同國家，基於共同文化與種族認同的共同體」（**見黃萬華編《文化轉換中的世界華文文學》，第二編，一九九九，中國社科出版社**）。

朱耀偉〈全球化論述生產年代的中國圖象〉則藉一九九七年《新文學史》（New Literary History）第二界（Boundary2）的專輯，呼應周蕾的講法，提出：「從中國性到諸中國性（Chinesenesses）」。認爲大陸、香港、台灣、海外華人都具有中國身分（Chineseidentities）。中國不僅指大陸單一之地，亦不能單一同質化地去說中國性（**《本土神話：全球化年代的論述生產》，台灣學生書局，2002**）。

若從「諸中國性」「諸中國身分」這些觀念來看，華人既已形成世界最大的散居族裔，則其散居之處，即爲諸中國之一部分，亦即散居中國之一體。

過去，已故德國漢學家馬漢茂曾在一九六六年，於德國萊聖斯堡舉辦過一次「現代華文文學的大同世界」研討會。「世界華文文學的大同世界」一辭，根據王潤華解釋，是引用劉紹銘的翻譯，把「大英共和聯邦」（British Common wealth）中的共和聯邦一詞加以漢化，成爲「大同世界」。因爲他認爲目前許多曾爲殖民地的國家中，用英文創作的英文文學，一般就稱爲「共和聯邦文學」。同樣，世界各國使用華文創作的文學作品，譬如東南亞的馬來西亞、新加坡、香港、印尼、菲律賓、泰國、歐美各國的文學創作，也可以稱爲「華文共和聯邦文學」。

以共和聯邦來比擬，固然不盡符合散居中國內部諸中國身分的關係，但卻頗具巧思。約略在此同時，即一九六四年，亞洲華文作家協會成立，其後組織越來越擴大，目前除「亞華」有二十個分會代表外，「北美華文作家協會」（二十二個分會）、「大洋洲華文作家協會」（九個分會）、「南美洲華文作家協會」（九個分會）、「非洲華文作家協會」（九個分會）、「歐洲華文作家協會」（十七個分會）、「中美洲華文作家協會」（六個分會）等七個洲際分會均已組成。這世界性的華文作家組合，事實上正體現著散居中國的新特徵。

我們講過，中國人散居世界各地，由來已久。但十九、二十世紀時，散居世界各地之中國人，不申張其國際性世界性，而伸張其國族主義。現今則類似華文文學作家協會這樣，散居中國人開始進行國際性、跨國組合。如譚天星前揭文便也曾提到：「目前的華人社團有一種國際化的趨勢」，文學、宗教、宗族、鄉親組織，無不如是。

像泰國，論者一般認爲泰國華僑社會到八十年代即已完全轉化，目前已不存在華僑社會了。但是，「在新的歷史條件下，泰國華族的某些特點卻得到新的發展。這就是通過業緣紐帶、地緣紐帶、血緣紐帶建立起來的華人社團，走向國際化」，諸如世界華商大會、國際潮團聯誼會之類。目前，國際客屬、國際陳氏宗親、國際佛光……等各種會議或組織，盤根錯雜地架構出一個新的世界華人新網絡。單講「世界華文經濟網絡」或「華文經濟圈」「文化中國」，都可能過於簡單而難以成立，但若注意這個多元互補、交光互攝、縱橫交織的整體網絡及發展趨勢，便可知一個新的時代確已來臨。

當然，散居中國的講法，在中國本土境內，卻具有拆解中國之意味。不只中國本土才叫中國，其他世界各華人社會也都是中國的一部分，或者中國已成爲複數。這對強調世界上只有「一個中國」的政權，或對中國仍採固定、中心、單一觀點的人來說，當然無論在政治態度或文學理論、心理認識上都難以接受。

但是，對中國本土境外的華人或外國人來說，散居中國，又不折不扣是個「大中國」，中國竟然以世界爲疆域了。於是，世界華人共和聯邦，意擬「英語帝國主義」，令人不安。這樣一個大中國，如何安頓它與內部早已不認爲自己是中國人（而是所謂的「新興民族」如馬華、台灣人等）之關係，亦使人困惑。各地華文文學，發展的方向，主要是要讓自己歸屬於當地的國家文學（例如，在北美的，爭取讓自己成為像美國黑人文學那樣，屬於美國文學中之一支；在新加坡、馬來西亞、印尼等地，爭取成為該國國家文學之一部分，為該國多元文化中之一元），抑或是要讓自己歸屬於世界華文共和聯邦，更是會引起爭論。

海外中國人對自己的中國身分，又感情複雜，自尊與自卑往往交雜難理。或堅決反對「中國人」之稱呼，只願自稱爲華人。或對中國身分頗不以爲然，提出如「血緣上我無可避免是中國人，但我只有時同意自己是中國人」的講法（*IenAng,"Can One Say No to Chineseness? Pushing the Limits of the Diasporic Paradigm,*"Boundary225（Fall1998）：pp.223-242,p.242.）；或者根本拋開華文與中華文化，期望能融入當地主流社會。這樣的人，連華文都已放棄了，還奢談什麼華文共和聯邦？

再說，從總體趨向上看，華人因移民流動，固然散居於世界各處者越來越多，可是在許多地方，學習華文、寫作或發表華文文學，仍極困難；華文資訊流通又遠不及英文。因此，移民第二、三代輒已不嫻習華文。未來，二十一世紀的新趨向，到底是華文、華文文學擴及國際化，形成真正的共和聯邦，還是終歸衰亡，也是個可爭辯的問題。

朱耀偉曾引用德希達（Jacques Derrida,1930-）理論，說國族有如幽靈（specter）般陰魂不散。（Pheng Cheah,"*Spectral Nationality：The Living On[sur-vie] of the Postcolonial Nationin Neocolonial Globalization,*」Boundary226（Fall1999）：225-252.），認爲在「散居中國」和「華文共和聯邦文學」的構想中，國族的陰影仍會繼續纏擾不休。又提出「批判的世界公民主義」（criticalcosm opolitanism）的說法（Aihwa Ong,Flexible Citizenship: *The Cultural Logics of Transnationality*（Durhamand London:Dukeuniversity Press,1999），p.14.**此說引自** Paul Rainbow, *The Anthropology of Reason*（Princeton:Princeton University Press,1996）,p.56.），謂我們對霸權、普遍的真理、高低不同的道德觀和自己本身的「帝國主義」傾向都要抱懷疑態度，從而避免墮入狹隘的國族主義的陷阱。

這個提醒很有用。在面對上述諸爭議時，我們不能天真地認爲散居中國或什麼國際化云云就能超越國族主義，或擺脫國族主義。也應注意世界華文大同世界之說，對其他民族、其他國家，就可能形成文化霸權的壓力。我們只能把散居中國與世界華文共和聯邦當成一個開放的描述體系。

三、全球化與大馬華社

落實到大馬華社的具體處境上說。

有學者認爲馬來西亞早已參與全球化：「馬哈迪的二〇二〇年宏願，將國家的焦點集中在經濟領域。從一九九〇年到一九九七年裏，前所未有地出現了開放局面，五一三以後華人被壓抑的經商機會突然大增，發展主義的政治基調讓我們看到馬哈迪大幅度調整民族主義的主張。他掌握到在全球化時代，族群間的彼此對比在國與國之間的競爭之下可說微不足道。搶分經濟蛋糕的假想敵人不應是國內的異族同胞，而是更具競爭能力的外國公司。這時他實行經濟、教育和文化的自由化政策，讓非土著享有更大的參與空間，最終讓馬來西亞政府有效地結合各族群的優勢，朝向國際競爭的方向」（**馬哈迪的族群政策與華人社會，何國忠**）。

可是這樣的國際化，距全球化其實極爲遙遠，而且馬來西亞政府所積極參與的東協組織，向來對全球化深懷戒懼。因爲東協國家組成區域協作組織之目的，原本即是希望能平衡美國日本在東南亞地區的影響力。大馬政府歷次在東協國家組織中的發言，尤其是前首相馬哈迪，對此態度鮮明，令人印象深刻。

在內政部分，馬來西亞政府所推動的，不論其表面說詞爲何，其實正是國族主義方向。希望境內各民族文化，可以融入到一個以馬來文化爲主體的國家文化中來。何啓良即曾指出，自從一九七一年所經濟政策推行以來，在政治經濟資源移轉到國家機關和馬來精英的情況下，馬來西亞已成爲一個種族霸權國家（an ethnic hegemonic state）。這個趨向，當然也是與全球化不同的。

大馬華人社會處在這樣一個具體的環境中，全球化的潮流，固然在世界其他地區可能都十分澎湃，但在馬來西亞卻談來仍十分奢侈，缺乏全球化之許多具體條件，例如新聞媒體傳播資訊之全球化。華人處在國族主義之政策下，升學與就業均居弱勢，要談全球化知識經濟，也根本談不上。若要附和全球化之說，發展一個美國化以外的中國式華人全球化，談說華人世界網絡、華人非領土擴張、世界華文共和聯邦等等，恐怕也甚是冒險。以爲全球化浪潮來了，就能跨越馬來國族主義，或擺脫國族主義，更是不切實際。

但從另一方面看，全球化並不是一種理論，它同時也指涉一種現象。這種現象不但存在著，而且正如它的名稱，確實是在全球化中。各國政府，鮮少人喜歡全球化；知識界對其理論描述或世界權力結構之事實，亦多批判；竭力抵禦或選擇性接納，則各公私團體各有策略，可是全球化仍在迅速進行著。

在經濟活動方面，國際金融、貨幣、股票、油價，早已全球一體化。在資訊流通方面，網絡無遠弗屆。在知識領域，自然科學幾無國界，不知國家爲何物。早已形成全球單一學科模型與知識內涵，連表述方式、教學體系等都極爲雷同。人文社科學術，則在二十世紀六十年代以後，亦大體統一，形成依賴理論學派所指稱的「世界體系」。還沒有全球化的，是什麼呢？食、衣、住、行嗎？誰不感受到如今在生活形式方面，食衣住行亦已漸漸趨同了呢？整個世界，在朝一個同質化的方向走，尚存畛域的，大概只有宗教、語言等少數事務吧！

而就是語言，似乎也在趨同。許多小語種正在消失，英語帝國之版圖則正在日益擴大。許多在國際事務上努力抗拒美國化的國家，對於推廣英語反而比誰都積極，例如馬來西亞準備用英語來教中小學數理課程，台灣大陸更是全國上下瘋英文。

這就是趨勢的力量。在趨勢底下，許多事務會改變，或已經在改變中。對馬來西亞華人社會來說，環境的變化，較重要者有以下幾點：

一是多元文化的格局或價值觀已蔚為潮流：

在國族主義當令的時代，民族文化均不受重視。大家期待與努力的，是如何將國家內部各民族、各異質文化整合到一塊，形成一個「國族」。例如美國所謂的「民族大熔爐」，中國所謂的「中華民族」，都是國族主義下的產物。民族大熔爐，會把金銀銅鐵錫熔成新的一丸金屬球，各民族的差異性消失了，形成一個新的美利堅國族。中華民族也一樣，漢滿蒙回藏，不但在政治上五族共和，在文化上也要形成一個整體，是一個中華民族大家庭。這個「民族」，不是一般種族意義的民族，而是國族。爲了說明大家乃是同一個族，因此這個民族的成員竟又都有了共同的祖先：黃帝；所有的中國人也遂都是中華兒女。

可是，民族大熔爐實質上並非所有民族都一樣被熔解重鑄，美國是以盎格魯薩克遜族文化、白人、中產階級、男性爲熔爐，去熔鑄亞洲非洲南美洲移民及土著印地安民族，令其同化之工程。中華民族云云也一樣，事實上是以漢族文化爲中華文化之內涵的。其他國家推動的各式國家認同、文化認同、民族整合思想工作，情況亦復相似。其口號可能是「一個新加坡、一種新加坡人」之類，也可能是馬來西亞式的。

這種塑造新國族運動，目前仍在進行著，因此在許多地方都仍把強調個別民族文化的人視爲破壞國家團結、向政府公然挑釁者，逮捕治罪、或查禁報紙社團，均屢見不鮮。

可是，目前這種運動越來越不具正當性了。原因之一是世界人口大規模移動，國家之限界早已模糊。移民帶來的文化交往、雜居、互融、都讓國族主義很難進行，許多後現代理論家都會強調現今文化的雜交化（hybridization），即由於此。

而文化的雜交化，又使得許多異質的文化要素格外被人發現，而非如從前那樣，受到壓抑與隱藏。於是，多元文化的存在價值日益獲得肯定。女性、少數族裔、有色人種、非基督徒，在美國之地位大異於前，即拜此思潮之賜。

文化多元化論，不只可以平抑國族主義之壓力，對全球趨勢中蘊含的全球文化帝國主義，也是一帖平衡劑。它強調在全球的文化交往中，最能吸引人的，其實就是差異。所以各地區各民族均應展現其特色，此即所謂全球在地化，才能抵拒全球同質化之危機。

在多元文化的格局或新價值取向下，馬來西亞華人長期努力保持文化傳統，就具有非比尋常之意義；政府之文化政策，恐怕也不得不逐漸靠攏文化多元論述。未來馬華致力之方向，或許也該是利用此一論述來擴大發展空間。

二、中國參與全球化之新形勢：

冷戰時期之世界格局，乃是美蘇對抗，美國圍堵蘇聯中共，於是中共在東南亞尋找突破口，蘇聯在東歐。如今全球化新情勢，是所謂多維格局，也就是區域競爭、全球統合。區域，指歐盟、東協、亞太經合會之類，內部統合以進行區域間的競爭；全球統合，指聯合國、WTO、世界銀行等對區域間的經濟文化進行的協調統合。而這個新形勢中，變化最大的是中國。

八十年代，美國把中國拉出冷戰圍堵圈，以共同對抗蘇聯。中國也自覺地改革開放，走向世界，積極參與國際事務。二十餘年來，不但經濟大為改善，在國際事務中的重要性亦與日俱增，因此號稱「中國崛起」。對於中國如此迅速崛起，未來到底會泡沫化、崩潰、或持續強大，各界均有不同之研判，但目前中國正參與全球化進程，乃不爭之事實。華語與華文之重要性，也與日俱增。此次主辦奧運，高揭「同一個世界，同一個夢想」為口號，參與全球化之態度不言可喻。

在冷戰時期，馬來西亞也是參與圍堵中共的國家之一。對內剿滅馬共，對外積極防止中共擴張，與中國存在著潛藏的敵意。對於在馬來西亞境內倡言中華文化者，遂亦不能不持戒心。如今形勢丕變，中國已參與東協十加三組織，與馬來西亞之文化交往又日益頻繁，華社的處境當然也就頗有變化。

移民雖說遠離了故鄉，但故鄉的命運往往也仍會影響著移民的生活。就如嫁出的女子，在夫家的地位，常與娘家的榮枯有關。華人在其所在國之處境，終究仍與中國強不強大有關。因此，華人無論如何說中國意識、僑民意識已經轉化或弱化，對中國仍不能不有所期望、不能不有所關切。未來華社也應利用馬來政府擴大與中國經貿文化交流之形勢，取得更好的發展位置與發展機會。

三、全球華人國際網絡之形成：

如前文所述，華人之世界移民運動，迄今仍在進行。每年台灣與大陸都仍有大批人移往北美、紐澳、歐洲。華人的跨國組合，也因此越來越發達。原本地區性的華人業緣、血緣、地緣、宗教組織，漸漸不再侷限於本地，走向國際。這個網絡，對馬來西亞華人社會十分重要。各種本地社團長期形成的壁壘、恩怨、權力關係，均可能因國際化而重組；對於華社發展之思路與策略，亦有刺激之效。華社若能妥爲運用，便可獲得更多（**經由此一網絡而獲得的**）資源，形成全球華人共同經營馬來西亞華人文化的效果。目前華社還不太注意或重視此一網絡，實在是很可惜的事。

四、關注並結合世界多元文化保存運動：

多元文化之發展，本身就是世界性的議題。

以美國為例，在歐洲人到達北美時，印地安語約有五百種左右，到二十世紀下半葉，已剩下不到一半。因為歐洲白人採用消滅印地安人及印地安文化的策略，少數未被殺掉的印地安人，則鼓勵其同化。

依同化論的角度，印地安人學習英語、接受美國文明，不惟可改善印地安人的處境，更可改善兩種文明的關係，因此強制要求放棄母語、學習英語。由於此舉引起爭議較大，效果不彰，故又有雙語教育之推行。但整個雙語教育仍是白人控制的，其本質是過渡，以達到印地安人說英語、融入美國文化大融爐之目的，並非維護印地安族群利益、保障其語言文化的維護型雙語教育（the maintenance bilinguale duction）。

直到一九九〇年，美國國會才通過〈美國土著語言法〉，改弦更張。該法確定了「維持、保護和促進美國土著居民使用、實踐和發展語言的自由和權利」「承認他們獨特的文化權利和政治權利」「增強和提高學生對自己文化和歷史的認識和瞭解」。這表示主導社會的思潮業已轉向。同化論、雙語論走入歷史，目前正以搶救、維護、共同發展為主軸，推展美國的多元文化性。對於過去同化政策下的語文教育，批評者視為剝奪人權之舉。

馬來西亞的種族政策，跟美國有異曲同工之處。美國過去同化的對象，並不只限於印地安人，還包括大量外來移民者，包括同自歐洲移入的德語後裔。一九六八年通過的〈雙語教育法〉，直接起因就是移民問題。直到九十年代後，這種在語言及文化上歧視少數民族和外來移民的態度，才遭唾棄。此一轉變，事實上也即是世界之新趨勢新潮流。全球學界、人權團體，在此均有許多通力合作之處。馬來西亞華人若要爭取華族文化在大馬能具有法定之維持、保護、發展地位，避免被同化或歧視，就應多瞭解國際上這類多元文化促進運動及其成果，並尋求與之合作。對於像印地安人語言傳承發展這一類做法，亦應多所取鑑。

華人在處境上雖然蹇困，但心態上一向自大，未必瞧得起印地安人的語言挽救運動。但實際上華語在馬來西亞之法律地位尚不及美國之印地安語；政府及主流企業、基金會、社會運動者也根本未能如挽救印地安語那樣去保護華語華文；就是印地安人對於語言的搶救措施，很多亦爲大馬華人社團沒想到或做不到的。例如發展印地安文化出版事業，建立印地安語廣播電台、電視台，擴大印地安語言文化影響計劃，師徒語言學習計劃，其中實不乏可以借鑑者。可以讓大馬華教從弱勢的傳承與保存、發展爲較具開拓性的做爲。

五、採取動態的多元文化論：

針對同化論，反抗者多援引多元文化論以資對抗，但邇來多元文化論本身已頗有理論之進展。霍米巴巴（HomiK.Bhabha）即認爲：多元文化主義目前已失去了合法性，因爲此一主張建立在文化多樣性上；而文化多樣性的說法，預設了有一種身分的本質主義。這種文化跟那種文化，本質上就不一樣，所以彼此才需要包容、交流。此說雖有良好之用意，但採文化相對主義立場，強調各個文化的自主性，彷彿文化在歷史及社會上從未被「玷污」，事實上並不符合各民族文化在歷史上多所交融交會之事實。而且把文化上的差異固定化、絕對化，雖說要加強交流瞭解，實又增加了文化間的敵對關係，並不利於少數族群的發展。據此，霍米巴巴改而提倡「文化差異」。

巴巴認爲：移民經驗和後殖民經驗，是目前世界普遍存在的現象，因此今天各文化均不應如過去那樣強調傳統的核心價值、純正身分，而應重視不同文明接觸的邊緣與交界處。如果我們不認清這一點，仍一味強調、崇拜文化傳統、民族認同，則自己就越來越種族主義化，如何反對別人採用種族主義之方式對付我們？

反之，我們該注重的是「混雜性」。每個文化都有與其他文化交界而形成的混血雜交（interbreeding）接觸區。這種混雜，事實上就是兩種文化已在事實上交流揉合的部分或區塊。因此，主動尋找這種混雜性，才能開闢出通往國際性（或民族間性）文化的通道。

這個理論，用在馬來西亞華人社會上，就可能是一種提醒：除了強調自己的民族文化傳統，突出馬來人與華人之分以外，現在還應注意兩種文化已有交流混融之經驗和事實，兩種文化不是本質上對立或涇渭分明的。我從前曾以伊斯蘭教文化本身就是中華文化中之一部分的例子來說明這一點，現在借霍米巴巴的理論再說一遍，或許不爲無益。

其他可談的，當然還很多，但言不盡意，總之，全球化乃是一個新情勢，對華社之發展，可能是個新契機。能否掌握這個契機、利用此一情勢，就要靠大馬華社的朋友們自己的努力了，我們僅能敲敲邊鼓罷了！

孔德成與馬一浮

2008.10.29

國學小院的活動，已於十二十五日辦過《經典閱讀與文化思想傳承》主題交流講座，邀周志文教授主講。陳興武來信曰：「燕鳴詩社諸友擬請周先生於本週六（十一月一日下午三點）揮麈續談，擬以『茶話』爲旨，附題：『一壺清茗話平生：從張岱《陶菴夢憶．閔老子茶》談起』。竹聲茶色，窗冷甌香；詩案琴尊，遐心勝賞。尤希鶴侶鴻儔，風期相許；濠梁山嶽，情味兩忘云爾」。文情甚美，可見師友講論甚是愉快。也歡迎朋友們再去雅聚。

在台灣則有不好的消息，孔德成先生物故了。老成凋謝，恰似這深秋的季節，無可奈何！

二日到杭州，參加馬一浮的研討會。對於大學者，我們常是在他生前不重視他，甚或還常要輕藐他、揶揄他，待他死後才來開會紀念他、討論他。對馬一浮如此，對孔先生乃至其他所有值得討論的人，可能也都是如此，這也是無可奈何的。

羅振玉與王國維

2008.11.08

由杭州返北京又已數日，優遊燕聚如常，無甚可說。時陳雲林正好訪台，民進黨糾眾抗議，火爆喧囂，而此間報導不多，我自然也懶得多說。另貼一文，表示如今正遊心於非現世之境，與其評說當前之是非，還不如論古。

文章是今年六月去大連演講時，蕭文立先生以其所編羅先生文集相贈，歸來讀之，遂爾草成〈羅振玉心跡新考——兼論與王國維的關係〉一文。返台時，發現已刊出於《書目季刊》四十二卷一期。回到北京，收到《中國文化》今年秋季號，也刊載了這一篇（**本期還同時登了我替陳興武《廿四史對勘述評》寫的序**）。

文化認同

2008.11.23

熟悉海外華人社會發展狀況的人都知道：華人的國族認同，在二十世紀五十年代有一個鉅大的轉變過程。

早先華人移居海外，皆自視爲僑民。僑居客鄉，自己當然就還是中國人。因此他們所辦的報紙，或曰中國或曰中華，或要光華或要建國，還有神州、振鐸、民聲、警世等等，其國與其民，指的都不是所居地之國與民，而仍是中國。

這種國族認同，促進了中國的反帝制改革。孫中山革命，頗仰賴海外華僑之力。後來抗戰，華僑之捐輸也起了很大的作用。但一九四九年大陸建立新政後，海外華人社會便出現國族認同的分裂。華人所欲效忠者，仍是中國，但到底是哪一個中國呢？左派右派，乃爲此爭鬩不休，裂痕迄今未已。

由於大陸和台灣政府之統治事實上都不能及於海外華人社會，因此海外的左派右派之爭主要表現於非政治性事務的文化領域中。例如辦報刊、辦學校、辦社團，以旗幟、歌曲、文字、思想來辨別敵我。

至今兩岸政權的鬥爭趨緩，兩岸人民來往頻繁，可是文化意識上留下的鴻溝還在。例如海外華文教育，各地的中文學校，就無不在爲到底該教小朋友漢語拼音還是注音符號、該教正體字抑或簡體字傷腦筋，各有選擇、各有折衷、也各有堅持。

某些國家，華人在入籍時，法律形式上宣誓效忠於該國便罷，不會想進一步清查或清算華人腦子裡的中國意識，某些地區則不然。像六十年代泰國、印尼、馬來西亞之排華，就都具有這類性質。覺得華人是潛在的叛國者，不認同於所居國而仍然心向中國，因此非予清理或改造不可。

方法之一是政治經濟上的壓迫，令華人喪失抗衡優勢；一則是文化上的，如禁止使用華語華文、不支持華文教育、不承認台灣大陸的學歷、不讓華人舞龍舞獅過傳統節日等等，欲以此斬斷華人的文化根子。

二者其實又是互爲關聯的，因爲如果華文華教都遭了壓抑，華人的知識結構自然產生變化，對中國的感情日益淡薄之外，華人整體知識水平也同時下降，優勢便亦不復存。像馬來西亞，官方認可的教學語言乃是英文馬來文，馬來人上大學又有保障名額，讀獨立中學、學習華語者入大學之機率當然就遠不及馬來人。長此以往，華人社群的知識水準就大抵停留在高中階段。在知識經濟之新時代，這還能有什麼競爭力？華人若不再使用華文，逕習英文或該地主流語言，如泰國、新加坡那樣，當然也不會比土著或印度人差，可是民族的優勢喪失了、民族文化無法傳承了、講華文的華人和使用英文的華人或使用土著語的華人之間又生出隔閡了，無論怎麼說，都是不幸的處境。

華人罹此不幸之局，有些人固然還堅持其中國認同，但大部分總要識時務地自我調整。一種是把政治身分和文化身分切割開來，說國籍上我是某國人，但文化上我仍是中國人。一種是只在血緣上承認自己是華人，文化上則未必。也許還有中華文化之傳承與認同，但認為這個文化因已與所在國文化融合過，故早非中國之舊，乃是一種新創造的文化。還有些人便根本不糾纏於此，逕自努力融入所在地的政經文化中去了，在國族問題上毅然脫下中國這個包袱。

這幾類人彼此是相互排斥、相互瞧不起的。海外華人社會，夙稱複雜，國族認同之混亂，實乃其中主要因素。

台灣近年政局之亂，難道不也有同於此嗎？陳雲林訪台，那些去抗議的人，除了法輪功、藏獨等久與大陸政權結讎者之外，自以追求台灣獨立、不認同中國者為大宗。過去民進黨執政，在文化、教育各領域「去中國化」，強調本土意識、台灣人意識，改編教科書，把閩南語客家話都列為國語，推動台灣研究、南島民族研究等等，可謂不遺餘力。其主張，在政治領域是極明確的，就是不再做中國人，不願接受中國統治。在文化上則認為中國文化雖亦為台灣文化之一源，但另外還有來自荷蘭、日本、原住民的文化，也應視為源頭。而且不論源如何，皆已流注於台灣土地上，業已本土化，與原先那個源不再一樣。

此類見解，大陸人多半覺得聽來逆耳，斥其數典忘祖。可是實際上此類文化本土化的態度，早在東南亞就發生過。新加坡、馬來西亞均經歷過這樣一種轉「僑民意識」爲「所居國國民意識」、轉「中國人」爲「所居國人」之過程，激烈的「斷奶論」或「新興民族論」也不罕見。只不過那是在別人的國度裡掙扎求生的選擇，現在是在中國領土內部發生，故令人格外感傷罷了。

而且，該注意的是：大陸上許多朋友現在看著別人要去中國化、不願做中國人、不願發揚中華文化就憤怒；可是，在文化上去中國化，大陸過去可是急先鋒呢！當時海外華人對此，又曾有多麼傷心呀！

因此，對於華人在國族認同上的歧異，目前恐怕誰也不要忙著批評誰、指責誰，應視爲華人在現在這個世界上艱難的處境。一方面彼此諒解、相互寬容其選擇，一方面共同協調努力，看看能否改善不利的環境，促進對中國的認同。即或不認同政治，也可認同文化。在文化上尋求認同，畢竟還是符合最大公約數的，怕就怕又走回老路，爲了爭政治認同而拿文化當犧牲品！

文化符號學大陸版序

2008.11.23

談中國傳統文化與社會，誰都明白儒道釋三教乃其骨幹，脫離三教而論之，便成蹈虛。但僅說三教，其實仍是不夠的。雖然當今之世，求能通曉三教者，殆已難覓其人。然三教之外，中國卻還有兩大傳統是不能不予掌握的，那是什麼呢？一是文，二是俠。文是由文字崇拜、文人階層、文學藝術等所形成之相關文化狀況；俠是由俠客崇拜而造就的社會肌理。不知此，即不能體會中國人的行動、思維與感情，亦不能切察中國社會之底蘊。猶如不知武士之歷史、階層及精神就不可能瞭解日本；僅知基督教而不知騎士制度與傳統，即不能深入歐洲的文化那樣。欲明中國，須知五教：儒、道、釋、文、俠。

五教關係不是分立的，彼此參互交攝，文在其中。文極重要，卻最難理解。外國人無獨立的文字體系，固然難以理會；中國人百姓日用而不自之，也如每天雖呼吸著空氣而不太會注意到。故說者費勁，聽者狐疑，需要我從各個側面來反覆介紹之。

詳細的解說，略具於本書中，讀者開卷自知，無待贅述。這裏要簡單說說的，只是這本書的身世。

此書身世亦不離奇。只因我對儒、道、佛、俠諸傳統都曾有所論析，對影響吾國極爲重要的文字教，自然也就不敢輕忽。嘗由文化美學角度作《文化文學與美學》、由文學社會學角度作《中國文人階層史論》、由文學藝術角度作《中國文學史》等，通釋其要。本書亦爲其中之一端。初版於一九九二年（**台灣學生書局印行**），是想由通過對中國文字符號的解析，指向對文化傳統之詮釋的。

原編三卷，一論文字、文學與文人；二論以文字爲中心的文化表現，如史學、哲學、宗教等；三論中國這個文字化的社會。所涉面相，頗爲龐雜；所論事類，甚爲叢脞；但整體方法與觀點是一致的，即以一種文化符號學的方法去討論中國的文化及其符號。

文化符號學，中土夙少名家。或有治此學者，亦以轉述裨販爲主，唯我蹊徑獨闢。不但視宇閎開，且足以與西方當代學術發展相對觀，故我自己對此書是比較珍重的，自以爲有開闢之功。曾有評者認爲我的作法類似高友工先生的「抒情美學理論」，是企圖建構一種中國文學藝術的（**主導了民族精神形式顯現、意義格式化的**）文化邏輯或主導精神。這點我不反對。但若說我所談的「實質內涵，不論就審美理想還是價値理想，同於高友工所說的抒情傳統」，則甚不然。我並不贊成其說，我所說亦要高迴複雜得多。

二〇〇〇年，此書再版，仍由台灣學生書局印行。我又補了一卷，論文化的符號與意義，希望能從更多的角度來補充這個論題、豐富這個方法。二〇〇四年應北大蔡元培、湯用彤講座之邀，則另講了文字之外的「象的文化符號學」，以及文字與言、象、數諸符號體系的關係，頭緒粗明，尚待引申，故不復納入本書。

這次刊行大陸版（上海人民出版社），多虧了何曉濤兄的細心檢校及核實文獻。本來想再輯補第五卷，計畫收的文章是：一、漢字：由面對歐洲中心論到面對全球化（原收入《北溟行記》，二〇〇五，台北印刻）；二、簡難：繁簡錯雜的大陸社會（二〇〇七，第二屆台北漢字文化節論文）；三、簡化字大論辯（原收入《時代邊緣之聲》，一九九一，台北三民）；四、魯迅對中國小說史的詮釋個案研究：「小說文學」學科建立的精神史（原收入《近代思潮與人物》，二〇〇七，北京中華）；五、論文人書法（二〇〇七年二期《勵耘學刊》，北師大）。不過由於原書篇幅已多，後來終究放棄了再予擴充的想法，仍維持四卷本的規模，只在末尾增列了一篇附錄：德里達哀辭。二〇〇四年德里達逝世，友人王寧於清華大學置酒追悼之。我昔年寫這本書，曾受啓發於此君，故臨席致哀，略述淵源並小論其得失。附錄於此，或可使讀者約略彷彿前文所謂足以與西方當代學術發展相對觀的意義。

二〇〇八年小雪記於燕京小西天如來藏

杭城食事

2008．12．18

這幾個月，奔波益甚於以往。十一月間杭州便去了三次。一是把書法展的材料帶赴杭州，二是書法展開幕，三是收拾善後並參與「相約西子湖論壇」。

第一次到杭州，住在浙大靈峰山莊，樓含松介紹我認識了老總樓可程。樓先生說他們這個旅館本是浙大專家招待所，故以浙大於抗戰時間西遷江西、貴州、廣西為線索，做成主題餐廳。凡西遷沿途的飲食，他都親履其地，一一考察，做成食譜筆記，並採用當地食材，反覆試驗而得。例如江西泰和乃烏骨雞之原產地，烏雞非他處所能替代；貴州酸湯魚則是酸皆由蕃茄煮熬所致，不能放醋。這些食材和烹飪手法之特殊處，均不能輕忽，才能原味復現。該餐廳的酒，也是他從貴州訪來，酒性類如茅台，取名「東方劍橋」，專供浙大使用。

我說：「昔年我就讀淡江，淡江大學亦嘗欲成就為東方之哈佛。但無其時地機遇，我們有些學生就開玩笑，謔稱恐怕只能辦成東方的哈哈。故東方哈佛、東方劍橋等名目，做爲大學之發展目標，大抵皆堪商榷，不過酒是好的，樓老總之用心於經營，精於飲膳調理，亦深可敬佩！」乃爲浮數大白，相與縱論飲饌之道。

據樓先生說，他老家台州鄉下有種吃羊肉的辦法，能把羊肉熬成如稀飯一般。我甚以爲奇，說我們台灣馬祖島上也有種做法，是用馬祖老酒，把羊宰割後，去頭去內臟，塞入馬祖老酒的酒甕裡，灌酒淹滿，然後封起來，堆上稻穀，悶燒它廿四小時，燒得那羊筋骨酥爛，酒氣透肉，當然異常好吃。可惜當年在馬祖雖聽聞有此一法，卻因行程不湊巧，無法吃到。回台後，在嘉義辦南華大學，校區內常有一老者來牧羊，我向他請教，他也躍躍欲試，說手邊的羊儘可取用，只是沒那種大酒甕。於是大家設法去找。一天，我由大林高速公路下來，瞥見路旁一家店舖，招牌上寫著賣陶甕。乃急喊司機停車，跑過去問。不想老闆頭也不擡，問：「買甕幹什麼？」我說：「煮東西呀！」老闆揮揮手道：「不賣，不賣！你別處買去！」我覺得很奇怪，擡頭又把招牌看了一眼。這才發現此店是做墓碑及骨灰罈生意的，他的陶甕只用來做撿骨用。害我的燜醉羊計劃竟以此笑話告終。現在樓先生既有此餐廳，何不把這兩種吃羊肉的新奇辦法都複製起來？下次我們聚會，便專吃這兩種羊肉！

樓先生一聽，也興致勃勃起來，說好下回定要試試。

我萍飄浪走，每次聚談，說到下次該做的事或好玩的主意，其實均如畫餅描夢，真有下次相見之時嗎？下次相見又在什麼時候？說時意興風發，煞有介事，實則很難當真。

第二次抵杭，辦書法展。早上在唐雲藝術館開幕，冠蓋雲集。下午去浙大座談，談畢與樓含松、胡志毅、江弱水、于鍾華諸君仍回唐雲館。館長陳京懷說：「今天開幕很成功，來慶祝一下吧！龔先生既談文人書法，我們也就該來個文人雅集；外頭飯店又沒啥吃的，就在館裡吃湖蟹好了！」乃備了兩大甕紹興老酒，把菊花都搬上樓去，又蒸了兩大鐵盤螃蟹，大家據坐樓頭一張酸枝木大畫桌旁，傍著西湖月景，持螯劇談起來，又朗誦詩、又談掌故。

桌無雜菜，唯老酒、花生、醃魚、熏雞各一小碟而已。時際深秋，湖蟹腴美，膏膩肉重，伴以薑醋，對此叢菊十數本，且在西湖水畔、夜涼無嘩之時，清韻可謂獨絕矣！明人於西湖畔開菊花席，料亦不過如此，或竟遜於此呢！

因飲紹興老酒，談起上回在靈峰山莊說到的老酒事，又談到靈峰山莊的東方劍橋。我說：國人辦學，都想辦成劍橋牛津，而皆不能企及，原因甚多，而不知其酒文化或許亦為其中之一端。當年我曾邀劍橋一院士來佛光講學，他就介紹劍橋各書院皆由其學術委員會主導，權力甚大，教授治校。但最受敬重、最為眾人所關心之一職，卻非學術委員會委員，而是品酒委員會委員。因學院例須舉行高桌晚宴（如電影「哈利波特」中書院聚餐情景），宴又例須飲酒，故葡萄酒需要量甚大。學院每年總要推舉德劭且年輩高的教授來選定該年用哪個酒莊的什麼酒。各酒莊也會派人送酒來供品鑒。一旦被選定，皆視為榮寵，會在酒瓶上注明該酒曾做為某校某學院特供佳釀，以為招徠。每學院又都有大酒窖，藏有歷年需用的酒及各地酒莊送來的酒，沈沈夥頤，蔚為大觀。跟各書院的藏書一樣重要。此爲劍橋牛津精神世界之精髓所在，吾國辨學者哪得知？不知此而欲學之，又焉得似？

大家聽了都覺得好玩，說校方知不知，我們不管，品酒委員會我們且先行成立起來。老兄倡議，便當創會名譽會長；樓含松、胡志毅、江弱水執行會務；于鍾華任秘書長。至於陳館長，嘿，樓含樓說該封爲「罈主」。因爲他抱著酒罈來，我們才有這場菊花蟹酒會呀！

酒後我先返北京，書法展閉幕亦不能到場，直到月底，杭州市府爲了西湖申遺，舉辦「相約西子湖論壇」時才再抵臨西湖，住在玉皇山。于鍾華來通知我說夜裡準備去章太炎故居喫羊肉。太炎先生故居就在唐雲館旁邊，它們編制本來也就在一起，大概上回菊花蟹酒會太精彩了，因此這次諸君便安排了在太炎故居也辦一次。

誰知我完全想岔了，他們是約了出城去吃。而杭州目前交通紊亂，傍晚根本搭不上車。在旅館等了個把小時，實在無奈，只好到處拉伕，找得朋友開車來載。上了路，再用手機聯絡，與樓含松、胡志毅、江弱水、王音潔諸君相約碰頭。可是越開越荒僻，凍雲四合，夜幕深垂，走上城郊，不辨西東。手機喊來喊去，忽焉在前忽焉在後，直折騰到七八點才會合。原來是到倉前鎮太炎先生故里去喫羊肉。又冷又餓，令我坐在車中好生嘀咕，不知爲何跑這大老遠。

漸近倉前，乃見鎮畔農莊野厝家家掛起紅燈籠，貼出大字報，都賣著羊肉。黑夜寒風中，食客之轎車吉普等，櫛比鱗次，排滿路肩。各家蒸煮燒烤，羊氣騰熾，令人嘆爲觀止。原來竟是打著太炎故里做招牌，大辦羊鍋節哩！這已是第三屆。我孤陋寡聞，不知南方吃羊居然有此大陣仗，其陣仗或更勝於北京蒙古，亦未可知。

我等找了一家，於瑟瑟寒風中竄入，羊湯大骨，猛喫了一通。據江弱水諸君言，滋味不如他們上次去的一戶農家。因那更土俗些，羊鍋遠大於此。我則以為不妨。上次詩酒菊蟹宴，業已盡雅；此番羊鍋土菜，飲於荒郊，亦已盡俗。何況諸君知我因烤羊而丟了佛光大學校長一職，認為我必甚愛喫羊，故特意做此安排，盛情尤其可感，世事貴其遇合，如此即已大佳，何必再做苛求？

飲畢返杭州，開始開會。蔡浪涯兄在上海，知我到了杭州，偕嫂夫人專程南來，定要請我一頓。我說：「請吃飯，自然甚好，但一般菜館倒也無味。老兄乃知味者，曾開過『蔡家小館』等中西餐廳，我們若胡亂果腹就辜負了這次聚會，不如我來聯繫樓可程先生，請他把上次說的羊肉做了，我們一道嘗嘗！」浪涯甚以為然，我便轉請樓先生張羅，並邀王翼奇、徐岱、樓含松、黃寶忠諸先生同來。當日戲談，不料竟能成真，頗覺興奮。

但甕燜醉羊並沒成功。畢竟紹興酒與馬祖老酒酒性不同，杭城覓無馬祖老酒，只能以紹興代替，故燜後酒氣太過，未甚可口，只好放棄。獨治一羊腿，臠切細條，伴飾極盛。另外就是那糊爛如粥的羊肉了。

樓先生特意打了電話回老家，詢問其尊翁做這道菜的細節，再指揮廚師庖治。據云要用新鮮甘蔗頭下水一起煮。羊肉煮起，切細，再放紅糖，文火慢熬。近日市場所售之糖，多以化學工藝去色素，故不中用，仍應用鄉下老紅糖，東陽紅糖尤佳。熬時則須不斷以勺翻攪之，勿使羊肉沈底沾滯，如是漸至糜爛。以小碗盛出，乃如血糯甜粥也。不能多吃，人只一碗。以其善能補益，小兒多食則易流鼻血故。

喫畢，大家胡亂寫了些毛筆字，題詠而歸。胡志毅江弱水因該晚另有詩歌朗誦會，未至，乃另約了一天聚會。

越明日，我去唐雲館打包，把展出的作品都收拾起來，郵遞到廈門，準備正月初在廈門張宏兄的宏寶齋展出。志毅來接我。暮色中開車去，開開開，竟開到了動物園。由動物園畔小路竄入。抵一精舍，原來是虎跑泉側一小樓，動物園養老虎處也即在旁。虎跑泉傍晚即關門，旅客不能進入，初不料夜間居然能來此賞泉。

我以爲此番竟是要來吃老虎，不過沒有。此饌以雅致爲主，虎跑夜色，足以賞心，並不在食材之稀罕。何況老虎我亦常喫，亦正不必多喫也！杭州食事，姑記其略如此，以補遊誌之闕。

吉安行

2008.12.21

一、廬陵文化

十二月十四日遊北京飛井岡山機場，抵吉安。吉安業已十餘年未回了，此次回來，機緣卻甚巧。原來吉安市準備推展廬陵文化，該市副書記蔣斌在南昌新華書店讀到我的《國學入門》，知我祖籍江西吉安，乃命社科聯任建瑞主席與我聯絡。我亦甚願藉此機會回鄉探親，故約了成行。

吉安古稱廬陵，除歐陽修、文天祥以外，宋元明清時期人才輩出。進士就有三千人左右，居全國之冠。狀元二十人。也有狀元、榜眼、探花三者皆由吉安人囊括之例（明建文二年、永樂二年）。但科舉人才之盛，其實只是地方整體文教水準高了以後的自然表現，吉安文教之特點不在科舉利祿，而在文章節義。文天祥不用說了，朱熹王陽明的理學盛行於鄉野村戶之間，書院就有兩百多所，可見其一斑。

但如此鼎盛之文化，在清末迅速衰落。至今吉安經濟落後，人才寥寥，遠不能與古代相比。該市領導階層覃思重振古風，恢復廬陵文化之榮光，正基於此一巨大落差。

可是，廬陵文化之核心或基石是什麼呢？不就是儒家文化及教育嗎？近代江西，自蘇維埃政權建立以後，便成四戰之地，戰爭當然摧毀了交通與經濟，紅色政權所提倡的思想及意識型態更是反儒反文教的。故浩劫之來，吉安被禍最酷，文采風流，掃地以盡。如今改弦更張，想重新發揚廬陵文化，自然是好事，但對其紅色記憶迄今尚乏反省，更無批判，仍視為榮寵，這就難辦了。我應黨政機關之邀來演講，對此又不能指門罵人，自然只能虛泛一點，說說廬陵文化與現代管理的關係，聊以塞責而已。

二、青原山

抵吉安次日即往青原山淨居寺。大霧封山中登大殿、拜七祖塔、摩挲碑碣，感慨繫之。此七祖青原行思之舊地也，宗風猶存，在大陸各寺院中特見儉素清修之意。老和尚體光禪師戒行甚高，我讀其語錄《空谷足音》，甚為感佩。現任住持妙安禪師則與我為舊識，曾來我佛光大學參訪，我亦曾去廬山東林寺找過他，如今來此地任住持，宏闡曹溪法脈，頗有做為。彼此相見均甚忻喜。

淨居寺旁的陽明書院，情況就大不如淨居寺了。王陽明曾任廬陵縣令，在青原山講學。陽明去世後，弟子仍聚集於此講學，每年春秋兩季且在青原山舉辦「講會」。鄰省響應，舟楫雲從於青原贛水之間。可是如今陽明書院僅剩一處廢墟、幾堆瓦礫，令人不勝唏噓。

觀此，我乃向地方政府建議重建陽明書院。如明年能建成，我就號召海內外同道，一齊到青原山來重開講會。

三、白鷺洲書院

江西書院之古者，莫古於白鹿洞。南宋嘉熙四年，白鹿洞書院出身的江萬里出知吉州，次年便在贛江江心白鷺洲上建書院，祀周敦頤、程顥、程頤、張載、邵雍、朱熹，並用〈白鹿洞書院揭示〉教示子弟。因此這個書院乃是白鹿洞書院直接的衍生物，文天祥即出身於此。明嘉靖間，王陽明弟子黃宗明重建白鷺洲書院，王門健者羅欽順、鄒守益、聶雙江、歐陽德、羅洪先、胡直等均講學於此。民國後改爲學校，至今仍爲白鷺洲中學所在地。舊址則僅存清代建築雲章閣、風月樓，民國建築中山樓、文山樓。七百餘年，弦歌不輟的，現今大陸的書院大約僅有這一所了。其餘的，都歸入古蹟園林旅遊部門啦！

四、井岡山大學

在井岡山大學演講了一場。井岡山大學其實並不在井岡山，乃吉安師院升格改制而成。現有生員萬餘人，校地二千餘畝，氣象崢嶸，校長張泰誠尤爲幹練。雖然目前尚無碩士點，但引進人才不遺餘力。

可是昔年改制時也許欠了考慮，以爲名叫井岡山大學可獲國家較多的支持，而實質上中央只管其直屬院校，井大這類地方院校，中央不可能另有政策或經費之支助，一切仍須靠地方。這樣，井岡山大學的名稱便不利於發展了，國際交流、社會印象、學界觀感，均不無影響。但既然叫做井岡山大學了，似乎目前誰也不敢提議說要改，只好仍舊這麼辦著吧。

五、古村

因近代經濟落後，古村古民居反得而以保存。這次我去看了吉州區的釣源村及我老家值夏鎮的渼陂。釣源爲歐陽家族、渼陂爲梁氏家族。

前者有明清古建一百五十餘棟，部分毀於太平軍之亂，文物尚存米芾所書「晝錦堂記」碑石等，長廊及旗杆石之復建則不合古制。老村長歐陽德麟介紹本地掌故很熱情，如戲台上唱戲一般；說得興起，手舞足蹈，手上燃著的香煙頭，把我的衣服燒了一個洞。

後者就在我老家永樂村旁，建築與我村十分類似，祠堂甚且幾乎一模一樣，據說是依同一張圖紙建的。此村有舊居三百餘幢，有商鋪、寺廟、教堂等，結構與層次較釣源豐富，只是紅色更甚，紅軍基地的意義竟有點掩蓋了古村的文化意義。

中國文化何處去？

2008．12．25

前此，友人曾輯一九三四年關於讀經問題的討論，編成《讀經有什麼用？》，由我序其書，於今年七月，由上海人民出版社刊行。現在，又把當年關於中國本位文化的文化建設討論輯出，仍由我作序，略說其大要。我過兩天又要南行，去廈門辦書法展，不能照顧這個網誌，故把文章附上，以備瀏覽。

三十年代中國本位文化大討論序

二〇〇八年十二月號《萬象》刊有朱元曙〈朱希祖與朱氏兄弟〉一文，文中爲反駁魯迅說朱希祖評論世事甚爲迂遠，舉了個例子：「一九三四年何炳松等十教授發起『中國本位的文化運動』，這實際上是陳立夫、陳果夫系統發起的一次帶有政治色彩的文化運動，他們邀請朱希祖參加。朱希祖在日記中說：『余於文化事業可略助於撰著，至於黨務則素不參加，乃當秉持素志』。後來乾脆連邀請的宴會也不去了，認為這只是『徒供政客之虛聲奔走也而已』」。

中國文化本位運動，至今在許多人眼中筆下，仍是如此這般，實在是件令人憾慨之事。

一九三四年，何炳松、樊仲雲、陶希聖、薩孟武、黃文山、孫寒冰、章益、武堉幹、王新命等十人聯名發表〈中國本位的文化建設宣言〉。因這十人都在大學教書，故一般又稱為十教授宣言。宣言甫發布，即有人認為是受國民黨黨部所指使，看朱希祖這類記載，好像也坐實了這項傳言。

其實呢？當時的國民黨，就憑陳立夫陳果夫兄弟之所謂CC派，就能指使得動這十位教授來共同發起此一宣言嗎？且不說十教授皆碩學名重之士，把他們一概指為如政治打手般受人麾使，對他們乃是人格汙辱。十人之政治立場互異，本來也就不都屬國民黨。國民黨當時也沒有那麼大的控制力，足以發起運動、指命群彥。

何況，CC只是國民黨中一個派系，那時黨中派系爭衡，二陳並不如現今想像的那樣有勢力。宣言發表後，後來任國民黨中央宣傳部副部長的葉青就批評它是文化的民族主義，有國家主義和中國主義的氣味。可見即使在國民黨內部也是有爭議的，不能逕視為國民黨的文化立場或由它發起的文化運動。

陳立夫確實曾想藉這個宣言，以政治力量推動之。在北平，由蔣夢麟主持的座談會上，他即公開講過：「十教授宣言，在中國本位文化建設之開創期中已引起各方之最大注意，則爲事實。吾人應聚更多類學者對此問題做更進步之研討，內容力求充實。希望能擬定具體計劃，以政治力量實現，以期此一運動之擴大」。估計朱希祖接到邀請參加的會議，便是陳氏希望如何以政治力量實現宣言的討論。政治人物，看見好題目即拏來做爲搞運動之張本，乃政界之常事，朱希祖批評它「徒供政客之虛聲奔走」也沒錯。但這與十教授文化宣言本身之價值與是非，並不是同一件事，不宜混爲一談。

十教授宣言所遭到的誤解，還不只此一端。另一重大誤解，是將十教授宣言視爲文化保守主義。如李麥麥評論它時就說：「宣言的標題叫做中國本位的文化建設宣言，這『中國本位』四字，就容易使人聯想『中國爲體』的思想上去。」黃任之也即在有關宣言的座談會上主張繼承清末，建設「中學爲體，西學爲用」的中國本位文化。胡適〈試評所謂中國本位的文化建設〉一文更明白指出：

> 十教授在他們的宣言裡，曾表示他們不滿意於洋務維新時期的「中學為體，西學為用」的見解。這是很可驚異的！因為他們的「中國本位的文化建設」，正是「中學為體，西學為用」的最新式化裝出現。說話是全變了，精神還是那位《勸學篇》的作者的精神。

因此胡適說：「他們的宣言也正是今日一般反動空氣中最時髦的一種表現」，乃是「他們的保守的心理在那裡做怪！」

五四運動以後，主張新文化、認爲中國必須向西方學習的人，動輒把「反動」「保守」「落後」等帽子拋到建議中國不該如此激進西化的人士頭上，自居進步、開明、先進。這是論戰時將對方汙名化的技倆，於是文化保守主義逐漸成一惡謚，代表復古與不思進步。時至今日，文化保守主義已未必仍屬汙名，因激進西化本身亦迭遭批判，未必仍具有正面的價值。因此，爲十教授洗刷惡謚，說他們不是文化保守主義，完全沒有必要。文化保守主義未必就不好，「中學爲體，西學爲用」未必就不對。問題是：胡適等人根本就搞錯了，十教授並不是張之洞或林琴南，其宣言也確實不是要中學體爲西學用。

在洋務運動和維新時期，提倡「中學爲體，西學爲用」的人，講的是堅持中國的倫理價值，而在器用、技術乃至制度上不妨學習西方。五四運動以後，主張現代化、批判孔教、批判國民性的人，除了認爲在器用、技術、制度上應更積極向西方學習外，還要從精神倫理方面確定地學習西方。因此繼之而起的科學與玄學人生觀論戰、東西文化論戰，都集矢於倫理價值層面。如梁漱溟、熊十力等人，是主張東方精神文明自有其勝長，不可盡棄的。這類思惟模式，正近於或沿續於「中學爲體、西學爲用」；雖然對於何者才是「體」，他們與張之洞的見解並不一致。

十教授卻都不再是談經學、人生觀、精神文化價值的人，他們主要是社會科學學者。宣言發表時，武堉幹在上海商學院任職；王新命在上海政法學院；黃文山在中央大學任社會系主任；孫寒冰是上海復旦政治學教授，又治經濟學；章益在復旦大學，後曾擔任教育系主任；薩孟武在南京中央政治學校任行政系主任；陳高傭治新聞學；陶希聖治社會史學；樊仲雲治教育學。諸先生不但大都有留學國外之背景，知識結構且均偏於社會科學領域，唯一之例外只有何炳松，他是一位歷史學者，但亦是西洋史背景，當時且正擔任暨南大學校長，他與傳統史學之偏於人文學顯然也是不甚相同的。

由於具有西方社會科學知識背景，十教授所談的中國本位，便遠不是東方精神文明之類從前人所說的中學之體，而是社會科學意義的中國社會現實。

他們批評持復古論的人士，反對復古，理由是：「現在的中國，不是過去的中國，自有其一定的時代性。所以我們特別注意於此時此地的需要。此時此地的需要，就是中國本位的基礎」。因此時此地之中國已非古代中國，故讚美或詛咒古代之制度思想均歸於無用。

他們也批評主張全盤西化的人士，理由是：「中國現在是在農業的封建的社會和工業的社會交嬗的時期，和已完全進到工業時代的英美，自有不同的情形，所以我們不能贊成完全模仿英美」。

這些論述，立足點都明顯基於中國當時的社會現實，用他們的話來說，即「中國空間時間的特殊性」。基於此種特殊性，他們反對復古，也反對西化，又反對俄化或模仿義大利德國。此即所謂中國本位。立基於此本位而發展文化，即是中國本位的文化建設。

從思想史的角度看，這是一九二八年社會史論戰之後進一步的發展。

社會史論戰的核心問題，一是問當時的中國是什麼社會，二是問中國社會發展的歷史如何劃分階段。後者主要是討論中國是否曾有過亞細亞生產方式的時代？又是否有奴隸社會？封建社會起於何時？前者則有些人主張當時中國是半封建半殖民，有些人說是封建之殘餘，有些人說已是資產社會，不一而足。陶希聖即爲此次論戰之主要參與者。十教授宣言中說到「中國現在是在農業的封建的社會和工業的社會交嬗的時期」，正是順著社會史論戰時對中國當時社會性質的認定而說的。

也就是說，東西文化觀式的討論，爭論中國該東方化還是西方化，是一九二〇年代的舊事了。社會史論戰之後，一九三〇年代新的論題是：中國之現代化該採什麼方式。

一九三三年《申報月刊》二卷七號一舉刊出亦英〈現代化的正路與歧路〉、張素民〈中國現代化之前提與方式〉、董之學〈中國現代化的基本問題〉、楊幸之〈論中國現代化〉、戴靄廬〈關於中國現代化的幾個問題〉、羅吟圃〈對於中國現代化之我見〉、吳覺農〈中國農業的現代化〉、鄭林莊〈生產現代化與中國出路〉、陳高傭〈怎樣使中國文化現代化〉、唐慶增〈中國生產之現代化應採個人主義〉等文，正代表了新的意見氣候。其中陳高傭就是十教授宣言的作者之一。

諸君所論，也往往與十教授宣言有可相呼應之處，例如亦英（祝伯英）說中國不應單純地走資本主義或社會主義道路，應走一種特殊形式的現代化。張素民說中國只能採取受節制的資本主義（regulated capitalism），亦即國家社會主義或社會民主主義。董之學說中國非單純之資本主義社會，故不需社會主義革命；也不是封建社會，故亦不需歐美之資本主義化；中國乃兩者之間的複式社會，應採取非資本主義方法。如是云云，不都是在說中國空間時間的特殊性，使得中國必須走一條特殊的道路嗎？陳高傭那篇文章亦復如此，首言各民族歷史之現階段頗不相同，俄是初步社會主義、英美是末期資本主義，中國則既未走上資本主義，又無資格實行社會主義，此等半殖民地要想發展，便須認清現勢以建立文化。文章後半接著說：「今後的文化運動切不可再蹈以前玄虛空洞的覆轍，我們應當切實把握住我們的民族問題」，並積極注意：一、以解放民族爲中心；二、以發展民族資本爲具體任務；三、平均發展城鄉文化；四、反對帝國主義與封建意識的文化。這樣的文化運動，內涵也許不盡同於十教授宣言，因爲未必十人均主張一致，但基本思路即是如此。陳氏〈怎樣使中國文化現代化〉一文，恰好可做爲十教授宣言的一個前奏。

正因十教授宣言發表前已有了這許多思想氣候的醞釀與鋪墊，十教授宣言發表後才會引發熱烈的關注。李麥麥說：「自從十教授的文化宣言發表以來，『十一宣言』已經成爲到處傳育的東西，『中國本位』已成爲人人討論的問題。在此學界、輿論界以至社會人士全體注目這一運動之時，反對譏諷者當然亦大有人在」，可見一時觀聽，頗爲熱鬧。

其熱鬧，自然不盡表現爲贊成，而是指該宣言點出了一個問題：中國現階段該有什麼樣的文化建設？因而引爆了社會對此論題的關注能量。

對此問題，十教授主張應根據中國本位，亦即中國之具體情況來發展，反對採取英美、德意、蘇俄之辦法。那些主張英美資本主義、德意國家主義、蘇聯社會主義的人當然群起而攻之。中國本位四個字，又讓西化論者聯想起過去曾喧騰一時的東方文明論，以爲中體西用說又將復辟。而本來對全盤西化就有意見的人，則見獵心喜，認爲剝極來復，文化終於要回到中國本位上來建設了。雙方都因此而作了許多文章，各自發揮著中國絕不能復古、絕對要繼續西化，和中國絕不能西化，應保持民族特色的見解。政治團體也趁這個時機，強調自己所主張者正是中國本位文化之所需。眾聲喧嘩，誠如潘光旦所形容：

> 劉湛恩先生一面看到民族自信心的重要，一面卻也提出基督教本位的意見；歐元懷先生提出的是科學化、標準化、普通化的三化原則；俞寰澄先生主張以農村為本位；葉青先生則主現代化；黃任之先生很看重中國舊有文化因素的分析與選擇；李浩然先生注意的是城鄉的平衡發展；陶百川、何西亞、謝俞三先生都主張以三民主義為最高的原則；邵爽秋先生又以為應特別注重三民主義中的民生主義；李麥麥先生說我們應接受歐化，應肯定的宣示資本主義的文化……（華年周刊，四卷三期，談中國本位）。

各說各話，真理愈辯似乎愈是群言淆亂，莫衷一是。各人講說著自己的救國方略及文化主張，十教授宣言之真意似漸隱晦矣！

然而，一切論戰，大抵皆如是也！重點不在對那個宣言文本的正確詮釋，而在於它所引發出來的議論，正可以看出當時中國知識分子存在的焦慮。對於「中國到底該往何處去」這樣一個擺在眼前的真實問題，當時的各色思考方案，皆由此一宣言而引發畢呈。

由這一點看，宣言及其相關討論，無疑甚具思想史意義，足以呈現當時思想界之大勢。

可是，宣言及其相關討論又是具有現實意義的。當時論議，本來就著眼於現實，所謂中國本位。討論所得，亦期貢獻於現實，改善中國的困境。雖然論議本身因社會上缺乏共識而沒得到具體的結論，但對中國社會的分析和強調文化建設應立基於中國本位之態度，對後世其實頗有啓發。

例如在宣言討論文化建設方法之際，學界也在爭論經濟發展的道路：到底中國該以農立國，還是以工立國？有些人主張中國不宜工業化，有人就說中國可以不工業化嗎？鄭林莊則於一九三五年在《獨立評論》一三七號發表〈我們可以走第三條路〉，張培剛又於次期反駁道：「第三條路走得通嗎？」這是在經濟方面另一型態的中國本位之爭。

思想文化方面，中國本位文化的爭論一直持續到一九三五年還有李麥麥〈資本主義文化與社會主義文化〉（文化建設月刊，一卷七期）、丁遙思〈論中國本位的文化建設〉（文化批判，三卷一期）等文。這些討論，我認爲直接引發了毛澤東的《論新階段》。在那裡面，毛說：

> 我們這個民族數千年的歷史，有它的發展法則，有它的民族特點。……馬克斯主義必須通過民族形式才能實現，沒有抽象的馬克斯主義，只有具體的馬克斯主義。……就是把馬克斯主義應用到中國具體環境的具體鬥爭去。……因此，馬克斯主義中國化，使之在其每一表現中帶著中國的特性……。

艾思奇於一九三九年發表的〈論中國的特殊性〉，大抵即闡發此旨。例如「我們在中國的社會裡來應用來實踐馬克思主義的時候，也必須注意到中國社會的特殊性，也必須要具體地來瞭解中國社會」「馬克思主義之所以能夠中國化，是由於中國自己本身早已產生了馬克思主義的實際運動，中國的馬克思主義是在中國自己的社會經濟發展中有他的基礎，是在自己內部有著根源」等語，均可以看到他是如何地強調馬克思主義與中國本位的關係。

因此，我們可以說：中國本位的文化建設，這個概念，不但國民黨曾予運用，設法推展三民主義文化；共產黨也發展了這一觀念，以此來推動馬克斯主義的中國化。直到現在，仍有「發展具中國特色的社會主義」等提法。而這些文化路向的選擇，對中國社會的具體影響，那是不言可喻的。

另外，這個宣言，以許多人聯名發表宣言的方式提出文化主張。其形式亦廣被效法。五十年代唐君毅、張君勱、徐復觀在香港發表的新儒家文化宣言，乃至二〇〇四年龐樸、許嘉璐等人發表的所謂甲申北京宣言，皆仿效於此。足證其影響非同泛泛。

由於現今一般人或已不太記得這個影響重大的宣言及其引發之爭論，或已不甚理解其意義，故商務印書館的朋友特將之輯出，以備今日關心國事者參考。中國文化向何處去？昔年諸君追問的這個問題，今日仍然迫在眼前；諸君所論之方案，例如資本主義、社會主義、國家主義，抑或中國特殊道路，仍是現今在抉擇中的選項。歷史雖已過往，事況兀自新鮮，仍將叩觸吾人之思維。因是輯此一編，正不爲無益也。

杭州詩戲

2009.01.05

十二月廿七日再飛杭州，這是今年下半年第四次到杭了。原因是中華詩詞研究院將在春間舉辦「龔自珍與廿世紀詩詞」研討會，要先來籌備。會議仍假唐雲館召開。研究院楊啓宇、王翼奇、劉夢芙、魏新河、李靜鳳、高宇時與我七人參加，杭州有承辦的龔自珍紀念館館長杜琳瑛、協辦的區政府人員等。

但杭州微雨，西湖益增迷離煙致。坐樓頭看去，湖上疏柳淡山，真如天然畫稿。故迅速把事談完，下午就去柳浪聞鶯的聽鶯閣喝茶看水去了。浮生浪跡，略得一日之閒，殊覺不惡。

中華詩詞研究院乃王功權先生所創。先生商業鉅子，而酷喜倚聲，捐貲成此機構，專以發揚詩詞文化爲念。這在今日，可謂海內無兩。研究院刻正籌編近代名家詩詞別集等，設學術委員、研究員等各若干人。楊、王、劉、魏諸先生皆學術委員。今年夏間，他們集會於廬山，議邀我入學術委員會中，故此次在杭籌備辦會，我亦附驥參加。這在我，還是首度參與研究院內部事務呢！

楊啓宇、魏新河諸先生先期抵杭，我因深夜始至，次日才得相見。諸公出示先一日遊湖飲茶時所作頂真聯句，曰：「錢塘自古繁華，華髮對山青，青春作伴好還鄉，鄉音無改鬢毛衰，衰顏借酒紅，紅了櫻桃，桃花流水杳然去，去年今日此門中，中原得鹿不由人，人人盡道江南好，好雨知時節，節近重陽多風雨，雨打梨花深閉門，門前流水尚能西，西山白雪三城戍，戍鼓斷人行，行到水窮處，處處聞啼鳥，鳥鳴山更幽，幽州白日寒，寒夜客來茶當酒，酒債尋常行處有，有花燈礙月，月是故鄉明，明朝有封事，事大如天醉亦休，休將白髮唱黃雞，雞鴨成群晚來收，收拾河山奉滿朝，朝回處處典春衣，衣裳已施行略盡，盡薺麥青青，青雲羨鳥飛，飛入尋常百姓家，家家扶得醉人歸，歸客千里至，至此自僻遠，遠上寒山石徑斜，斜陽草樹，樹見幾回行人老，老去戀明時，時難年荒事業空，空山新雨後，後夜相思月滿船」。

聯句頂真，稱爲「續錦」，諸君良夜茶話，以此談諧，而居然大觀，可見對詩詞均是極熟稔的。在集句之外，別爲一戲樂。一般人無此造詣，自然也就玩不起這類文人遊戲。

次日在柳浪聞鶯喝茶，王翼奇先生說起宋人「蛙翻橫出闊，蚓死紫之長」之體，云近人作詩不乏此等，自以爲言近旨遠，而實皆蠻搭硬湊，又省略了無數意思，故語意含混夾纏，除了作者自己以外，他人絕不能知。

魏新河云此乃「興門北體」，亦舉若干例。大夥興起，又戲仿之曰：「上龔唐火茶，鶯掌里歸花，權委匡爭熱，時興魏趕麻，八裔交弔太，二走起懷哈，炒飽胡詩電，昏雷悵柳紗」。

因當晚我另與胡志毅兄等約了去靈隱天外天喝酒，故先走了，未參加聯句。次日早起，諸君爲我解釋詩意，令我笑得打跌。可是細節現在也已記不清了，大意是說：上午在唐雲藝術館開會討論如何紀念龔自珍，完了以後去紅泥火鍋店用餐，下午再去喝茶。喝茶在聽鶯閣，掌櫃甚忙，無暇管我們，但我們也喝到天黑了才回來。視線甚差，兩眼昏花。王功權創詩詞院，委託我們辦事，在匡廬開會時爭鳴很熱鬧。這次來杭州卻很匆忙，魏新河趕路，腳都痲了。八人商量明天去交廬庵弔祭厲鶚厲太鴻。王翼奇與龔鵬程有事先走。龔在喝茶時猛吃茶點及哈密瓜，去靈隱未必仍有瓜吃，應該會很懷念，龔的詩集又叫雲起樓詩，所以隱括其事曰「起懷哈」。炒飽胡詩電，是說胡馬徐晉如適有電話來論詩。昏雷悵柳紗，則是說湖霧昏茫中看雷峰塔，柳如煙紗云云。題目叫：「歲次戊子年嘉平上浣二日湖上聞鶯閣品茗，五家聯句記事，用興門北體」。諧仿以供戲謔，而題目卻故意一本正經。

詩既然作了，次日當然就得去西溪濕地弔祭厲太鴻，於是到交蘆庵、二公祠（祀厲與杭堇浦）、高莊漫遊。

王翼奇先生替交蘆庵寫過碑記，但主事者不把碑放在門首，反而立在廁所前，不知何故。高莊及蕉園詩社的事，我過去討論士默熱紅學時也曾略微述及，這裡不多說了。高莊清曠無人，修建雖具舊式而人文氣息缺焉弗存，門上對聯且有錯字，可見一斑。匆匆走觀，坐在水亭上，裹寒聽了李靜鳳唱一曲昆腔「驚夢」，我就跟諸君握別，趕去廈門了。

安溪茶旅

2009.01.05

抵廈門，續辦書法展（在鎮海路七十二號，張宏兄的宏寶齋。其詳可見宏寶齋網站）。

三十日去布展，一切安排停當後，三十一日便抽空去安溪。之所以跑這一趟，因緣是吳興元這幾年一直協助我出版書的事，《美人之美》《向古人借智慧》都是他經手交給百花文藝出版的，《文學散步》則由他自己印出。他是安溪人，安溪茶到北京來推廣時，我原擬出席茶會而不果；他找我去他安溪老家採風，安排了若干次，我也都不能成行。此番既到了廈門，選日不如撞日，立刻聯絡了廈門政府辦公室陳守舉兄，煩他派車讓我去安溪一踐夙諾。

守舉乃我老友，屢來廈門均由他招呼。亦能作舊詩。有年我與舒婷、劉登翰跟他喝酒，把他弄醉了，送回家，老伴很心疼。第二天我寫了幅對聯送他，略示補過之意，曰：

「多情懷酒伴，餘事作詩人」，他很喜歡。我最近出的一冊散文集，也用這句話做了書名，意中不免想起這類詩酒過從的歲月。我集中還有一首〈廈門口占贈陳守舉〉詩，他亦很珍視。一年我在廈門，他備了紙筆請我寫成中堂。白鷺洲飯店那天恰好冷氣維修，酷熱難當，桌子又太小，我脫了上衣，把床板翻起來，趴在床板子上揮汗寫之。回憶起來，亦成趣事。每次來廈門，他都想邀我一道去永定等處玩。我說這次不麻煩了，你公務繁忙，我自己去吧！

興元聯絡了他中學老師謝文哲先生，謝先生現已任安溪宣傳部副部長，講好了參觀事宜，遂上路。

不料由同安轉安溪，由於路標標示不清，路人報以繞行山路，竟越走越遠。山縈路繞，雲霧封之，耗了很大勁才抵達安溪。原來，安溪雖距泉州與廈門皆不遠，但地處戴雲山東南坡，群嶺連綿起伏，境內有千米以上高山百餘座，故道路難行至此。千米以上的山坡成年雲霧繚繞，正與台灣各茶山地勢相似，無怪此處亦爲茶鄉也！台灣的鐵觀音茶，也就是由此地分種出去的。

安溪的茶，當然不只是鐵觀音。鐵觀音發現並焙製成功甚晚，乃清乾隆以後的事，早期的茶，如五代時安溪首任縣令詹敦仁有〈與道人介庵遊歷佛耳，煮茶待月而歸〉詩云：「活火新烹澗底泉，與君竟日款談玄，酒須逕醉方成飲，茶不容烹卻足禪……」，又北宋宋子安《東溪試茶錄》載：「堤首七閩，山川特異，峻極回環，勢絕如甌。其陽多銀銅，其陰孕鉛鐵。厥土赤墳，厥植惟茶。……茶生其間，氣味殊美」。這些茶都不是鐵觀音，甚至也不是烏龍。

這次我到安溪，去爬了清水巖，此乃天下清水祖師廟的祖庭。當家招待我喝了一種茶，類如甜菊般，十分甘甜。據云乃清水祖師昔年發現並植栽至今的，僅幾株，每年產量三數斤，專供廟裡待客之用，移植則不活。這茶便與烏龍一系迥異，可見安溪一地，茶種十分複雜。如今主打鐵觀音這一品牌，不免獨沽一味，對茶史少了挖掘，對其他茶種之研究與開發亦少了關注，我以爲是比較可惜的。

再說，唐敦仁與同道去遊佛耳、烹茶論禪，這事更與在清水巖喝茶一樣，十分重要。茶禪一味，風氣形成於晚唐。但過去論此風氣，或推源於武夷，或溯本於山東，沒什麼人注意到安溪，安溪今亦不太發揚茶禪之風。世之論茶禪者，率皆矚目東瀛，這似乎也是可惜之事。

另外，安溪鐵觀音，這一名品之形成，應與《東溪試茶錄》所說的地理特質有關。因安溪蘊藏鐵礦，目前鋼鐵產量居全省第二。這種地質所產之茶，含鐵高，茶湯色深，有時表面甚至會泛起一層淡淡的鐵繡紋，故爾得名。

如今地方傳說，乃予以神化，或說觀音託夢給魏萌，魏氏採栽回來，種在鐵鼎之中，故名鐵觀音；或說書生王某奉呈御飲，皇帝以「其茶烏潤結實，沈重似鐵；味香形美，猶如觀音」爲由，賜名鐵觀音。凡此，皆鄉人野談，不可信據。堯陽村與松岩村各持一說，彼此爭鬨，尤可不必。這次我也去拜訪了魏萌的後人魏月德。他曾在茶王賽中奪魁，號稱茶狀元。我很喝了幾泡他的好茶。但總以爲茶狀元之稱本即不經，自來只有茶博士，並無茶狀元。茶的發明權或發現權更難考稽，談之亦無益。英國美國根本不產茶，可是人家的星巴克、立頓紅茶，暢銷行全世界，每年的營業額是安溪茶業總產值的多少倍，足證爭辯起源頗爲無謂。何況這些傳說又都不能解釋鐵觀音爲何以鐵爲名呢！今之鐵觀音，焙製時著重其香型，有清香濃香各類，可是茶湯大抵偏於金黃而非深褐，恐亦乖於古法。

雖然如此，鐵觀音畢竟仍是茶中絕品，在安溪一路喝來，齒頰留香，喉韻甘醇，感覺至美。不禁向謝先生等建議辦些活動，讓我再找些朋友來安溪玩，品茶、謁孔廟、登清水巖、遊茶都而論茗，濯安流以瀹懷。當然，還可以吃狗肉。謝先生知我要來，特地去訪了狗肉、鹿肉，佐以安溪的湖頭米粉、肉蛋湯、鴨湯豬腳、燜燉羊肉等，配上安溪白酒麴斗香，大暢余衷。食畢，再飲他一盅鐵觀音，嘿，到現在寫遊記時還懷念著哩！

三教論衡

2009.01.07

《文化符號學》大陸版，已於日前由上海世紀集團人民出版社出版了，凡四四四頁。加了個副題「中國社會的肌理與文化法則」。該書序文已在前面登過了。

北京大學出版社則剛剛推出了《儒學新思》《道教新論》《佛學新解》三冊，合稱「龔鵬程三教論衡系列」，跟稍早該社替我出的「龔鵬程文學漫步系列」三冊恰好相呼應。這個系列，我有一序，附於後，供有興趣的朋友參考：

儒、道、釋，在中國社會裡被併稱爲三教，亦爲中國社會與文化之骨幹，這是大家都曉得的事，但很少人能真正深入理解之。三教經傳浩如煙海，歷史又極複雜，理解起來也確乎不易。我因特勝因緣，得以略窺堂奧，漸乃兼通三教，而皆能得益。劉夢溪先生曾說我做學問：「於儒學能得其正，於道家能得其逸，於釋氏能得其無相無住」。這種境界當然是我所嚮往的，能否臻及，卻不敢說。但儒道釋三教既是中國社會與文化之骨幹，不知此或不汲潤於此，焉能得中國文化之精隨？因此鑽研含咀，不敢不勉。頻年積漸，成稿甚多。今承北大出版社朋友的好意，略輯一些，由艾英費心編爲「三教論衡」，凡分說儒、論道、解釋三部。

儒家之學，我童而習之。我對它感到熟悉、親切，自然是不在話下。而與一般人不同的，是我還相信孔子、喜歡孔子。

相信，不是宗教式的感情或信仰；喜歡，不是道德文化使命式的敬愛。同樣地，我對孔子和儒學的理解，也不僅是客觀知識性地掌握、考古材料的梳理，或理論認知的拼圖。我能知孔子，殆如莊周之知魚於濠上，千古遙契，莫逆於心。我的性氣與處事方式，多幻設、喜遊戲、矜才情；我的學問，雜於道、釋、文、俠之間，皆與孔子貌不相似。然而，正因不求貌襲，所以神似，此則非他人所能知也。

孔子並不容易學，也不容易像。正如儒家之不易知。我自少年時期起，借徑於康有爲、章太炎、劉師培、熊十力、馬一浮以及清代諸儒，以上窺周秦學術之大凡，著《古學微論》數十萬言，略申儒道會通之義。後治漢唐經學，撰《孔穎達周易正義研究》等，又數百萬言。更與當代新儒家諸師友摩習切磋數十載，上下其議論。積聞漸博，研練漸精，反覆思惟而後知之，足證其難。

但孔子與儒學其實也是不難懂的。童年一晤，握手成歡，那時我事實上就已經懂了。後來的積聞研練，只不過是與那些把孔子和儒學解釋得歪七扭八的各種說法、把孔子和儒學亂批一通的各類反儒言論相糾纏罷了。爲了證其誤、訂其譎、明其踳駁糾繚，而費了許多年許多工夫，回想起來，實在頗覺不值。學非所以見道，徒疲精神於辨訛，哀哉！

而這也就是吾人生於這個時代的無奈。在這個時代中，反思儒學之境況、擬測其發展，寫點東西，說明往哲時賢在儒學研究上的毛病，乃是不得已的。倘以儒家成己之學的標準來說，學貴自得，誰耐煩做這些捨己徇人的工作？而從現實上說，做這些事，那些被我指稱他們走錯了路、少讀了書的人，當然也不會領情。吾人破費工夫爲此吃力不討好之務，能說不無奈嗎？

《儒學新思》所輯，即爲此類無奈之篇什。內容大體可分兩部分，一說明歷來儒者如何走錯了路；一替研究儒學的人補習補習，告訴大家儒學還有許多豐富的內涵有待抉發、還有許多面向可供開展。

談儒家的飲饌政治學、星象政治學、曆數政治學、聖典詮釋學、性學，以及儒家與道教之關係，都屬於替大家補習的性質。民國以來，對於這些課題，學界大抵不知道、沒想過，或是在其視域中被遮蔽、被漠視了。開發這些課題出來，才有助於推展儒學之研究。否則學界講來講去，大家都以爲已經很懂儒學，儒學也講得爛熟、聽得煩膩了。可是實際上還早著呢！許多材料，研究儒學的人根本沒看過；許多論域，大家根本沒想到。故現有的一些研究成果，也是淺陋不足以語儒學之深美閎約的。

正因儒學內涵豐富，所以過去談儒學或以儒者自居的人不僅所見不廣，瞎子摸象，還有不少人誤入了歧途。本書論以儒學經世的問題、宋明儒學喪失歷史性的危機等，就是要破邪顯正，以定真詮。

除了批評古今研究儒學者的錯誤，開發一些新的論域外，居今之世而論儒學，我當然還希望指出向上一路，提出一個值得努力的方向。

這個方向，乃是企圖順著當代新儒家所說的「生命的學問」，進一步發展。將儒學建立成一種「生活的學問」。我在一九九八年出版的《生活美學》一書中，即曾揭櫫此義，本書賡續發揮，來說明生活的儒學才是這個時代的儒學實踐之路。吾人可以以此經世，亦可以此避免儒家喪失歷史性的危機。這個路向，過去幾年，除了理論上的闡明，我也與一些朋友做了不少實踐的嘗試，希望將來可以繼續做下去。

儒家以外，我又喜歡佛道，對各種宗教事務也都感興趣。蓋性喜幽奇，博涉多方，輒於此寄寓遐思也。但並不只是單純的宗教感情導引著我去接近宗教、試圖理解宗教。而是基於對中國文化的總體關懷，使得我必然要注意到儒家及儒家以外的宗教狀況。

一九七八年左右，友人林明峪作《禪機》《媽祖傳說》《台灣民間禁忌》等書，我曾參與其研究過程，對佛教和民間信仰做了些初步的探討，零零碎碎寫了點文章。其後我又花了一些氣力研究我國的宗廟制度、祖先崇拜、宗族會社等。並試圖通過天命思想去鈎勒中國小說史的嬗變、利用佛家三性說去處理宋代詩學理論及「學詩如參禪」的問題、由儒佛對抗關係上去理解唐代孔穎達所編修的《五經正義》……。

這些研究，在發表時多少均引起過一些爭議，因爲取徑略異於時賢，亦非純宗教之研究，乃是依我對文化史之研究方法和分期的整體看法來的。我的文化史研究，主要是想觀察一個文化體在時間和空間的延展中，如何與自覺的價值意識互相感應，而帶出意義的追求及處理事務時的不同取向。宗教所涉及的，正是一群人的終極信念與存在安頓之問題，由這個地方來審察其意義取向及性質，當然最爲真確。因此我較喜歡由此切入，撥開表像，直探意義之核。

一九八九年，我在台灣淡江大學中文研究所籌辦了第一屆中華民族宗教國際學術研討會，其後並襄助道教協會成立中華道教學院。這個學院，在道教界是個創舉，我即擔任其教務長、副院長，並講授「道教文獻選讀」等課。一九九〇年，我又與靈鷲山般若文教基金會合作，創辦國際佛學研究中心。這些事務，使我與宗教界有更廣泛的接觸，也更直接地進行了宗教研究。

我家世原本即與道教有些淵源。家伯父龔乾升先生，在《歷代張天師傳・序》中提到：「余與六十三代天師張恩溥真人，自韶關遇合，至浮海入台，時聆妙緒，既上書內政部以維道統，復翊創道教會以振玄風。交契苔岑，誼聯蘭譜」云云，即指其事。我幼年體弱，民間俗習，例須奉繼予僧道，因此我也就拜張真人爲義父。義父與伯父、父親交好，常來往燕談。家堂兄龔群先生，則長期在嗣漢天師府任秘書長，且辦有《道教文化》雜誌，弘傳正一法脈。道教之科儀掌故，我因熏習日久，故亦漸有所知。藉著辦道教學院的機緣，乃通讀《道藏》，並因往遊大陸之機會，參訪宮觀、檢輯資料，以與昔日所曾思慮者相印發。

我跟佛教的淵源，不如道教這般直接，但人生機緣倒也難說得很。我本來便兼做一點佛學研究，因爲研究中國文化，豈能不懂佛學？故於此亦熏習久之。文士說禪，漸且泛濫於筆端。辦了國際佛學研究中心以後，在闡述義理、整齊文獻，積極與世界佛學哲界對話方面，自然又越來越熟稔。一九九三年起，籌辦佛光大學，先設了南華管理學院，嗣後改制爲大學，乃又續辦佛光人文社會學院。替佛教奔走了十幾年，凡所倡議或創立之典章制度、觀念構想，不可勝數。對教界和佛學研究界，當然也有人入乎其內的理解。

道教學院或佛光大學，均是佛道教數千年來之新猷，我因歷史之機遇，得以出入其間，自來儒者之福報，豈有過於我者？故我之深知佛道，恐怕也勝於古今諸儒。

但正因我入乎其內出乎其外，我之理解和體會，便與教內教外都不相同。或以我爲同盟之友，或視我爲異端之邪，而我實有取於兩端而不爲其所攝也。論佛論道的文章，取名《道教新論》《佛學新解》，就表明了這種不與人同的意味。此等新論新解是否即爲正論正解，唯通人知之耳。

二〇〇八，戊子歲暮，風聲淒緊，序於燕京小西天如來藏

梁漱溟的儒學

2009.01.12

最近出版的「三教論衡系列」，其實還有點曲折的歷史可說。二〇〇四年我跟蘭州大學出版社合作，編了一套叢書。其中也有我一本《中國文人階層史論》。因合作愉快，該社擬再出我一文集。因此由古明芳替我輯編了原儒、明道、詮佛、論文、說劍五部，用以包括我學問的幾個方面，其他關涉現代政治經濟社會的部分則另覓機緣。不料，這幾部文稿後來拖了下來，不了了之。說劍，另由山東畫報社刊為《俠的精神文化史論》；論文，後來分化成了北大出版社的「文學漫步系列」；其他三本又漸漸蛻變成現在這個樣子。卻是歲月幾更，人傷老大矣！

當年這些文稿都請了些前輩寫序，如今體例既亂，遂不復用，對諸先生亦很對不起。有些文章則被出版社刪去了。今且附錄其一，略示一斑。

背離孔子的國度：梁漱溟的中國

一、新出土的中國論

一九七一年，胡秋原重印梁漱溟的《中國民族自救運動之最後覺悟》，並撰重印者序曰：「民國以來，肯對國家根本問題用心，從而提出其主張如梁漱溟者，實在不多。」「中共政權成功了，要他承認過去思想錯誤。四十年末，他寫了〈兩年來我有那些轉變〉一文，一面敷衍共黨之批判，一面婉轉地說：中共政權是外國侵略，史達林與中共利用中國之亂，不惜殺人流血，人工製造出來的；而這人工革命政權也就是以暴力壓迫農民的政權，這不是中國問題的真解決。於是中共便大作批判，說他狂妄，思想沒有真正搞通。他乃……凜然拒絕共黨之威逼。中共懷恨在心，便只有由毛某自己出面威脅了。」

胡秋原曾在梁漱溟挨批判時寫過〈我們應聲援不屈暴力的梁漱溟先生〉，對一九五三年梁氏遭毛澤東批評也深致惋念。他的態度很能代表當時海外知識界對梁氏的看法。胡秋原可代表海外思想界某一派之言論。此外較欣賞梁氏的是新儒家一派，如徐復觀稱贊梁氏是當代中國活的精神之一，唐君毅也認爲：「時代並跟不上梁先生，人家卻說梁先生跟不上時代，遂不幸成另一時代夾縫中之悲劇主角。時賢多留在現代而不復進，在這一點上，似皆不及梁先生。」（胡應漢《梁漱溟先生年譜初稿》引）新儒家中對梁氏較有批評者僅牟宗三而已。近年來論述五四新文化運動後的保守主義人物，一般也將梁氏歸入新儒家。

大陸上的看法又如何？新近出版的馬勇《梁漱溟文化理論研究》指出：當年之批評並未擴大，係因梁氏「受到來自中國共產黨高層的保護」；然而梁尚不知警惕，仍憑著他與毛的關係而對共黨之作為指三道四，才導致一九五三年的引火燒身。

被燒以後，梁氏做些什麼呢？「被迫退回書齋裡，重理舊稿，寫《人心與人生》。但由於心情不佳，時寫時輟，至一九七五年才脫稿」（一九九一年六月，上海人民出版社出版。**本段引文見該書第十一章。馬勇撰寫這本書時曾面訪梁漱溟，又是梁氏全集之編輯人，但本書完全沒有提及梁氏寫過《中國——理性之國》的事**）。因此，基本上這二十年間梁氏並無學術活動，故丁守和替馬勇之書作序，亦稱梁氏道德人格頗為世重，遭毛澤東批評後，即沈默到文革以後。

可是，梁氏在這段期間其實並不沈默，他其實在寫另一部不為世人所知的東西。這部書，凡十七萬言，名曰《中國——理性之國》。從一九六七年動筆，一九七二年寫畢。當時說明：「此稿只須保存，供內部審閱，不宜發表。」故外間不曾見過，不知《人心與人生》修改了二十年才脫稿，實在是因為中間分身去寫了這本大書也。

《中國——理性之國》從未發表過，今收入《梁漱溟全集》第四卷，一九九一年二月山東人民出版社出版。編輯者為梁培寬、梁培恕，書前題記蓋即出自二君之手。但題記謂本書完成於一九七〇年，有誤。一九七二年底梁氏仍在寫此書，且云：「多年來修正主義風靡世界矣，反修防修至今誰是屹然巍巍的中流砥柱？今日領導世界革命的重任爲何卒於獨落在中國民族身上，顧不可深長思耶？」又，梁氏在一九七二年後似仍繼續增補修訂此書，如第十四章說毛澤東：「廣大群眾離不開他，他離不開廣大群聚」，底下接之以「毛主席一生最大本領就在於除其晚年一個時期，永不脫離實際，永不脫離群眾」，這段話是插進去的，且必寫於毛澤東死後或文革結束以後。此亦可見梁氏晚年之見解未必便與此書不同，他只做了一點小修補而已，大旨仍維持舊說。

這部書，當時梁氏不願發表，蓋有自知之明。因爲這部書正是在世人歆慕其氣節、贊揚其風骨之際，向共產黨輸誠之作。其中阿頌當軸之處，著實不少。梁氏遭毛澤東尖銳批評而終能平安無事，論者詫爲異數；其實只是因爲他寫了這本既自承錯誤而又大力稱揚新中國偉大前景之書，共黨也就不爲已甚罷了。

然而，梁氏的頌詞，現今恐怕連共產黨人見了也要不自在。故其家人云：「此書動筆於文革開始後第二年。如作者所說，它是『在環境條件困難中』寫出的。也就是說，是在無法瞭解社會真相、極不適宜進行學術探討的環境下寫成的。因而，作者真誠地放棄了自己曾一貫堅持的某些觀點，對一些人所詬病的錯誤卻持肯定態度。」這是婉轉曲諒之辭。因爲事實上梁氏自己所說的環境條件困難，只是指「失去自己儲備的材料，復缺乏參考書籍」。編輯人爲尊者諱，乃不得不如此曲爲之說。

爲賢者及尊者諱，沒有什麼不對。在大陸當時的環境中，委屈苟順柄政者之意旨，有時也難以苛責。若得其情，只宜哀矜恕諒之。因此，筆者並不是要揭梁先生的瘡疤，以摧毀近代重要人格典型爲快。

反之，筆者認爲梁先生這部書其實具有特殊的學術意義，不能僅視爲梁氏屈服於政治壓力底下的自汙之言。本書固然頗有違背他一貫堅持的觀點之處，但主要是延續早年思路的開展，不唯不能遽以「誣服」目之，更應注意到此書乃瞭解梁氏從《東西文化及其哲學》、《中國民族自救運動之最後覺悟》到《人心與人生》之間思想歷程的關鍵之作。尤其本書與其《人心與人生》修訂版寫作時間重疊，故二書意趣實相發明。只因過去本書未曾面世，讀《人心與人生》者莫名所以，不免仍似其早歲見解牽附之。現在有了這本著作相與參稽，梁氏思想中許多曲折，始得豁明。是以本書實爲研究梁氏思想之重要著作，不能因它產生在一個扭曲錯謬的時代遂予忽視。

當然，純就這個意義說，價值仍是有限的。但梁漱溟是近代中國思想史上某一類型人物之代表，代表近世面臨社會文化大變遷時，中國知識分子在思想及行動上應變的一種方式。故討論梁漱溟，其意義並不僅是研究某一個人的思想而已。觀察梁氏的思想內涵與歷程，實有助於瞭解近代思想之文化的變遷。

而更重要者，厥因梁氏夙主東方文化復興論，認爲中國文化必昌大於世界，這種信念與觀點，結合了中共政權建立之現實問題以及「世界革命」之前途，才能構成他在《中國——理性之國》的理論體系。這個體系綜攝了儒家心性說和馬列毛思想，而勾勒出一種中國國情特殊論。故順其說，不僅可見「馬列思想中國化」、「建立中國特色之社會主義」等命題之模型，更涉及了儒家思想與社會主義相容性的問題。究竟外來的馬列思想能否或如何跟中國文化及社會融會、究竟中國共產黨之崛起與儒家文化是否有關，久成聚訟。梁先生的事例與著作，恰好爲這些問題提供了某些答案，故研究此書，實甚必要。

二、偉大天才毛澤東

據梁氏自述「從建國初期到一九五九年，十周年之間，我時時留心黨中央毛主席在發展工業生產和科學文化方面的領導方法，若有所會悟，先後搜集各有關資料，寫成《建國十年一切建設突飛猛進的由來》一書，特揭『人類創造力的大發揮大表現』爲其標題」（**第九章**）。可見梁氏先前還另寫了一冊頌書，而其大旨，則與本書相似。認爲中共政權建立後，整個社會飛快進步，固然得力於勞保等制度之實施，但關鍵處端在人類創造力之得以發揮。

共黨領導之所以能讓人產生如此巨大的創造力，梁氏認爲是社會主義使人發出了積極主動的精神：也是領導人依靠群眾、聽取群眾意見、實施社會主義民主所致。而更重要者，則在於「放手發動群眾進行整風運動，以人爲鬥爭對象」。他甚爲推崇延安時期進行的整頓黨風、文風、學風運動，亦頗稱道「三反」、「五反」、「雙反」及一九五七年的反右大整風。更指出應該政治掛帥、應在思想上鬥爭，謂「啓發群眾的思想覺悟，實爲其首要一著」（**均見第九章**）。

說社會主義國營企業能激發人類之創造力與積極主動精神，乃是誤信了「從集體所有制形成的集體力量」，所以才會熱烈贊揚大慶與大寨兩處樣板（**梁漱溟對社會主義集體力**

量的認識，始於一九五〇年毛澤東派他去東北老解放區參觀「馬昌小組」。這當然是個樣版，但他信以為真，遂把後來的宣傳都視為是實例佳績的總結推廣。所以本書對大慶大寨之敘述，其實都採自各式宣傳文件。如論大寨，所根據者即為《大寨精神大寨人》。見第二章）。這在今天看來，當然是極爲可笑的。而他居然推崇洗腦、思想改造與鬥爭整肅，於今視之，亦不免令人疑其是否尚有肺肝。

但梁漱溟論述的態度甚爲誠懇。他贊頌共黨發動群眾進行整風運動，也並非絲毫不顧恤人命。恰好相反，他極爲尊重「人」，強烈的人道精神瀰漫於紙上。他鄭重援引毛澤東以下幾段話：「中國人口眾多是一件極大的好事。」、「世間一切事物中人是第一可寶貴的。在共產黨領導下，只要有了人，什麼人間奇蹟也可以創造出來。」（梁氏論中國之特殊，首在地大。但說地大其實乃是說人多，第三章：「中國在空間之大，固必賅括著其人多地廣，而人自是主要的。」）梁氏依此強調人的主動性才是社會發展的主要力量，而中共政權之所以能飛躍進步，答案即在於其能發揮中國人的力量，眾志成城。這是梁漱溟對當時社會的總體理解與基本詮釋。

他認爲只有這個解釋才能說明：爲什麼在中國這樣落後的地區，竟能超越馬克斯的論斷，於資本主義尚未發達、無產階級又不夠強大之際，率先進入社會主義，「並負擔起世界革命先導的責任」（本書開卷〈著者告白四則〉明言：「此二十二章稿的內容主要是解答兩個疑問」，第一問即此。全書一至十二章則試圖對此疑問提出解釋，十三章至十五章總結其義，再轉入對第二個疑問的探討，詳後）。

換言之，梁漱溟不愧爲一思想家，此書的問題意識極爲清楚，所問者，亦爲馬克斯主義理論與實踐上出現矛盾的大問題。他敏銳地抓住了這個問題，然後運用他慣常主張的精神文明論調，植入其中，強調人心的作用、強調精神力的鉅大、強調在歷史發展中主觀努力的重要性，發展出一套「人心與人身」的新心物合一論，而著重於人心的自覺。故從理論意義說，此乃馬克斯主義之儒家化，亦爲歷史唯物主義偏重歷史發展客觀規律及經濟決定論的扭轉，是要回歸於人文精神，再立禮樂之教的根基。

但是，這套理論，落實於具體社會情境，卻是對中共標榜馬列而事實上又違反馬列理論的歷史窘狀，爲之強力辯護。

梁氏之主張，略謂社會發展史基本上是自然的演化史，但人之自覺性已在此發展中逐漸提高；到了由資本主義進入社會主義時，則爲由自然自發性的發展轉入自覺創造的階段。空想社會主義之能進而爲科學社會主義，原因亦在此（梁氏的歷史觀是把社會主義前和其後分成兩段，從原始社會到資本社會，是以人身為其發展之動力；轉入社會主義後則是以社會為本位、屬於自覺地身為心用、且以人心為發展之動力。主要論述可見第十二章〈申論社會發展規律〉）。此類偉大自覺創造精神，可由馬克斯、恩格斯、列寧、毛澤東代表之；然若泛稱，亦可指一般知識分子。社會主義無產階級革命，事實上即是知識分子之自覺創造改變了工人無產階級鬥爭的性質而得。

他借用列寧的文章，分析道：工人階級本身只能產生工聯主義之意識，故只能有自發性的無產階級革命。因此「沒有革命的理論就不可能有革命的運動」，而革命理論正是知識分子超越其個人小我、關懷貧窮階級的命運而造，發乎偉大的人心，超越了人身的局限（梁氏此書引用馬列毛之著作甚多，具有一種解經學的趣味。既借馬列毛諸「聖人」之經典以自壯，作為立論的根據，又或在解釋中形成脫離原典的意義）。

此說凸顯了心的作用，亦論證了知識分子在革命陣營中的關鍵地位，更顯出了政治覺悟和思想改造在實際革命行動中的重要性。接著他就以中共「建國史」來印證此理。

在不利共產革命的客觀環境中起來革命，乃中共革命之特徵。梁漱溟謂此乃不拘泥馬克斯主義之結果。馬克斯所構想者爲工人無產階級革命，中國則爲自覺的知識分子發動或啓迪農民的革命。此即爲一大創造。馬克斯構想爲由工人自發性鬥爭進而發展爲自覺性革命，由資本主義社會進而爲社會主義，中國則倒轉過來，先自覺並提前進入社會主義。此則爲第二大創造（梁氏認為資產階級思想是個人本位的，社會主義思想則發乎偉大的人心，見第四章）。

五四運動以來，知識青年即在革命中起著先鋒作用。但只有知識青年與農民之結合，尚不能進行無產階級革命。知識青年加農民而要形成無產階級革命，必須進行一道轉化手續。梁漱溟認爲此·手續即是經過武裝革命。透過武裝革命，可以使知識分子及農民無產階級化。因爲武裝革命戰鬥時期特殊的集體軍事共產主義供給制生活，恰好可養成集體主義「公而忘私」及「反剝削」這兩種無產階級高尚品質。知識分子領導農民進行武裝革命，當然又爲中共之一大創造。

至於武裝革命之所以能成功，是因重視人心的作用。如尊重人民，故得民心；尊重士兵，故軍心團結；強調洗腦，使人憶苦思甜，故思想大開、自覺性大爲提高。武裝革命轉爲人民戰爭，且能在逆轉中取得勝利，原因在此。此當爲另一重要創造。

革命「建國」前之創造如此，其後之創造如何呢？曰：一以貫之而已！「一貫之處何在？重視人的作用是也」、「首先在其思想革命化」。務虛先於務實，把思想工作放在經濟建設之前，政治掛帥，使群眾自覺自發，先紅後專，便是「建國」以後一切建設能迅速趕上先進國的根本因素，也是中共與蘇俄不同之處。此亦爲中共之一創造。

爲何中共能有這些創造，梁氏覺得主要是毛澤東的功績。毛氏能「把馬克斯主義的普遍真理，應用到中國革命的具體環境具體實踐中」，故不採陳獨秀式右傾的路線，主張先發達資本主義工業，待進入資本社會後再發起無產階級革命；也不採左傾的路線，以罷工暴動方式奪取中心城市，由民主革命轉入社會主義革命。而獨創一套知識分子領導農民進行武裝革命鬥爭的模式。而且在取得政權以後，仍不斷進行思想整肅，提出超英趕美的大躍進運動。

這些舉措，在共產黨內部當然仍有爭論，否則毛澤東也不必發動各種整風甚或掀起文革了。但梁漱溟完全贊成毛的路線，並推崇：「他通古達今，學問淵博，爲冠絕一世的高級知識分子」、「毛主席的事功與他的學問是分不開的。中國革命……非具有高度自覺性是不行的，非有大學問是不行的。」也就是說，中國之革命乃世界上的一特例，而此特例係毛澤東針對中國社會之特性，創造性地運用馬克斯主義的結果。所以，「中國革命成功第一因素：毛澤東」！

三、中國救社會主義

「天才過人的毛澤東」固然是中國革命成功的主因，但梁漱溟還想再引申下去，由革命家個人之偉大自覺與創造力，進而申論中華民族之偉大自覺創造。

他說，毛澤東的成功也應有其客觀的社會條件，因爲毛氏武裝革命及農村包圍城市之戰略，只有特殊的老中國社會才能提供。例如其他封建社會有身分等差制，只有中國可以「朝爲田舍郎，暮登天子堂」，士農耕讀本爲一體，於是中共革命之結合農民與知識分子遂爲理所當然之事。又如中國社會一盤散沙，只重宗族而不重視公共集團組織，也不像西方人那樣重視個人。所以中國社會的特色就在個人與社會這兩端之間的家族。依家庭或家族構成的，乃是既非個人本位亦非社會本位之倫理本位社會。這樣的社會固然尚不及社會主義高尚，但社會主義「和我固有精神初不相遠，中國容易學得來」。社會主義革命之所以能先成功於中國，遂也有了社會與文化的理由。

再者，馬克斯曾說：「宗教的批判乃是一切批判前提」，但宗教在西方不僅是封建社會的最大支柱，即資本主義社會之道德亦依傍於宗教。唯在中國不然，中國係一禮樂教化傳統深厚而宗教不發達之國，於此興起無產階級革命，不又是順理成章的事嗎？

至此，可說中國革命的成功，是毛澤東充分掌握了中國社會的特殊性而得，亦可說「今天的中國是歷史的中國之一發展」、「一旦於老中國有所認識，便恍然明白中國人今日之表現原來大有來歷」。社會主義不僅是歷史之必然，更是中國文化必然的發展。

針對這一點，梁先生一再聲明：中國社會的客觀條件使得社會主義甚易茁壯於茲，社會主義與中國固有之精神有其內在一致性。這個一致性爲何？曰社會主義出於偉大之人心，而此即孔孟所謂民胞物與之仁也；曰社會主義出自人類之理性，而中國人又最重理性而不重宗教也。

爲證成此理，梁氏先區分理性爲理智與情理兩類，謂近代西方人所長爲埋智，其學偏於自然物理；古代中國人則優於情理，偏於社會人情。這個區分在《中國文化要義》中即已提到（**但稱前者為理智，後者為理性。因說理性可含有理智、言理智則畢竟只偏於一邊**）。古代中國人理性自覺啓發得早，因此自然科學早萌芽於兩、三千年以前，先秦諸子亦普遍流露無神論乃至唯物論傾向。唯後來偏於情理人事，物理一面遂漸趨萎縮耳。

接著，梁民就詳細分析中國古代在社會人生方面的理性表現。諸如很早就有「天下」的觀念，所謂天下一家、四海兄弟，對人一視同仁，故能通達人我，推動了漢族社會的拓大。又如天下爲公的社會人生理想揭示，人不獨親其親不獨子其子，貨不必藏於己，均彷佛社會主義理想。從古人在階級問題上的開明態度，亦可印證於此，如儒家孔孟或上古聖君賢相，本身固屬統治階級，但卻能超越本身的階級私利，考慮到社會整體利益，顯露了對其人民通而不隔之心，其出發點在心而不在身。凡此，均可見中國古代不但是有理性，其理性還很發達；較諸西方，尤覺早熟。

由這些理性早啓之徵，當然也都可以發現中國文化與社會主義甚爲親近。但是，梁漱溟問道：既然如此，何以中國竟長期停滯在封建社會而不能早進於資本主義社會，再造於社會主義社會？

這個疑問，便是本書想解答的第二個主要問題。

「中國何以長期停滯於封建社會？」是馬克斯主義傳入中國後，用其歷史五階段必然發展論解釋中國史時必然出現的問題。面對這個問題，論者的反應很妙，大家皆不管這頂帽子的式樣是否太古怪，而總在討論中國這顆腦袋是否生得尺寸不對（一九三〇年開始的社會史大論戰，主要表現即是如此。一九四九年以後大陸學界仍繼續討論此一問題）。梁漱溟的答案卻較特殊，他認爲中國之所以長期停滯於封建社會，乃是中國理性太早熟的緣故。此話怎講？

梁漱溟顯然不甚同意當時學界某些見解，尤其覺得討論中國的資本主義萌芽階段無甚意義。

梁氏說：中國正因偏重社會人生的理性太發達，所以人生態度不向外而向內理會自家性命，以致耽誤了對大自然世界的征服與利用，遲滯了社會生產力的發達，故未發生產業革命。其次，中國之封建亦與歐西、日本、印度不同。例如中國沒有封建的土地所有權制度以及超經濟的強制剝削，也沒有階級身分制，士農工商可隨意轉換。故中國之封建乃一不似封建之封建，或爲一特殊形態之封建。其剝削不如一般封建社會之酷，故維持亦較其他封建社會爲久。

這樣的社會，比之西方不僅不遜，抑且過之。一般人總以未發展出資本主義爲愧，梁氏則反之，認爲從文化上看，中國本身是不能開出資本主義社會的。中國本身事實上屬於馬克斯所言歷史規律之一變例，乃長期停留於封建社會，然後便迅速跨過資本主義階段，邁向社會主義世紀。因此，梁氏云：「我們只應當從歷史具體事實尋得出其理致和規律，不應當因爲所見不廣而怪訝事情出乎某些理致規律之外。這些所謂理致規律，原不過是自己的固執欠通。」

斯言堂皇正大矣。然揆其立說之意，不過謂中國無需走發展資本主義大工業之路，可逕行提前進入社會主義「一超直入如來地」耳。

然而，這仍只是消極地說。更積極地說，則他從正面主張：只有以老中國社會文化爲根柢的中國，才最適合也最能發展社會主義！

梁氏經常說以下這類話：「世界唯獨中國有些大量非無產階級的人被改造得無產階級化，則是有老中國社會文化爲其根柢，並非一時間偶然奇遇」（十三章）、「凡以中國遲早有一天亦必將進於資本主義社會者，蓋謂中國社會生產力上已萌見資本主義經營的手工業工廠，則從社會發展的前途說，定然就將是資本主義大工業出現，而不疑其有他。實則，根據我們上來的許多闡說和指證，不難明白這些都不對」（二十二章）、「今天中國在無產階級世界革命中的重要地位，若沒有中國自身的歷史文化作基本因素，以接受應和那些外來因緣，是不可能出現的」（二十六章）。

這些言辭，觸處皆是。其意乃積極地說明中國才是社會主義最好的土壤。他認爲中國本來是世界上最先進的文化，理性早啓，較西方遠爲早熟。一般人覺得中國比不上西方，其實只是跟近兩百年突飛猛進之歐洲相較時的感覺。然因資產階級文明本身含有不合理性的元素，所以歐洲逐漸便落後於亞洲的蘇聯。蘇聯首先起而進行社會主義無產階級革命。中國本來也是學蘇聯的，可是蘇聯之土壤畢竟仍不如中國，故蘇聯漸漸便刮起修正主義之風，而中國不但始終堅穩前進，且爲社會主義之中流砥柱，爲世界革命之領導者（他說資**本主義或西方文化的特徵是侵略。中國漢族不斷拓大，「同化」他族則不是侵略；社會主義發動全球革命戰爭、中共支援第三世界國家武裝鬥爭亦不是侵略**）。

論說至此，梁氏之論旨即由「只有社會主義可以救中國」轉成「只有中國可以救社會主義」了。而此亦「中國今後對世界的貢獻」（二十六、七兩章的標題）。

梁氏曾說：「社會主義陣營即唯賴有中國爲『魯殿靈光』，世界社會主義前途寄希望於中國者甚大。」（十八章）其書正文之前又有一篇代序〈旁觀者清——記英國哲人羅素五十年前預見到我國的光明前途〉，均甚能表露這種態度。他借羅素之口，說中國人有對人生意義的正確認識，其文化實高於西方，將來更可能繼美國之後成爲世界上最強大的國家。更借菲律賓某專欄作家之口，說：「在中國你會看到一個偉大的社會正在建設，中國正向人的內心深處進軍。中華人民共和國萬歲！」

如此情溢乎辭，或非矯飾。因爲梁氏在第一章中即明言：「今日的中國，其前途將可能先於世界上任何一個國家而進入共產主義的社會」、「中國將會對於世界未來文化起著先導作用。」至於如何先導，他更提示領導世界革命的路向。謂只有中國才能認識到馬克斯無產階級世界革命之意義，並全力支持世界各地的革命鬥爭，故事實上已成爲當前世界革命的領導核心力量。

四、為權勢者辯護

提前進入共產社會、向外輸出革命、支持第三世界國家進行無產階級革命，這些中國對世界的先導作爲，現在已經被中共官方正式宣佈爲錯誤，並承諾放棄此類路向了。所謂中國不該不能也不必發展資本主義工業之預言，似乎也被目前大陸社會主義市場經濟走向、大膽吸收外資之趨勢等所強力推翻。至於梁先生堅信社會主義的集體化，既可代表人類大公無私的高貴情操，也能激發驚人的創造力、生產力云云，更是禁不起事實檢驗的大笑話了。

當然我們不能以一種勢利的觀點，認爲某一學說不符其後之社會現勢，其學說即無價值。因爲「理」與「勢」本來就未必吻合，而且如果從勢利的角度來看，一切講道德、原則、超越的理論，都不如講權力操作、現實利害的學說那樣能夠落實於世界。所以一項理論預斷落空了，不見得這個理論就無價值。

然則，爲什麼我們要舉出梁先生的論述及預測多半已被他所熱烈稱頌的中國共產黨在事實面上否定了呢？此非以勢定理。恰恰相反，我們正欲藉此指出：梁氏的論說，根本就是以勢定理的。只因爲中共暴起而竟然成功了，梁氏便因其成功而肯定了它革命的形態、革命路線的選擇、革命鬥爭的手段；並進而證成其合理化。這時，他所說的「理」本身就是依附的。一旦理所附之勢不能繼續成功或有所變動，理即不復成理。

猶如台灣在宣佈解除戒嚴前夕，很多學者撰文指出不解嚴或不進行國會改選是合理的。這些論者在政府宣佈解嚴後，又常撰文贊揚解嚴代表了台灣的民主化。這兩種說辭，事實上均屬於現實權勢的趨附現象，不具實質理論意義。造爲此類說辭者，一般也都視之爲替政權擦胭脂抹粉的趨炎附勢之徒。

對於梁先生，或許我們不必這樣看。但我們總不要忘記，替現實找理由去美化它，現實的歷史發展往往卻會反摑這個理由一耳光。據勢言理，且進而以勢定理，畢竟是不可取的。

正因梁氏係以勢定理，故梁先生事實上亦未針對共黨內部如毛澤東以外，陳獨秀等人的路線，乃至國民黨的政策，平情衡較它們的是非優劣。中國在抗戰勝利解除不平等條約之後，爲何不能發展資本主義，進行社會建設，而必須進行無產階級革命？且又爲何必須進行以非無產階級爲主導的無產階級革命？這些具體的問題，梁氏從未追問。他只是反覆說：毛澤東成功了，故毛澤東鼓動農民進行武裝鬥爭，並強調思想改造的策略是偉大的。但它何能那麼偉大呢？梁先生的回答更是近乎開玩笑，他說：因爲毛澤東偉大。而且因爲毛澤東偉大，所以中國人偉大、中國文化偉大。

梁氏居然自信這個答案足以解釋兩大疑問（**即前文談到的：一、中國何以長期停滯於封建社會？二、何以在無產階級薄弱且資產階級不發達的中國發起無產階級革命？**），而未注意到他的思考模式竟是如此粗糙，實在令人感覺奇怪。

從其行文語氣來觀察，梁氏對毛澤東和新政權的歌頌，都不像是反諷。由其理論結構言之，則尤不可能是反諷。因毛澤東的偉大及中共之成功，係與中國文化具特殊優越性相關聯的。倘若我們將其歌頌毛某之語視爲反諷或違心之論，也必須將他對中國文化的認識同時看成是虛言或反諷。何況他的家人亦已明言當時梁氏是「真誠地放棄了自己曾一貫堅持的某些觀點」。因比，我們相信梁氏寫作的態度是認真的，說那些近乎幼稚的話也不是故意開玩笑，更沒有反諷的意思。既然如是，這位著名的思想家何以竟昏瞶至此？

這不免令我想起關於拿破崙的一段故事。

拿破崙剛嶄露頭角時，法國的知識與政治生活之領導者，主要是一批在國家科學院工作的思想家們。他們不僅在學術上領導文化進程，也在政府各委員會中擁有發言權，通過《哲學、文學與政治學旬刊》等雜誌，廣泛發揮其影響。年輕的拿破崙明白他必須借助於此輩思想家，故對之大獻殷勤。雙方的關係進展極快。拿破崙投書科學院，贊揚其人員之愛國熱誠；科學院的思想家參加迎接拿破崙戰勝返國的歡迎隊伍。拿破崙與此等思想家交往頻繁的結果，終於使他在一七九七年十二月被選入科學院，成爲科學總院的成員。在遠征埃及以前，他就出席過所有科學院的重要會議。因此他出征時，雖跨坐雕鞍，卻已儼然爲一思想家矣。此時知識分子當然也把他看成是他們之中的一員，他也常自稱爲「總司令、科學院成員波拿巴」，以此自炫，且以此爲象徵。這就更讓思想家們相信這就是他們夢寐以求的權力與智慧之結合。

拿破崙顯然也明白這一點，所以他的軍營隨從中就邀有思想家參加，並在開羅創建了科學院及《埃及旬刊》，將法國思想文化輸向這個新的世界，帶動埃及的「進步」與「啓蒙」。

這些舉動更令思想家們期待他成爲未來的哲學家國王了。所以他返回巴黎時，所有的科學家、哲學家和詩人都相信這位年輕的將軍會幫他們建立夢想已久的啓蒙的民主國；通過拿破崙，文化界的理性力量也將控制國家的施政走向。他們支持拿破崙一七九九年的軍事政變，事實上正是在支持一個屬於他們自己的新時代來臨。

他們幫拿破崙起草了既不民主又不自由的「八年憲法」，並使新憲法之下的立法機關幾乎容納了各式思想家成員，占據元老院、國務會議、保民院等各路要津。

可是他們萬萬沒有料到，思想家們藉新憲法建立起來的精密政治機構體系，很快就變成了獨裁的工具；元老院等只能扮演被動的或裝飾品的角色。那位原先號稱爲思想家陣營中之一員的拿破崙，雖與思想家們有深厚舊誼，但對這些擁有個人思想及生活體系的人，其實非常厭恨。已經穩固的政權，更不再需要知識分子的合理化言辭替它擦胭脂抹粉了，所以整肅運動便相繼展開。一八〇三年，拿破崙解散了科學院的主體：負責道德政治科學研究的第二分院，又廢除了中心學校，《旬刊》也已停辦。拿破崙這個時候所需要的，顯然不是放言高論的思想家或自由的公民，而是帝國的臣民。他甚至公然說：「有十二或十五個玄學家像害蟲一樣環繞著我，應當把他們扔進水塘」，又稱這些思想家爲「一幫蠢貨。他們從內心深處要求出版和言論自由，並相信輿論萬能」（詳見劉易士・柯塞（Lweis Coser）《理念的人》第十五章第一節。郭方等譯，台北：桂冠圖書公司，一九九二）。

這種「拿破崙現象」，歷史上所在多有。毛澤東與知識分子的關係，亦不妨視爲其中之一例。

毛澤東能創作詩詞，曾任職北大，在農村打遊擊時亦輒覺秦皇漢武遜彼一段文采。「農村革命的知識分子」，正是毛澤東用以自炫且引為象徵的頭銜。他的革命事業也得到知識分子熱情地支持，不少人更把他視爲哲學家國王的理想典型。因爲毛氏的革命並非只是武裝暴動，它有一套歷史觀、方法論，而且以思想作爲革命的行動綱領。這些都很能符合知識分子的脾胃，符合知識分子理想中改造社會的行動原則。毛的文采，當然也能使知識分子安心乃至熱情地接納他，視爲知識分子中的一員，一如法國科學院把拿破崙收納爲其成員。而毛氏或拿破崙那種知識分子所缺乏的武人驃鷙、決斷、悍橫之氣質，對知識分子更具誘惑力。只能是「觀念人」的知識分子，一方面慶幸他們的理想終於有了「行動人」來予落實；一方面又自慚本身缺乏此種行動力，缺乏農民武夫這種原始生命的氣力。這種心理狀況，使得知識分子願意衷心擁戴毛澤東或拿破崙；甚至也願接受改造，以欠缺農民武夫之原始生命力和原始生活經驗爲恥。

梁漱溟對毛澤東的贊頌，放在這個脈絡中，是完全可以理解的。梁氏將毛澤東的功績許之爲「理性」，更與法國思想家們從啓蒙與理性的角度去期許拿破崙相似。但是，拿破崙成功以後，法國科學院的思想家們，便與拿破崙分道揚鑣了，哲人王的美夢亦隨之破滅。中國近代知識分子，在毛澤東發動整肅運動，積極改造知識分子之後，大多也有驚悔之意或乾脆噤口不言，以苟全性命於亂世。梁漱溟卻不同。

在毛澤東尚未成功之前，他對毛、對共產的理念均持保留懷疑之態度。民國二十一年出版的《中國民族自救運動之最後覺悟》中更明白說：「政治上第二個走不通的路：俄國共產黨發明的路；經濟上第二個走不通的路：俄國共產黨要走的路。」認為它與中國民族精神不合，說中國因早熟、因具特殊性，故不適合俄共那一套（詳該書第四章。該書第二章對中國文化優越性的分析，事實上也與《中國——理性之國》並沒什麼不同）。結果，在毛共成功之後，他卻為其成功以及因成功而有之威勢所震懾，轉而謳頌之。從前中國不適合共產黨道路的原因，一轉而竟成為中國最適合共黨發展之原因。此非「因勢定理」而何？

朱熹曾批評永嘉講事功之學的儒者：「以成敗論是非，但取其獲禽之多而不羞其詭遇之不出於正。」（〈與陳同甫第六書〉）朱熹對永嘉事功之學的批評，最能體現儒學內部對此危機的警覺。陳同甫、呂祖謙等人其實都不是以勢定理的英雄主義者，朱熹卻一再對其學術傾向表示憂慮，甚至直指陳同甫是「坐在利欲膠漆盆中」。此固屬誤解，但何以朱熹對這一點如此在意？豈不是因儒學可能異化的危機即在於此嗎？陳同甫的主張，詳龔鵬程〈北朝最後的儒者：王通〉，《幼獅學誌》二十卷二期。朱熹對「英雄主義」及「凡成功必有其理的事功之學」的批評，請參考勞思光《中國哲學史》第三卷第四章〈朱熹之敵論〉二；牟宗三《政道與治道》第十章。特別是牟宗三之書及其《歷史哲學》，由劉邦之類英雄天才人物論起，貞定其理據位置而批判英雄主義者，實代表梁漱溟之後的新儒家對此問題已有遠勝於梁漱溟的處理（雖然他亦誤解了陳同甫）。梁氏的「因勢定理」不只是不羞英雄們的詭遇而已，更是就其詭遇而說其詭遇就是正理。對毛澤東整肅知識分子，豈止無氣類之感，實從而贊美之矣，曰此乃人類偉大的自覺創造、曰此乃儒家重心性之傳統矣！

這似乎不能僅以道德之墮落責之。梁氏在論此「理」時，或亦自以爲是正義的。是在替真理辨明。而且他的作爲事實上正是儒家講經濟事功之學的某種可能發展。因爲注重實踐，強調文化理想要落實於人倫日用，謂儒者事業必可見諸實際，而又未注意到理與勢的關係與分際時，此類儒者即可能成爲政權的化妝師、當世路上溷跡而有成的英雄們之啦啦隊。梁漱溟是以講儒學知名的人，然其儒學實僅屬於這一類而已。

五、對權威的迷戀

梁漱溟對傳統的態度，可能也是促使他如此稱道毛澤東及其政權的原因。據愛德華·希爾斯（Edward Shils）《論傳統》一書之分析，一個社會中的實質性傳統之所以能長期受到人們的敬重和依戀，並對人的行爲具強大之道德規範作用，係因傳統本身使具有一種神聖的「奇里斯瑪」（Charisma）特質。所謂奇里斯瑪，原指蒙受神恩而得之天賦。馬克斯·韋伯曾借用這個字來說明其有奇特魅力的領袖人物之超凡精神特質。這些神聖奇魅人物，包括了先知、巫師、立法者、群眾領袖等，他們都擁有異於常人的個人氣質稟賦，能長期吸引其徒眾。此種特質，當然不只表現在個別人物身上，也表現在事物上，故奇里斯瑪同時也可以指那些與一般日常生活或世俗生活事物相對立之神聖性事物，如皇家血統、貴族世系等。這些事物，一般稱爲常規化或制度化的奇里斯瑪。

這超凡的或神聖的奇里斯瑪特質，古人相信是出於神授，乃上天特殊的眷顧。但從社會學的角度看，奇里斯瑪其實也是社會賦予的，是由於社會中的追隨者都相信他們的權威人物具有神授能力，所以奇里斯瑪人物才會具有一呼百諾的神聖感召力。皇室血統和貴族世系之能成爲社會遵奉的制度，亦是如此。社會上各種行動模式、角色、制度、象徵符號、思想觀念、客觀物事，只要人們相信它們與「終極的」、「決定秩序的」超凡力量相關聯，這種事物便具有令人敬畏、使人依從的神聖奇里斯瑪特質。換言之，在社會中行之有年的道德倫理、法律、規範、制度、象徵符號，往往都帶有與超凡力量有關的奇里斯瑪特質。反過來說，傳統之所以能對人們具有規範作用和道德感召力，乃是傳統被人賦予了神聖或超凡的特質。所以凡是傳統，一般都有一套神話和儀式，以喚起或激發信奉者的敬畏之情。例如紀念碑、經典、禮儀、傳統創始人之神聖事蹟等，均具有這種功能。亦唯有如此，人們才會爲傳統的倫理規範、制度、法律、象徵符號而獻身，堅決捍衛之。一旦傳統的倫理規範等喪失了它的奇里斯瑪特質之後，傳統雖然可能還存在，但其規範力和感召力卻消失了。此時社會中一部分人會另尋奇里斯瑪事物作爲奉守之對象，可是大部分人會感到無所適從，因爲整個社會行爲喪失了共同的規範和道德理想，處於失範（anormie）的狀態。

傳統的奇里斯瑪特質之所以消逝，有外部的社會變遷因素，也有其內部因素。而其中之一種狀況，即是遭到新的具奇里斯瑪人格特質者以革命的方式轉變之。此類革命人物擁有高度的個人化神聖體驗及英雄氣質，他們爲了體現先知般的行動，必然表現超世俗規範、排除外在秩序之態度，以革命的方式轉變既存的社會價值觀，破除所有傳統的與理性的規範，創建出新的傳統。而這種新傳統，事實上亦爲一奇里斯瑪統治，法規與其個人特質完全結合爲一。

由這個原理來看，毛澤東的意識型態統治之具奇里斯瑪特質，實甚明顯。毛澤東強烈的個人特質，以及運用思想運動指導革命之行爲，塑造了神聖化的氣氛，使得革命和毛澤東個人緊密結合爲一體。革命的神聖必要性和對毛澤東的個人崇拜是完全分不開的。毛澤東之發動「破四舊」、「文化大革命」，強烈反傳統，賦傳統以「封建主義」之惡名，亦屬奇里斯瑪人物轉變既存傳統之例（詳韋玉莉《意識型態的迷失者：毛澤東——一九六六年文化大革命起因之研究》第二章第四節〈毛澤東思想與中國傳統文化之衝突〉，台北：蒲公英出版社，一九九三。唯韋氏亦指出大陸學界較不認為文革是起於毛澤東與傳統的劇烈衝突。大陸對文革起因之解釋為何不著重於此？我認為這本來就是大陸社會長期反傳統以致無法體認此一衝突現象的緣故。大陸學界多主張中國傳統文化中之消極因素〔封建主義〕與中共集權體制結合，才是文革之主要起因。或許是吧。但文革本身難道不是以破除傳統為職志的新文化運動嗎？）。

對於仍信守傳統社會規範及道德倫理的人們來說，毛澤東的反傳統破四舊，不僅使他們處在「失範」的痛苦中，更常使他們有著傳統淪喪的悲憤（在梁氏之前的王國維以及梁的父親梁巨川，都是因目擊傳統淪喪，而感喪失生存意義故自殺的。陳寅恪、林毓生有傳文論其事。梁氏同時之人物，類此者當然更多。梁氏被稱為「中國最後一位儒者」，正為此故。本節所引梁氏言論，均見《中國民族自救運動之最後覺悟》）。大環境趨向塑造新奇里斯瑪氣氛的統治形態下，一部分人仍盡力在心中默默信守那些原有傳統的價值與規範。

梁漱溟原本即是擁護傳統價值的代表人物，他曾一再申言：「我們的精神實超邁於西方」、「近代的西洋文化實是人類的一幕怪劇。這幕劇不免野氣得很、粗惡得很。」、「西洋文化有其特異的虎狼吞噬性」、「中國文化者，蓋人類文化之早熟」、「所謂共產黨其物者，從其所以解決政治問題社會問題的方向來看，則誠然一變於歐洲之故；而從其所由出發的人生態度來看，則正是從來西洋人根本精神赤裸裸地表現、最徹底地發揮。」

而他所說的中國文化，實即指孔子的倫理道德教化——另一位早期具奇里斯瑪特質的聖賢先知所創造的傳統。在五四新文化運動劇烈衝擊中國之後，梁氏仍能如此堅守其信念，仍能如此恪認傳統之價值，正是他所以令人尊敬的地方。周陽山〈論中國大陸知識分子的悲劇命運——從梁漱溟事件談起〉謂梁氏從不昧著良心向政權機器低頭，即使在無法抗爭時也表現著「無言的抗議」。見《聯合報》，一九七九年青年節特刊，收入次年時報公司出版《知識分子與中國》。這篇文章是當時海外對梁氏言行之典型論述，賞其風骨。依此種思路，我們縱使看到梁氏這類稱道中共政權的言論，也會傾向於替梁氏開脫，希望那只是梁氏在政權的強大壓力下不得不然。

可是，爲什麼在政權肆意摧破傳統、踐踏傳統之際，梁氏卻無一言？爲什麼在政權對不肯認同新傳統之知識分子進行思想改造與整肅時，梁氏卻大爲稱道其逆行？

梁氏曰：「毛主席又說：知識分子必須思想改造」、「人之革命也，首先在其思想革命化」（第九章）、「知識分子則更加有主觀主義、幻想空想、意見分歧、急躁、動搖、輕舉妄動，時而驕傲自大、時而消極悲觀等毛病。凡此必須自覺改造，改造得無產階級化才行。」（第七章）這類言談，均不能視爲對政權壓力的敷衍。一位堅信傳統之價値者，忽然有此態度，唯一可能的解釋，就在於他信持傳統的態度。

何以如此說呢？如前所述，傳統之爲人所信持，往往是因爲社會中人相信傳統具有終極的、超凡的決定秩序之力量，故値得依從敬畏。也因這種態度，才使傳統奇里斯瑪化。任何事物，都可以用這種態度去看待它，使之具有奇里斯瑪之特質。但知識分子之所以爲知識分子，就是因爲他們縱使本身信持某種道德倫理規範傳統，仍能以理性化、客觀化、知識化的方式，去辨明此一傳統有其足以成立的理據，不全依人們之賦予奇里斯瑪性格。舉例言之，某村落信奉石頭，某村落信佛陀，從奇里斯瑪的角度說，二者實無甚差別；但由信石頭與信佛陀所開展之理據上說，則二者頗有優劣。知識分子固宜言其理而非只一意堅人之信也。梁漱溟之論傳統則反是。

他說中國文化兩大特色，一在長期停滯不變，二在無宗教。對這兩點，他固然有各種解釋，但以長期停滯描述傳統，基本上是將傳統絕對化，消除了傳統的歷史性，忽略傳統之變異遷衍及內部包含的異質衝突。在這個傳統中的中國「不需要宗教」，則是因爲已經有了孔子之教化禮俗足以安慰勗勉人生，「孔子的教化，實與世界其他偉大宗教同樣的對於人生具有等量的安慰勗勉作用」（這時他所說的宗教，係以基督教、佛教為模型。也就是說，只承認某種特殊形態的宗教是宗教，其他均屬於類似宗教或具有宗教功能之物。而這種宗教的基本性質，他又界定為「獨斷、迷信、出家」。如此論宗教，可謂完全缺乏宗教學的知識意義）。

也就是說，梁漱溟所理解的中國，乃是一個單純的以儒家教化爲宗教之超穩定社會（唯曰尚未將孔子之教化予以國家制度團體組織化，或說孔子的教化因不獨斷、迷信及出世，故可不稱為「宗教」）。他反覆告訴國人者，亦唯曰此一特殊文化形態，係人類理性早熟之徵，不可菲薄而已。對孔子教化的具體內容，全未深入探討（梁氏從一九二〇年講《東西文化及其哲學》起，即將人類文化分成三種類型。但終其一生，除反覆陳述中國自有其形態，印度及西洋之類型不可從之外，殊少討論文化的具體內容。故牟宗三曾「可惜梁先生並未能再循其體悟所開之門，再繼續前進，盡精微而致廣大」。但梁先生之不能深入討論中國文化，真正的原因，實非牟氏所以為的：「很快地即轉而為他的鄉村建設事業，生命已降落而局限於一件特殊事件中。」〔見牟氏《生命的學問・現時中國之宗教趨勢》〕）這不但是以「文化形態說」獨斷地界定文化優劣；而且在論述形式上，也只進行了意識型態宣傳，亦即奇里斯瑪化。他所認爲的中國文化，事實上更只指涉了傳統倫理道德教化的奇里斯瑪功能面（或亦可說宗教功能面）。

此不言其理而但使人信之路也。梁氏之書雖「較缺乏知識價值」（說梁氏之書無知識價值，只有歷史意義，見陳弱水〈梁漱溟與《東西文化及其哲學》〉，收入一九八〇年時報公司出版《新代中國思想人物論——保守主義》），但在傳統失範之際，卻甚能呼喚鼓舞國人對中國文化的感情與信心，也就是這個緣故。

然則，梁氏對傳統之認識既迷戀於奇里斯瑪特質，他對毛澤東這樣擁有奇里斯瑪氣質之人物，會逐漸傾心，進而贊揚，便不足爲奇了。

梁氏對共產黨之路向，原本是不贊成的。他在《中國民族自救運動之最後覺悟》第四章對共黨的批評，可說是梁氏論理能力最高的發揮。他指出：一、中國缺乏工業化，故亦無無產階級可爲無產階級革命之依憑。二、如以農民爲革命主力或搞聯合戰線，便非共產革命，只是摹擬借用而行兵陣攻取之實而已。三、中國之農民性，亦永遠不可能成爲革命之主力。假若不管何種階級，只以覺悟分子爲革命力量，那又成了唯心論。因此他斷言那是條走不通的路。不料毛澤東竟然成功了，而且對革命完全不利的這些理由，竟也是毛澤東的政策路線。這從理上是根本無從解釋的，要說，便只能說是天意，或歸功於毛某的創造性天才。

梁氏原先可能也未必就認同毛澤東，但已逐漸體認到這一位奇里斯瑪權威人物正以其獨特之魅力與意志在改造整個中國。他或也想與之相抗，但被其權威壓倒後，對其權威當有更強烈的感受。在這種劇烈震盪下，強烈的毛澤東奇里斯瑪特質乃逐漸攫懾了他。這種情況，正如王艮見陽明論難而屈之後，即避席相從，改稱弟子。此雖係服膺其理使然，然生命氣質近於奇里斯瑪特質者才有此種表現。王艮所開之泰州學派，後乃流爲宗教，亦是此故（王艮與梁漱溟之間關係非比尋常，梁氏之學事實上也應看成是泰州學派在現代的發展。另參見朱義綠《梁漱溟與泰州學派》，收入一九九一年中國社會科學出版社《現代新儒學研究論集》，方克立、李錦全主編）。何況梁氏原本對文化之奇里斯瑪特質即特有感會，於是他對毛氏權威的認同又在內部本質上接合起來，毛澤東不但成爲創造性使用馬克斯學說、化不可能爲可能的天才，也是使「古中國文化可因未來的社會主義（共產）社會而得復興」的人物。

六、馬克斯中國化？

只從宗教功能面來掌握儒家倫理教化的梁漱溟，處在當時大陸強烈毛澤東崇拜及意識型態迷信的宗教氣氛中，有此表現，恐怕也是非常自然的事。但梁氏是一生以聖賢自期的儒者，也曾被目為中國文化「擇善固執，守死善道」的象徵。卻因對傳統認識不清，馴致以勢定理，為中共壓迫知識分子靈魂的政策擁篲前驅，實在令人唏噓。

他的理論，本身乃是馬克斯主義儒家化的一種類型，其中二者之接合點則在於毛澤東。因此我們也可以說這是他深切體認到毛澤東奇異人格魅力對中國造成巨大影響之後，想融貫舊說，為中國問題再做一番解釋的努力。這樣的努力，雖然其理論在結構上必須依附於毛澤東崇拜，但待毛澤東崇拜消褪後，其論點卻仍可依其本身即為馬克斯主義的中國化而存在。目前大陸官方論述中充斥著的「中國特色論」、「唯有中國可以救社會主義論」、「民族傳統論」等，無一不可在梁氏這本書中見其雛形。

只不過，從理論上說，此種馬克斯主義的中國化並不當理。

因為梁氏基本上是把「心物合一」的原則套進中共革命史裡去講，並藉此突出心的優越性。於是知識分子結合農民便是心身合一，洗腦與思想改造是心身合一，提前進入社會主義是心身合一，進行人民戰爭也是心身合一，政治掛帥更是心身合一，而且都是人心之自覺。這在理論上是極端混淆的。

儒家（尤其是陽明一系）所說的心物合一，乃是內在的同一性原則，謂不管從存有論或認識論的角度說，心與物都應是同一的。心外無物、良知為造化之精靈云云，均是依此而說，並非謂外在世界皆為我心之變現，亦不能說這是人心與外在事物相結合。更不能就「人的頭腦心思活動起始於對物的利用」而言。

因此梁氏所談的，只涉及心與物相待關係之處理。此在中國哲學中主要是「心是否為物所役」的問題，亦即強調心的主體性作用，謂心應用物而勿執著於物。梁氏大抵即順著這個思路，反覆申言心的主體作用。但對於如何不執著於物、不為物役，卻採用馬克斯的講法，云須廢除私有制。

用馬說原本亦無所謂，然而荒謬的是第十三章又說：「私有制發生後，人卻轉而為物所顛倒支配。要恢復人對物的主宰地位，必須廢除私有制（按：請注意這句話的下文），而把物統置於整個社會掌握之下。此即以共產社會為旨歸的社會主義革命了。」

這時，與心相對之物，並非一般之物，僅指「一切生產手段及其有關條件」；而且並非以心統物，而是把物「置於整個社會掌握之下」。這句話原稿上加了圈，可見是梁氏甚為著意之語。然而據此語，便成了這樣的論式：人的主體性喪失，是因私有制之發生，故人被金錢財產等所支配；唯有廢除私有制，把金錢等物交給社會，才能恢復人對物的主宰地位。此完全溢離了儒學乃至中國哲學，事實上是儒學的馬列化。而更要命者，則在於其所言之「心」、「物」皆已非中國哲學所指之範疇，人的主體性亦已轉為社會主體性。只有社會才有主體性，人的主體性是在社會主體中才能獲得保證的，故說：「人類社會將從個人本位轉入社會本位，自無可疑。」這其實已構成了人心主體性的消解。依此而言心之自覺，豈不謬哉？

於是可知，梁氏論心物，全是從外在論，不涉及存有論和認識論的層次，只是指具體的人和事物間的關係，是社會學式的。而此關係，勉強只能說梁氏強調的是一種人能以思想運用外在客觀事物之關係，與心之主體性無關。

故知識分子加上農民，這種人群組合關係，他即認爲是心與身的結合，因爲知識分子能用思想推動農民進行革命。贊成政治掛帥，也是著重在以思想指導建設，改造客觀世界。這些「心」，雖賜以心之名，稱其爲自覺，實僅泛稱思想而已。與儒者所指具有的超越意義的心無關，也與道德主體無關。因此，他所說的「自覺」也根本不是自覺。第十五章說得好：「中國的農民和知識分子卻散漫成性，非假借外力無以助成其自覺的改造。」改造若出乎自覺，何勞外力？既用外力，豈復仍爲自覺？請注意，梁氏說過：「何謂心？心非一物也。其義則主宰之義也。主謂主動，宰謂宰制。對物而言曰宰制，從身體言之則曰主動。」（《人心與人生》頁一六一）主動能覺，故名爲心。現在卻說非借外力不能有此覺悟，可知此心實已非心，自覺亦非自覺矣。

梁先生在這些地方概念混亂、論旨夾纏，東拉西扯，實在有損其思想家之令譽，對儒家心性論之大根大本尤其無所掌握。爲什麼會如此呢？我認爲非他思想能力退化之故，乃是因他吸收了毛澤東思想使然。

唯物論的傳統，向來反對把心或絕對精神說成是萬物的創造動力，故云唯物。但馬克斯覺得只如此講會忽略實踐活動的意義，因此說無論認識或改造社會都需要有主體即人的存在，唯此主體並非自然的、抽象的人，而是發於一定社會中的人，具社會實踐意義的人。故據馬克斯，主體即指有意識、有實踐能力、並從事實踐和認識活動的現實的人。依此，亦可區分人的能動性和動物本能的本質不同，謂：「動物僅僅利用外部自然界，單純地以自己的存在來使自然界改變；而入則通過他所作出的改變來使自然界爲自己的目的服務，來支配自然界。」毛澤東發揮此義，遂有這樣的講法：「思想等等是主觀的東西，做或行動是主觀見之於客觀的東西，都是人類特殊能動性。這種能動性，我們名之曰『自覺的能動性』，是人之所以區別於物的特點。」又說：「一切根據和符合於客觀事實的思想是正確的思想，一切根據於正確思想的做或行動是正確的行動。我們必須發揚這樣的思想和行動，必須發揚這種自覺的能動性。」（**《論持久戰》**）。

這就是梁漱溟論自覺與主體的出典。試看：「爲要避免失敗，必須是認識第一，努力第二。說認識客觀形勢第一者，即是唯物主義。但這只是一方面，認清客觀形勢只不過是努力行動的前提。還有另一面，還要充分發揮主觀的能動性，運用那些客觀條件。」（**第五章**）此與毛澤東語何其肖似！可見梁氏不但認爲「知識分子在革命鬥爭上代表自覺性，起著頭腦心思作用。毛主席在這裡真可算勝任愉快了」；也從思想內涵上接受了毛澤東的說法，強調主觀能動性在歷史實踐過程中的作用。並利用「人的自覺能動性」和「動物之自然狀態」這個區分，來講歷史發展的自發與自覺、講知識分子與農民的結合。

梁氏當然有權利吸收運用毛澤東思想。但爲什麼只准毛澤東其人有如此高度自覺，其他知識分子卻必須靠外力才能自覺呢？梁氏並未考慮這一問題，又籠統地把唯物論者的「主觀能動性」跟儒家之「心」混爲一談，把「政治是靈魂」、「重視人的思想轉變」、「紅是根本，紅可生專，而且定能生出專來」等，全部用「人心與人身」的架構一一鑲合，而謂其爲以心領導行動。實在是無往而不見其錯亂。

但梁氏之所以會想要把「自覺能動性」和儒家「自覺心」結合在一塊兒講，仍然是值得注意的。余英時曾指出：中國的知識分子如此容易被馬克斯主義所吸引，其中可能的線索之一，便是：中國傳統思想所表現的形態**（非內涵）**與馬克斯主義很類似。馬克斯主義的任務不是解釋世界卻是改變世界，這與中國哲學的基調恰好一拍即合。所以中國人很快就接受了**（〈傳統文化與現代政治〉。收入《文化論評與中國情懷》，台北：允晨文化公司，一九九八）**。梁漱溟的情況，甚能說明此理。

站在中國傳統儒學強調心的作用之立場，馬克斯下層建築決定上層建築以及歷史必然定命的決定論傾向，梁氏是不能接受的。不論他如何崇拜毛澤東、如何受到政治壓力，這一部分他殊少妥協。但馬克斯改造世界的理論形態和毛澤東改造中國社會、改造人的事實，卻對他產生了極大的誘惑。使他想到馬克斯所言人之主體自覺、毛澤東所言之自覺能動性，適與儒者言心之創造性主體意義相似，所以進而藉由對毛氏改造世界之事蹟的詮釋，來闡述心的自覺能動性之重要。可惜，他忽略了「就具體內容講，中國傳統思想與馬克斯主義之間可說毫無共同之處」，梁氏的問題恰好就出在這裡**（余先生此一辨明極為切要，大陸上談此問題則往往弄顛倒了。如張慧彬〈中國傳統文化人文精神的特點〉云：**

「由於馬克斯主義體系中的共產主義社會的理想目標、階級鬥爭的社會操作方式、集體主義的思想原則、辯證的思想方法等，與中華民族的文化心理相契合，所以很容易被我們接受了。」〔《新華文摘》，十二期，一九八七〕此不僅否認中國有人道主義傳統，對中國傳統人性論毫無認識，更錯誤地從內容上講儒家與馬克斯主義的同構效應，甚不恰當）。

七、儒者的經世與異化

傳統儒學，從不要求學者安於書齋之中，窮時固然只能獨善成己，理想的目標卻總在兼善天下。這種理想及學術要求，放在近代中國的現實社會中，更具意義。如梁漱溟者，近代知識分子秉持傳統儒家理想而欲經世濟民之一例耳，其弘心悲願，沒有人能予以菲薄。

但講經世實在比論心性更爲困難。因爲要經世便須具有世務之知識，而儒者於此實多懵然。例如梁氏站在重人重心的立場上，聽到毛澤東以帶著社會主義的腔調說：「中國人口眾多是一件極大的好事」、「在共產黨領導之下，只要有了人，什麼人間奇蹟也可以創造出來」，自然感到吾道不孤。但他忽略了儒家講仁、講天地間人最貴等，乃是原則性地講，故孔子云仁者愛人，而甚惡原壤。就人之具體行爲，審其良否而決定愛惡，是得進行認知判斷的事。

同理，尊重人是道德原則，人口多寡和國家發展之關係，則不能就此原則說，得進行人口學研究及政策分析才行。梁先生完全缺乏這方面的知識，也未守住其中的分際，遂附和毛說，衍申爲中國國情特殊故優越論，一再稱道「漢族拓大無比」。只知人多好辦事、可以增加生產，壓根未曾料到人多會帶來糧食或生存空間窘迫的問題，會吃掉生產成果、減緩經濟成長。這類例子，顯示梁氏雖好言政治，喜歡從政治論文化出路或由文化論政治走向，亦曾從事鄉村建設，但實際缺乏必需的政治經濟知識，以致常拿文化理想來直接塡充爲政治、經濟政策的內容。所謂「半部論語治天下」，儒者好言經世而迂闊遠於事情，往往如是。

其次，意在經世，便不能不注意「位」與「勢」的問題。君子得位乃能行道，不在其位不謀亦不能謀其政。但如何方能得位？位本身是與權勢相關聯的。欲得位，除非由別人讓位，不然就得由更高位者、更有權者畀予，再不然只好自己去取。要待在位者知賢而且能讓，可謂希望渺茫。待高位者擢拔，首先又須先讓居高位者能知道自己，此亦不能不有所經營。且權位之來源既在這位更高權位的某人，如何固其寵信，自爲現實之問題。君子誠然不屑於此，然倘欲行道，何能免乎此？若既無人讓賢，又未獲識拔，那就只好自己去取位。取位者，向在位者奪位子也，所憑藉的就不是道德或學識，而是手段。

從士應有濟世弘願的理想面或自我期許面說說經世濟民是很容易的。但真要經世，便不能不面對以上這些問題。因此，強調經世實踐，越想改造世界的儒者，就越會重視位與勢之問題。從位勢的角度看經世，則多半會認爲成大事者不能拘於細節，且「但有救時之志、除亂之功，則其所爲雖不盡合於義理，亦自不妨爲一世英雄」（朱熹〈與陳同甫第八書〉）；再進一步，則以勢定理矣，認爲凡能成功者必有其理，又或更進而主張只有成功者其理才真。因爲從實踐義說，經世之學的是非高下，當然可以由它實際施用的結果上看。徒託空言，不能施行，或施用後成效不彰，似乎就證明了這套學說並不管用。因而成功的理論才是好的理論，所謂「實驗檢驗真理」。

但以勢的角度看，儒家學說如何檢驗呢？孔子本身就非能成就功業者，能不能因此便說孔子之理便不如秦皇漢武呢？論儒學，這是個重大關鍵。

但講經世者，往往會基於位勢及實利上的迫切需求，逆轉過來。梁漱溟正是這樣一個例子。他辦村治、蘄向知識分子下鄉後逐漸構成一個知識分子與農民結合的新社會，而且期盼這個社會仍能以中國傳統的儒家宗族倫理人情相潤澤。努力了許久，卻總覺得鄉下民眾無法鼓舞起來，他們只在旁邊冷眼地看。一九二七年，他看到共產黨組織廣東農團軍的成功，已甚有感觸。待中共政權建立後，他本亦不相信毛澤東真能做到如宣傳所說那樣，把群眾運動起來。後來則逐漸動搖，終至十分佩服毛澤東有辦法。文革狂熱，更使他體認列個人意志可貫徹到社會各個階層，可以撼動整個大地。這種理想實踐的快感，不能不讓他相信毛澤東找對了真理、用對了方法。

這就是經世儒者常會發生的悲劇，漸漸走上了異化之路。在這樣的路向中，由於重視實踐、重視實用、重視對生活現實世界的直接參與和改造，最後，這類儒者不但可能成爲世路上以智力把持天下之英雄的崇拜者與辯護人，更可能連他作爲儒者的身分與價值都要積極背棄之。因爲四體不勤、五穀不分而僅長於修身用智之儒生，在生活實踐上，當然比不上一般的社會人。故強調實踐之儒，反而常以其本身缺乏生活實踐而自卑自慚。改善之道，便是轉而朝向具體社會去經驗生活的實際內容。

梁漱溟的村治，事實上也是這條思路下的產物。其號召知識分子下鄉，固有啓迪導引鄉村居民之宗旨，實亦同時在進行知識分子的改造，故云：「我們自始至終，不過是要使鄉間人磨礪變化革命知識分子，使革命知識分子轉移變化鄉間人。最後二者沒有分別了，中國問題就算解決。」所謂以鄉村人磨礪變化知識分子，即是改造之意。他理想的人格典型，顯然是既擁有知識與觀念，又能切實體驗生活、紮根於泥土裡的。這個想法，本身便是以傳統知識分子僅居上層爲不滿爲恥，才會發生的。後來他會贊成毛澤東對知識分子的思想改造，讓知識分子上山下鄉「深入社會」、「體驗生活」，萌蘗之漸，其所由來者遠矣。

然而，儒者之所以可貴，豈在與農民打成一氣乎？孔子雖少也賤故多能鄙事，但曰「吾不如老農」、「吾不如老圃」。儒者因講實踐、講對世界的直接參與和改造，竟走向以儒者身分及價值爲恥的境地。放棄本身教化社會、啓迪民眾的職能，轉而向工農大眾學習，接受鄉民之磨礪變化，或許另有理據可說。但對一位嚮往孔子教化之國度、秉持儒家價值理想的人來講，顯然悖反他自己，也背離了孔子。

意在經世的儒者，或許可以在梁氏身上看到這齣令人感傷的悲劇、學到一些教訓、想到一些問題。過去討論新儒家的人只從「文化保守主義」的角度談梁漱溟，我覺得是甚爲浮泛的，本文提出以上這樣的思考方向，以供參考。

人事變遷

2009.01.14

我於二〇〇四年到大陸來任教。當時台灣佛光大學爲酬我創校之勞，給了兩年的假期，使我可以在大陸任情遨遊。但孔子嘗云：「遊必有方」。遊人大抵仍要有個框廓，亦當有個巢穴，才便於出沒。因此該年就選擇在北大客座，講授中國文化史。

半年後，爲體會不同的校風，又去清華客座，講「近代思想與文學」。同時還到南京師範大學擔任唐圭璋講座教授。每周一、二、三在北京，四、五、六就到了南京。初頗愜意，久則漸覺遊得太厲害了些，不能不略作檢束。乃於二〇〇五年秋間以後，捨了南京的事，專任北師大特聘教授。

此時，我對南北優秀高校之學風，大抵都有了些瞭解。這是任何台灣學者都不曾有過的機緣。能得與大陸最優秀的一批學生上下其議論，真有孟子所說「得天下英才而教之」之樂。

在北師大期間，更深感同人們待我甚厚。他們從不以簿書期會來煩我，也不強令我做什麼工作，讓我可以從容讀書養志或遊以肆意。

故我有極寬闊的空間與極自由的時間，得以董理舊作、增撰新篇，如朱子所謂「舊學商量加邃密，新知涵泳轉深沈」。三年間竟出版了二十幾種書稿（除了我前面介紹過的以外，日昨又收到山東畫報剛剛印出的《武藝叢談》，有三百二十九頁）。既避開了台灣這幾年亂七八糟的時代紛擾，又使我之眇思得以較有系統的就教於神州英彥，實在是難得的機遇。

不過，我跟北大的緣業未了，這幾年也一直兼著北大「文化資源中心」的事。二〇〇九年，新年新生活，便要回聘於北大中文系了。將於下學期爲研究生開「中國文學觀念史專題」。世緣流轉，人事推移，敬於此爲關心我的友人告！

中國文學史新地圖

2009.01.29

己丑新春，在台中度歲。年前剛出版了《六經皆文：經學史／文學史》，台灣學生書局，四二六頁；《中國文學史》上冊，里仁書局，五〇一頁。很高興。希望今年這個牛年仍能筆耕不輟。

開春要在台北書展演講，談談我的新書。我寫的文學史，頗與他人不同。去年十月底回台參加《文訊雜誌》替我辦的座談會後，陳國球兄幫我寫了一篇書評。現在把自序跟他的書評均附於後，以供參考。

中國文學史自序

中國文學史，坊間已出版甚多，我不好勸諸君都不要看，但不妨略說一下我為何要來重寫它。

中國文學史這樣的書，起於清末。因廢科舉、立學堂，改從西式教育，需要一批適應新式課堂講授的教材，故出現了各色文學史，後來再分化出各時段、各文類的文學史，以迄於今。

最早的一本，或云爲黃人於一九〇四年在東吳大學講課時所編，或云爲林傳甲在京師大學堂時所製。此後一百年間，教書的人又不斷編這樣的講義，以致同類之書越來越多。二〇〇四年北京大學與蘇州大學合辦的「中國文學史百年研究國際研討會」，統計說大陸出版的中國文學史已多達一六〇〇部，台灣香港的還未計入，可見其盛。據說每年還有十幾部正在編寫梓行中，伐木造紙，殆已毀了數十座森林云。

然而一兩千部書到底品質如何？與會諸公異口同聲曰：「佳作寥寥！」看來成果是不太令人滿意的。

當然，我相信沒有誰真正讀過這幾千部書。如此品評，不免一篙子打翻了一條船。那裡面，披沙揀金，必然也會有值得贊許之作。不過，依我有限的閱讀印象來看，這樣的評語，竟似亦頗中肯，果然是佳作寥寥呀！

中國文學史的作者，不乏碩學之士，文采可觀者，亦復不鮮，可爲什麼就寫不好呢？原因除了我在本書導論中談的各種問題外，此等書緣附於課程的先天因素便注定了它難以寫好。

本來教科書就難寫：嚼飯餵人，既已淡乎寡味；粗陳梗概，遂愈覺水清而無魚。且安章宅篇，務求份量勻齊、面面俱到，更不能見心得，尤其無以見性情。故歷來佳作，沒幾本是由教科書來的。

何況，中國文學史這門課的設置目的，其實兼有古典文學選讀或概論的性質。學員都是對中國文學史上諸事件與作品十分陌生的青年，因而要有一門課來大略介紹作家及文學現象，並以此爲線索去稍微瀏覽各體文學作品。所謂「史」，不過是爲了這樣的目標而搭的一個框架，史法史例史體當然也就談不上了。

而一邊介紹作家生平，穿插軼事，一邊賞析作品，一邊講述歷史發展之規律，上起課來，花團錦簇，固然頗能受學生之歡迎，或可引領他們入文學的園圃。但寫成著作就顯得頭緒棼如、東拉西扯。學生由此入門以後，再回視其書，亦會覺得它淺陋可哂，不再具有繼續深入鑽研的價値。

在此情況下，作者若欲借文學而明史觀，以具體文學事例去詮說那客觀歷史社會之發展規律，結果往往更糟。因文學史畢竟不是社會史或政治史，社會發展規律未必等於文學規律。文人又常熟於文事，未必兼擅史學，不足以討論史觀之然否。削足適履，勉爲其難，終究是比附造作，無當於理的。

我這本書，將來亦必成爲教材，並將取代若干目前流行的教材，但寫作時不是依課堂講義方式寫的。故是一本獨立的文學之史，說明文學這門藝術在歷史上如何出現、如何完善、如何發展，其內部形成了哪些典範，又都存在哪些問題與爭論，包括歷代人的文學史觀念和譜系如何建構等等。文學的觀念史、創作史、批評史，兼攝於其中。不依序介紹這個作家那個作家之生平及八卦，如錄鬼簿；也不抄撮這篇佳作那篇佳作，如馬二先生湖上選文。因此從性質上說，此書與歷來之中國文學史著作迥然不同。

性質與結構既然不同，對於文學史事之理解、作者作品之掌握，當然也就都會有所差異。在這方面，我夾敘夾議，對於現今通行的文學史論述，頗有彈正。從前司馬遷作〈五帝本紀〉，嘗云：「百家言黃帝，其文不雅馴，薦紳先生難言之。……非好學深思，心知其意，固難爲淺見寡聞道也。余並論次，擇其言尤雅者，故著爲本紀書首」。我這樣的寫法，也正有他那般的心情。雖然如此夾敘夾議會令文體不省淨、眉目不清飭，但考慮到著述仍有應匡謬正俗，或爲讀者打開一點思考空間的功能，就也顧不得了。

我主要批駁彈正的是什麼呢？

晚清以來文學史寫作不佳的原因，除了它隸屬於現代教育體制中做爲課程教科書的問題以外，我們還應注意到這個「現代教育體制」中的教材與課程本身也有其變遷。晚清，跟五四以後不同；五四至四〇年代，跟一九四九年以後又不相同。

五四新文學運動以後，文學史之寫作，不但小說、戲曲、俗文學大舉納入，甚且還要強調文學出於民間。相較於以前，整個文學史論述更要顯示它是現代民族國家文學。認爲我們對文學可以獲得確定的、本質性的整體掌握；而文學整體的動向，則是單向度、決定論式的進化歷程。如何進化呢？先進與落後、正確與錯誤、革命與反動、新生與腐朽等一連串的二元對立等級觀念即構作了歷史的進化，例如魏晉的自覺，革新了漢儒的腐朽；明七子的復古又被公安派獨抒性靈所改革那樣，革命者代表了啓蒙的價值：理性、自覺、浪漫、個我主體等等。於是一部中國文學史的論述，就變成了對新時代國民意識教育之一環。

可是這時的現代民族國家文學建構還未完備，更進一步國家文學化，是一九四九以後大陸的表現。文學史本身所具有的多向度解釋空間漸遭壓擠，正面典型愈遭歌頌，反面人物、作品、流派、活動愈遭貶抑。國家新權力之建立與維護、政治領域之實際鬥爭、國家意識形態之爭論，無不反映在文學史寫作或對文學史的解釋上。《水滸》《紅樓》的爭論，李白杜甫誰才站在人民這一邊、韓愈柳宗元誰是儒家誰是法家的辯難，均屬此類。以劉大杰《中國文學發展史》來看，第一版是五四新文化運動後啓蒙型的產物，後來兩次改寫就顯示了國家文學建構的過程。

正因爲如此，故中國文學史須要再次改寫，是無庸置疑的。可惜近三十年來，新的中國文學史著雖出版不少，但均只是局部、枝節之變動或添補，對它做爲民族國家文學之性質缺乏反省，不知新時代之文學史論述是該全面揚棄此一框架的。

由這個角度說，現在的中國文學史，其實又不是太多，而是太少。因爲基本上仍是胡適、劉大杰那一套。如今台灣各校採用的教本，也仍以劉書爲主。重開天宇者，渺焉無人。

現在，我要新立一個框架，我的做法又是什麼呢？

很簡單，首先確定文學史不是音樂史、表演藝術史、思想史、社會史等等，而是說明文字書寫品如何美化成了藝術、成了文學文本；然後看歷代的人如何看待文學這件事、如何讓文學更符合他們心目中對文學美的要求；再則解釋文學與其他藝術分合互動的關係，以見古今之變。

這才是文學本性的研究，也才是文學之史。不像過去的文學史，老是要用文學材料來講社會發展史、意識鬥爭史、音樂戲劇說唱表演史、民族進化史等等，對文學的觀念與問題又都講不清楚。

由於我的文學史立場不同於歷史主義、新歷史主義、新史學、新批評、結構主義、布拉格學派，大眾文化批評、接受美學等，撰史自亦迥異俗流。讀者久已習見了學府及坊肆各種通行的文學史著，乍看我這本完全不一樣的書，恐會因不習慣而生疑情，不知我這樣的寫法才是正途。故對本書的體例綱維，還要略做些說明：

現在的文學史著，基本上是歷代名家名篇介紹，此乃應教學之需而設，本非史體；早期的文學史，如劉師培《中古文學史》、魯迅《中國小說史略》等也都不甄錄作品。更早，如《史記》論作家，雖曾抄錄不少代表作，但《史通》已批評其不妥。章學誠折衷之，謂當於史著之外另立「文徵」，一爲史乘，一爲文選，相爲輔翼。本書即採此法，故會另編一部作品爲主的參考資料，以供循讀或講貫。

這樣做，還有一個理由，就是文學的主角，其實並不如一般人所以爲的，是作家和作品，而是觀念。每個時代的文學觀不同，故其所謂之文學即不同，其所認定之作家、作品，乃至大作家、好作品也不一樣。某些文字書寫品，在這個時代根本沒人把它當成是文學，到了另一個時代卻可能截然不同。例如六朝有「文筆之辨」，就是爲了區分什麼是文學。而當時不視爲文學者，到唐宋卻成了文學的主要內容。小說，古常視爲史書之一類，後來才把它看成是文學。駢文，在六朝時是文學，唐宋以後作家作品也仍然很多，但受古文史觀影響的論著卻恍如未見，完全不會去談它。八股制義，當時同樣名家輩出、佳作如林，可是五四運動以後誰把它們視爲文學、寫入文學史著呢？凡此等等，均可見寫文學史若要通古今之變，首先就得究明這個文學觀的變化，說明不同時代人對什麼是文學、文學性爲何、審美標準何在、誰才是大作家、什麼才算是好作品等，都有些什麼不同的見解。

作家與作品是第二序的。它出現於文學觀之下，亦由文學觀所塑造。因此，我們不要天真地以爲作家與作品都是現成在那兒的客觀存在著的。例如屈原杜甫的作品集，是漢宋人編成的；其生平，是漢宋人描述出來的。換言之，是漢宋人的詮釋，才形成了文學史上這樣的屈原杜甫及其作品。文學史上的人、事、物與原先那個人、事、物並不相等，不是同一個人、事、物。就像《左傳》《孟子》《莊子》雖皆爲先秦古籍，但其文學史生命絕不起於先秦。它什麼時候變成爲文學文本，文學史就該什麼時候才開始介紹它。因爲，原先不是文學的東西忽然成了文學文本，本身正是一樁文學事件。

文學史的開端，始自漢代，也是這個道理。在此之前，詩乃是「歌永言」的，文字雜在歌與言之間，亦即音樂與辭令之間，漢代才獨立爲文字書寫品，再獨立爲文學文本。文與樂分，亦與言分。

分了以後，漸漸又有合的趨向，例如唐代燕樂歌曲既盛，所塡之詞便有合樂之要求。可是合而又分，終究詞同於詩，後世論詞之所謂聲腔，實皆文字格律而已。文學史必須說明這類文字藝術與其他藝術分合互動的關係。但在詞還是曲辭的時候，文學史卻並不需對它太多著墨，那應放在音樂史裡去談。

語言藝術、表演藝術，情況相同。說成相、說參請、說諢經、說一枝花話、彈詞、戲弄、合生、銀字兒、唱賺、演劇，都須變成了文學文本、出現了文學事件，才能成爲文學史敘述的對象，否則都該納入語言藝術史表演藝術史中去處理。

由此觀之，本書雖談了許多過去文學史著未談到的現象與問題，恢闊汗漫，若無涯涘，其實卻是極窄、極簡約的。時代由漢代講起，對象專注於文字藝術，談這門藝術如何興起、如何精進、如何變遷，又由哪些人哪些事促成了它的變化。在談最後這一部分時，當然會涉及文人團體、社會條件、文化因素。但此書非社會史，亦非文化史，所述僅及於文學觀念文學現象而止，要談的只是文學本身的發展（社會文文化史角度的討論，可另參讀我的《文化符號學》與《中國文人階層史論》）。而且只說大勢，並不處理個別人與事等小細節。

這個文學本身的發展，自有其內在結構。線索之一，是文學藝術的技藝之巧，精益求精，確是不斷進步著。但雕飾太甚，物極則反，文勝之後往往代之以樸；若質樸太過，自然又趨於文，故文質代變，便是另一可注意之線索。再則就是上文所說，原先非文學的其他藝術，逐漸變成爲文學，文學與樂、舞、戲、語、書、畫諸藝術的分合關係，亦甚值得關注。此外，「文」有廣狹數義，既指文字，又指文采，也指文化。歷史上，有些時候談文學時重在文字（如嚴羽形容他同時代人「以文字為詩」那樣），有時重在文采，有時又強調文學應具文化義，以達到「人文化成」的作用。這種文義廣狹間的動態關係，無疑也是該注意的線索。再者，文士是由士分化出來的，它與經術士、德行士、政事士之間，也有分合互動關係，直接關連著各朝代不同的文學觀念與創作表現，亦不可不知。

以上這些線索，並不是抽象的概念，它們具體地表現在我每一章節的敘次中。每一篇也都不是孤立的，前後有呼應或「別裁」「互著」之關係，例如說李商隱那一章，只講他與當時假擬代言戲謔風氣的關係，是因其體雜於齊梁、縟染於西崑、又得法於杜甫等等皆見於其他章節之故，敬祈留意。

當然，文學史的寫法千變萬化，我獨行一路，豈能盡得其妙？又豈能禁止別人從別的路向來尋幽訪勝？如此寫來，也不過是新嘗試之一端而已，拋磚引玉，擁篲前驅，不敢不勉。

回思我對文學史到底應如何研究、中國文學史應如何撰作，一九八四年以來即迭有詮析，幾於大聲疾呼矣。然學界於此，苟爲因循，改善無多，頗令人感到絕望。二〇〇二年春，輔仁大學要開文學史研討會，我會前恰好路過香港，與陳國球兄見了一面，談起近百年令人喪氣的文學史寫作傳統，不免發了一通牢騷。在旅途中便又把這些牢騷寫成了論文，拿到會上去發表，流彈四射，聽者動容。里仁書局徐秀榮兄乃來找我，說既然老兄對以往的文學史都不滿意，現在大家也確實沒什麼新東西看，那爲什麼不自己寫一本呢？我想想也對，當即準備動筆。但手上稿債如山，清了這個欠那個，一時忙不過來。且本以爲多年蘊積，此等書，兩三下便可弄完了；誰知去年春天動起手，才發現作史不易，尤其是體例，頗費斟酌。近年我又旅泊四方，根本無書可以參看，談到的作家與作品，徒恃記憶，歷來寫史亦無如此冒險者。因而時作時輟，緩緩爲之。如今經營泰半，自當先行付刻，就正於通人。其中若有些講得太簡略的地方，宜互見我之相關論文；文學前史，則可另詳我〈文學觀念的起源〉（收入一九九八年《年報》及二〇〇八年北大出版社《中國文學批評史論》）。

二〇〇八年秋末，盧陵龔鵬程寫於台北北京旅中

資之深，則取之左右逢其原
——讀龔鵬程《中國文學史》

陳國球

上世紀八十年代末，我和香港幾位朋友，與北京陳平原等商議合辦一本討論文學史問題的學術刊物。當時就刊物的名稱有過一番討論。平原兄主張題作「文學史家」，我們則認為「文學史」比較恰當。兩種命名想法，除了關乎學術上的考量以外，還顯示出不同的體位處境和視野氣度。北京的朋友們有強烈的使命感，立意重修過去那些不完善的文學史，為開出學術新路傾力。香港這邊只想提問：文學史緣何而生？為誰而寫？我們需要文學史嗎？我們應如何讀文學史？

八、九十年代是中港台學術圈對文學史問題產生濃厚興趣的時代；三地各自有其文脈語境，各自有一番因緣。當然，於今視昔，又或者在更廣濶的視域中可以見到某些共通基礎。

有關文學史的思考，朋輩中龔鵬程兄可說是先導者。他早年寫文章檢討台港學院內極其盛行的劉大杰《中國文學發展史》（一九八三年），在《文學散步》講「文學的歷史」（一九八五年），已經表現出很清晰的問題意識。往後他有不少文學論文，討論主題或有廣狹之別，取徑都離不開文學史的思辨。年前聽到鵬程兄發意要寫一本文學史，心知一定別出手眼，與眾不同。現在我看到了上冊書稿，當然非常興奮。

讀龔鵬程這本文學史，最常遇到的是他對過往文學史論述的「批駁彈正」。例如說：「過去的研究者」不能把握《詩經》的性質，總是迷信歌謠起於民間（第一章）；大部分的文學史著均沿用魯迅之說，以爲「文學自覺」始於魏晉，「其實不然」（第四章）；又如說：民國以來，文學史著多以西方的「浪漫主義」視魏晉文士文風，「殊不知」二者相去甚遠，「怎好相提並論？」（第十三章）；「後人以當時〔東晉〕有清談言玄之風氣，牽率聯想到當時應該也有一批玄言詩，並不確切」（第十六章）；「一般文學史及文學研究者」都喜歡說文人如鮑照等「如何吸收了民間樂曲，樂曲如何影響詩歌並促使齊梁聲律之興。這都是昧於大勢的」（第二一章）；再如說「談文學史的人」，講到隋唐就精神大振，「腦袋充了血，便胡言亂語了起來」（第三三章）；又特別申論「被遮蔽的駢文史」（第四九章）、「被扭曲的說唱史」（第五十章）等，對於不妥當的見解，作出批駁修繕。

然而，若以爲此書不外是常見文學史的拾遺補闕，又大謬不然。書中其實展現了龔鵬程卓爾的文學史觀：一是他對文學史如何被理解、應如何書寫的意識；再而是他對中國文學史發展的觀察和判斷。龔鵬程在序文中申明他寫的是「一本獨立的文學史」，而「文學的觀念史、創作史、批評史，兼攝於其中」。這綜攝的理念和書寫方法，就緣於他文學史觀，而不得不然。書中對此有耐心的解說，其言曰：

> 歷史本身若是甲，這些詮釋就是乙。不過因不同時代的人各有其詮釋，故乙也就不會只有一個，而是乙一、乙二、乙三……。所謂文學史，即是這些乙參差疊合，互相印證、互相辯駁、互相競爭、互相校訂、互相拆解之過程，它形塑著我們的文學史認知。……我們現在講文學史，就要一面抽絲剝繭，說明一個時代或作家在乙一、乙二、乙三……各詮釋體系中的形象是什麼；再借由它們彼此辯駁、相互校證，去試著還原歷史之甲可能是什麼；繼而更須以此去解釋歷史之甲如何透過詮析之乙一、乙二、乙三……，帶出了或影響出了後來丙一、丙二、丙三……的歷史。（第四九章）

由這段話我們可以看到，此一文學史觀的樞紐在於「乙」——各種詮釋。由「乙」可以向上推「甲」——歷史本身，可以向下探「丙」——後世影響。承認「乙」多於一，不等於一種不分是非的虛無相對主義。事實上多種的「乙」，並不是平面並列的選項，「乙」既有共時的互動與抗衡，也有歷時的積累或變奏；而隱隱然浮現的「甲」，既是各種「乙」的作用對象，又是所有「乙」的效用制約。龔鵬程對過去文學史的諸多批判，如果沒有了「甲」之「還原」的信心，則其意義就減低了許多。我在閱讀龔著文學史時，「甲」之鮮活生猛，如在目前。讀文學史至此，夫復何求？

當然，文學史的「還原」，與一般歷史的「還原」，性質不盡相同。因爲文學史上的「甲」，不是一件可以準確描敘的實物實事。我同意韋曼（Robert Weimann）的講法，文學既是產物（product），也是生產者（producer）；文學是一個作用場，過去、現在、將來都爲之席捲；因而文學史也應該兼包而綜理。從這個角度看龔著，對其論述宗旨和論述對象的取捨，就會有更深的體會。

從表面看來，本書的論述範圍和一般文學史著沒有兩樣，都是從《詩經》、《楚辭》開始，順流而下。然而，細觀之，是書的起點其實不是先秦，而是漢代。論《詩經》不以復原其樂歌的原型爲目標，而偏重其作爲「文辭式的詩篇總集」，因爲漢代今古文家「都是由文字性的詩篇來把握這部經典」；由此又可推見漢代「詩」與「樂府」之不同，「古詩」是「詩的傳統中」的「真正起點」（第一章）。論《楚辭》，焦點在於其爲「漢人所編，其中且大多爲漢人所作」，以爲屈原的文學史形象，其實是「建構」、是「錯覺」；「到底是屈原的身世遭際令他們〔漢代士人〕興感，抑或時代集體意識投射於此一人物身上，並創造出了如此這般的屈原」，實在「不能遽斷」（第二章）。這個選擇的基礎，正是本書的宗旨所在：「中國文學史」應以「文學」——文字之藝術——爲中心對象；中國文學史有「文字、文學、文化」一體性之結構。本書要復原的「歷史之甲」，就是此一「文學」結構，於是關注點乃放在「文籍化」、「文學化」、「文學勢力的擴大」、「文人階層之發展」、「文學經驗的開拓」、「文學技藝的強化」等等現象。

本書有不少看來非常新穎的論點，究之亦是這個定義下的「文學」的追跡。如論《史記》和《漢書》的文學意義，不僅指出其本身就是文學作品，指出二史對文章之士的重視——這已是一般的文學史常識了，更有意思的是視《史》、《漢》爲「文選」，謂其輯錄大量非經世致用而文辭爛然之作，具體顯示了時人「文章不朽」的觀念；所謂「文的自覺」，實始於用心在「操作文字活動」的漢代，而非如魯迅所說的「爲藝術而藝術」的魏晉（**第四章**）。又如論「擬古」、「擬代」，一反世人批判「爲文造情」的主張，而認爲「擬古」是「作者對於文學傳統的認知與參與」，由此又「確立了文類及風格的特徵，表現了詩文辨體的意識」（**第十四章**）；尤有進者，「擬古」更可以是一種「批評意識」的體現，成爲「詩創作與詩評論完美的結合」（**第二六章**）；至於「擬代」之「假擬代言」，確是「因文造情」，然而「虛構」卻是「文學本質」，不應以「抒情言志」的傳統作規範（**第二十章、第四六章**）。

爲中國文學貼上「抒情傳統」的標籤，雖然是現代學者所爲，然而傳統的文學論述，卻也的確展現出以「抒情言志」爲尙的傾向。今天析論中國文學史，實在不能繞過這個問題。本書不單沒有迴避，更多次回應此說，謂：「近人講文學史，拿一套抒情史觀瞎糊弄」（**第十五章**）。書中舉例說：詩歌上之「擬代揣摩」、「俳諧戲謔」，有如唐傳奇之「作意好奇，盡設幻語」，可同歸類於「緣情言志」以外的「敘述傳統」，若「納入抒情傳統的解釋模型中來」，反會「附會遭際，穿鑿以求解」（**第四六章**）；而詩之說理、議論、「以詩爲史」，由東晉玄言詩風，到杜甫、韓愈，以至宋、明末清初、晚清等不同階段，顯現出「一種不同於抒情美學的典範」在滋長（**第十七章、第四一章**）；再如宮體詩，因在「言志緣情」系統之外而屢得惡評，事實上是延續了謝靈運以山水詩開發詩人感官經驗之途，這種「聲色大開」，是文學史上「絕大的貢獻」（第二七章）。由這些實際的論例，促使我們不得不思考以「抒情傳統論」解釋中國文學史的不能圓足之處。然而，正如龔著所見，「歷史在斷裂中仍有沿續」（第十七章），宋詩雖重敘事與議論，但「仍要肯定魏晉那種抒情美感的表達方式，不以序事傾盡為工」（第四二章）。換句話說，抒情論述的支配力，似乎無處不在；無論正面還是反面，其影響都不容忽視。

要書寫這些繁富和複雜的現象，就不是一般文學史著那種「簡單明瞭的敘述法」——作時段分期、列代表作家作品，再頌揚一番——所能勝任的（第四九章）。只有像龔鵬程對文學史現象及其書寫具備如此清醒的意識，才能瞻前顧後，取之左右逢其原，使得他的文學史如此與眾不同。他在序文說：這本書「將來亦必成為教材，並將取代若干目前流行之教材」；這一點我毫不懷疑，我也會建議我的學生、我的同行朋友列之為「必讀」。依我一貫對文學史書寫的思考，我更會進一步猜想：鵬程兄會以為他對中國文學史的理解，屬於他所界定的「甲」、「乙」、「丙」中的哪一個層次？有沒有一個「丁」的可能？

知識基本功

2009.02.12

本月八日就到了珠海，上了兩天課，參加了梁黎麗的婚禮。十一日再底飛抵北京。行前去看了台北書展，展場仍然熱鬧，但主要是電玩與動漫帶動的人潮，出版還看不到復甦的跡象。偶有所觸，寫一小文，如下：

假如你是信仰佛教的信徒或對佛教感興趣的人，想瞭解一下佛教的相關詞語、人物、典故、歷史等，可以查什麼書呢？

流通最廣的，是《丁福保佛學大辭典》。線上佛學辭典網站則補充提供《翻譯名義集》等。佛學大辭典網站加了《中華佛教百科全書》、《中國大百科》佛教篇、《三藏法數》等。中華佛教的網站還有《佛學次第統編》、《翻譯名義集》等。

看來洋洋灑灑，但這裡面，《三藏法數》是明朝一如編的，《佛學次第統編》是明人楊卓編的，《翻譯名義集》更早，乃宋人法雲所編。流通最廣的丁福保之書，也是一九二二年編成，距今快九十年了。而且它還是根據日本人織田德能的《佛學大辭典》，刪除日本佛教相關資料及文獻出處後編成的一個節譯本，所以都是些老掉牙的東西。九十年來，新出詞典，只有《佛光大辭典》一部。這部書，一樣是根據日本的佛教工具書編譯過來的。中文世界中以此書爲最好，可是因某些因素，許多佛學網站仍只提供丁福保之書而不收它。似乎只有美國佛教會電腦資訊庫功德會提供此書。也就是說它還沒能取代丁書的地位及作用。且此書在台灣出版，大陸的朋友也看不到。

類似的例子其實多得是。像大陸「國學熱」熱了二十年，北大、人大、武漢大學、廈門大漢……紛紛成立了國學班、國學研究所、國學院，可是教材呢？學生要找一本國學入門或概論都找不著，在我《國學入門》（二〇〇七，**北大出版社**）之前，出版社只能翻印錢穆八十年前在無錫教中學時的講義，或台灣七十年代的老東西應急。

台灣也好不到哪去。現今各大學都開有中國文學史的必修課，可是教材絕大部分仍採用一九三九年劉大杰的《中國文學發展史》；各校也都要開文學概論，教材也以一九四九年涂公遂的書最普遍。

兩岸圖書市場上每年要出版新書十幾萬種，搶流行、看趨勢、做廣告、論行銷，煞有介事，熱鬧滾滾，書山書海，彷彿什麼都有了。但實際上你若就每一個知識門類做些類似的考察，就會發現幾乎每一個領域都是如此。每個知識門類的基本導引書都奇缺無比，不然就老舊不堪。

老掉牙的入門導引書、教科書、工具書，提供的是陳舊的知識結構和不正確的地圖。這些書，跟經典著作不同。經典著作例如莎士比亞戲劇，固然不厭其舊，值得一再刊行。但莎士比亞的校勘、注釋、導讀、圖表、索引、解析、書目、提要卻得經常更新，吸收新的研究成果，並用符合新時代讀者的語感去重新表述有關莎士比亞的基本知識。否則莎士比亞再偉大再好，也只是現代人啃不動的老骨董，終將沈寂乃至死亡。一部經典尚且如此，一個較大些的知識門類就更需要入門導引了。老舊的地圖，是會讓人摸不清方向的，何況我們在許多領域還根本沒地圖呢！

因此，基本導引書工具書不發達，知識學術就必然發展遲懈、內容荒疏。一個知識社群或學術團體強不強，看他們所編寫的教科書、導讀、入門手冊、校注等，便一目瞭然。

前面提到我們現在能用的佛學詞典幾乎都移編自日本人的作品，正是個鮮活的例證。中國信佛人口遠多於日本，佛教在中國流傳亦較久，日本佛教大抵即由中國傳入。可是若談到對佛教的研究，亡友傅偉勳曾很感慨地說：我們至少落後日本一百年。

乍聽此語，誰都不免有民族主義情緒，可是你若去看看日本的佛學工具書出版，你就會爽然若失、憮然自愧，曰：相差豈止一百年？試想，八九十年前丁福保的書，便已無力自編，要靠節譯日人之作才能完成，如今距日人豈非更遠？

且不說佛學辭典，就是大藏經，目前學界跟教界用的，基本上都是日本大正年間所編修的《大正藏》；其餘我國十幾種舊藏經，只能做骨董保存供養而已。《大正藏》。一九三四年編成，凡一百冊，收錄印度、中國、日本、韓國佛典三千三百多部。收書之多，爲歷來大藏經之冠，編輯及分類方式也遠勝歷來各藏，符合學術規範與需求。且校訂精審，收集的古逸佛典又多，極具史料價值，因此全世界佛學研究幾乎都只用此書。不過，因書是日本人所編，收書當然會有所偏，日本人的著述約占四十二冊，中國人之著述約僅廿四冊，頗不平衡，要查中國佛教資料，往往找不齊全。這時就要輔之以《卍續藏》。

但此書也仍是日人所編。所收書有九百餘部係《大正藏》所無，大部分是中國人著述，且多是重要論著，故或稱其爲中國佛教集大成之書。唐代以後的佛典，主要就要查此書。這不都是中國人當感到慚愧的嗎？我們從民國初年起就發憤要自己編一部新的大藏經。可是直到現在，《中華大藏經》迄未編成，令人爲之悵悵。

日本的基本文獻整理、工具書製作，遠非吾人所能望其項背，這只是一個小例子，歐美的例子則更多，限於篇幅，就不多舉了。

造成這種落差，一方面是學界的怠惰；一方面是制度的偏差。教授寫教材、編工具書不能升等、不能獲研究獎補助，誰願意耗精神去做這花氣力的事？

此外，出版界也當然要負大責任。大家都喜歡炒短線、虛熱鬧，人人都跑去放焰火而不樂意埋水管，紮紮實實做些爲知識大廈打地基的工具書，甚且根本不知道越是這些基礎的東西才越有市場、越爲大家所需。結果出版了一大堆文字跟圖片垃圾，然後出版社一家家倒閉了事。

一個不重視知識基本功的社會，正如一個基本動作不紮實的球隊，根本沒有贏球的希望！

黃摩西

2009.02.22

書生大慘事，從前是稿子被焚被掠或遺失了。如今是電腦中毒當機或不慎敲錯某一鍵盤，稿子也就消失了。日昨存於隨身碟裡的一些新稿，還來不及錄入電腦硬碟中，竟在學校附近列印店中再也讀不出來了。多時心血，忽然如夢，實在難以爲懷。底下是救回來的《雲起樓詩話》中論黃人的一小段。錄之以誌哀：

蕭蛻〈摩西遺稿序〉稱黃人詩「有青蓮之逸、昌黎之奇、長吉之怪、義山之麗，求之近世，王仲瞿、龔定庵其儔也」（南社叢刊．十集文錄）。南社諸君多法定庵，而如昌黎與昌谷者少；黃人頗學昌谷，又兼楊鐵厓，故風貌勿同於他人，幾於具體定庵。唯檢點遺篇，效定庵者乃多作於乙未以後，則又不可以定庵限之也。

黃人本名振元，少居常熟。三十歲，光緒廿一年（一八九五）年始移住蘇州，改名黃人殆即其時。廿七年始就聘東吳大學爲國學教習，蓋此時聲華始著、交遊始廣。世只稱其爲「蘇州奇人」，正以早歲在常熟之事跡多不可考故。

然非不可考也，不可問也。移居蘇州後之黃人，倡革命、論國學，集三千劍氣之社，成國史文苑之編，較諸早歲所爲，豈非兩世爲人乎？其早歲生涯殊不爾爾，或「習道家言，日餌丹砂，又習劍法及諸異術。常盡月不寐、數日不食，獨遊山中、夜趺坐巖樹下」（金松岑・蘇州五奇人傳），或「不矜細行，晝則馳馬爲狹邪遊」（金鶴沖・黃慕庵家傳）。爲俠客、爲浪子、爲道流，軼放於社會之外；與後來爲學者，入世革命以重振綱常人極者迥乎異趣矣。

君早年自署懺紅情閣王、蘭君仙史、群芳國主、花王館寓公，皆與此蕩子生涯有關。金松岑所述乃不及之，但言其學道學劍而已，豈得實哉？道與劍，蓋均不及美人爲其性命之重，故自號則如此。

其丙戌編年詩有〈蘭君仙史自題〉曰：「溫柔滋味牢騷氣，逼得心花怒放開」。以此自題詩稿，可見早年詩中大抵亦只此二味。牢騷者姑置勿論，茲略述其溫柔滋味焉。

該詩後附〈見寄劍修雜感四律〉，其二曰：「對月豈無攀桂想，看雲又動結茆心」，自注：「君所眷爲月卿，桂指京口桂仙。余與高姬枕雲有結廬約」。江慶柏曹培根《黃人集》點校本，作「余與高姬、枕雲有結廬想」，誤。謂劍修對月卿時當又念桂仙，余則唯眷高枕雲耳。所指諸姬，皆妓，故第四首又有注曰：「枕雲百計獻其鼎，余未之許也」語。黃人少年科考不第，其實正因留連於花界，第三首云：「棘院興酣朝選夢，花天香暖夜談兵」可證。花叢之想多於前程，秦淮夢啜，遂擁髻稱花王矣。〈甕邊清夢口占〉廿四絕皆爲廿四橋邊桂花仙子作。〈西鈎魚巷口號〉則詠秦淮花事，謂秦淮十里無當意者，唯「一枝丹桂是仙苑」，豈即所謂京口桂仙耶？〈借題金幼梨花便面〉云：「檢取風塵本色姿」，亦娼家事也。〈秋仲二十八日群芳園主者誕辰，同人萃秦淮女郎數輩爲壽。詩酒花互酬，絲竹肉間作。盈座皆香，繼日以燭。誠措大之豪舉而年譜之佳話也。主者興酣，乃扣船而歌曰〉，敘此時情景尤詳，自謂：「有筆不續揚雄騷，有金不鑄呂望刀，有手不弄黃紫標，有口不奏黼輪袍，有耳不聽談金貂，有眼不識擁節旄，有身不受權位桎梏禮法膠」，唯欲「左擁右抱任所之」而已。

群芳園主，頗示博愛。然中有特眷者，即前所云之枕雲，〈無情如有情曲戲枕雲〉即爲彼作，〈酷相思〉或亦同之。唯〈滿庭芳．詠桂〉則不知是廿四橋邊桂花仙子否。其餘〈巫山一段雲〉〈鵲橋仙．花汎步織秋閣韻〉〈前調．答花疊前韻〉亦均爲妓作。

丁亥詩不存。戊子詩無此等，蓋本年黃人在鄉迎娶胡氏，故不復爲狹邪遊。然艷心未斷，頗和《疑雨集》，有〈紀遇和疑雨集中菰川紀遊韻〉〈春遊再疊前韻〉。所遇當爲舊識，故曰：「剩有去年眉樣月，殷勤分照，兩邊愁」。

此年另有〈四時閨詞〉，恐亦非徒作空文者。〈雜感並寄懷即和張用舟原韻．感情〉：「羽毛屢鎩自飄翩，綠海紅江到處牽。糞土揮金詩墊補，風塵惜玉夢賚緣。神通遊戲三千界，意氣飛騰廿四年。識得秦宮花底活，定情詩是養生篇」，堪當此時心境之自供。所謂：「只有清狂仍故我，鶯花評點尚津津」（同上．感遇）是也。此外尚有〈赤城碎錄〉七律十五首，「天生情種真多事，人在柔鄉煞費才」「倚枕夢回仙子蝶，入門吐氣美人虹」「香國春回仙又謫，情天魔大佛難降」「歸妹重占偷藥後，同人爭說破瓜初」云云，興致兀自不淺也。

庚寅詩，名《紅情閣餘稿》，顯然結習未除。然〈蝶戀花〉之六有「香國鏖戰難奏捷，輸與癡蜂，釀得些兒蜜。辛苦春駒留一隙，餘生願懺偎紅習」之語，則似已有懺情之想。

唯辛卯仍有〈寄懷先仙閣內史〉之四云：「風狂拚受鶯歌罵，倩夢還隨鳳子邀。三十六天春幾種，但聞名字也魂消」，可見結習匪能遽改，綺夢依依難醒。〈落花．夢中作〉二首、〈新橋幸懷〉六首、〈步先秋閣內史韻成四律。墜歡縈聲，惡緒塡膺，白眼看天，天還漏恨；紅心遍地，地不埋憂。黃土有靈，應同聲一哭〉、〈檢先秋閣殘稿，感賦，即用內史韻〉三首、〈自題薪琴耕硯漁古居問字圖小影。執筆侍坐者係先秋閣內史，琴名同爨材，硯名小點頭，婢名阿杜〉十首、〈書悶和先秋閣韻〉三首、〈偶作和先秋閣韻〉四首、〈市隱樓夏夜和先秋閣韻〉、〈驟雨和先秋閣韻〉、〈客有以先秋閣內史爲問者，即用內史韻作此答之〉三首，乃至〈無題〉三十首，莫非仍住夢中，所謂：「宦海名場不一途，閒中風月屬吾徒」「三月吳門夢一場，風花回首盡滄桑，……綠陰紅粉都堪惜，一任人嫌杜牧狂」。紅粉知己，則先秋閣內史也。唱和極多，頗訴牢騷，不止溫柔滋味而已。

本年另有〈悼蓮曲〉，則不知爲誰，黃人與此姝「遊魚比目禽交翼，幽歡只道無時絕。白水方堅夙世盟，素秋已墜三生劫」，契合亦極深，豈即先秋閣內史乎？然其後又有〈滿江紅・憶霞清，第三闋兼弔景鴛〉云：「便算重逢，終多了一番離別。況渺斷、愁雲四黑、情波一碧。桃葉渡江空有約，葫蘆馭氣渾無隙。算他生修到玉清班，還多劫」，則先生與女郎相約今生他生者殆甚多也。郎嘆薄倖，女悲飄零，香魂弔影，或不止一二人。〈意難忘・弔影鴛〉亦爲此姝作。

本年〈憶江南〉〈風流子・寄問王寶玉〉〈天香・寄問吳素娟〉〈十六字令・寄問櫻素〉，亦皆爲若輩作。又有〈金縷曲〉，小序曰：「《琴水春萍影語》二卷，煙花別錄，竹枝濫觴，本當與乾啼濕哭之作同刪。然蝴蝶一生，不忘花底；春蠶半死，猶縛絲中。狂興所萃，性情寓焉」，可見斯時境況，依舊浮夢於紅波、寄懷於情天也。故除仍與美人訴其衷曲外，尚有〈國香慢・美人肌香〉〈鬟雲鬆・美人鬟影〉〈散餘霞・美人瞳神〉等，遠紹劉後村〈沁園春〉分詠美人之什，爲宮體之餘波。

此黃人綺懷之大略也，餘不一一。舊時王永健先生嘗考其與陳稚英、程稚儂事，著於《蘇州奇人黃摩西評傳》，蘇大，二〇〇〇版。余以上所述，尚不及此二姝也。觀此即知先生早歲專於綺羅堆中作活計，蕩子狹邪，肆其多歡。然深情眷繫，體貼群芳，則又異夫浪子貪花者流。其癖於情也，殆近似賈寶玉耶？

顧寶玉溺情，須空空大士、渺渺真人、警幻仙子之點化，乃能悟空。先生則頗糾繚徘徊於空色溺悟之間，〈紅情〉之四曰：「已經徹悟。將舊愁剪斷，新愁又織。饒爾聰明，情深情淺總難測。讀破南華一卷，仍歸作離騷筆墨。便有日骨化形銷，此心勝金石。轉側。強寬釋。似刀割綠波，才開還合。天旋地隔，一片柔腸苦牽涉。費盡百端作達，要只是、情中曲折。摩詰室，參不出，空空色色。」其乍出乍入、旋起旋滅、忽迷忽悟，婉轉牽涉，而終無力證脫之狀，言之苦矣。摩詰室參不透空色，和定庵《無著詞》時，論天女之花著抑不著亦是此義。厥後在蘇州，乃不知以何因緣，竟然脫出情天、棄其花國。比如蠶縛之解，化蝶南華。改名改行，志其更生。噫戲，偉哉！果爲奇人也！

文化交流的飲食

2009.02.27

西安交大東方管理研究院，與北京廣播電視大學等單位合辦中華文化大講堂，拉我去替他們講《人物志》。連講三天，幾乎累死我。老子云：「多言傷氣」，果然不假。

因整天講課，故無暇讀書，唯偶看日人伊藤武《亞洲美食之旅》（二〇〇二年，講談社。二〇〇五年中國社科出版社，李煒譯）而已。

此書跟一般講美食誇滋味的書不同，內中其實想建立一個亞洲文化新視野，那也就是董炳月序文中說的：「亞洲一體性」。例如日本人以爲是日本特產的納豆，中國西南也有；中國人以爲是中國特產的餃子，則可能起源於中亞；饅頭據說是諸葛亮發明的，但土耳其阿富汗也有……。因此，絲綢之路或許同時也是麵食之路、酒之路、魚醬之路、乳製品之路、納豆之路、咖哩飯之路等等。這樣的角度自然十分有趣。

但由於論飲食文化交流其實十分困難，伊藤武畢竟對中國歷史與文化不盡熟稔，故說南宋時商人到柬埔寨貿易，「梳著圓圓的髮髻，額頭剃得光光的」，似乎是用滿清剃頭的情況去想像宋代人了。

他又說：「火鍋，是中國在清朝時爲了吃涮羊肉而開發的飯桌上的烹飪工具」，並另作考證云人類最古老的沙鍋，是一萬多年前日本的繩文陶器，以後中國及西亞人才開始製造陶器云云。這是三個問題，一是陶器製作之始，二是火鍋之始，三是涮羊肉火鍋的起源。

陶器製作世界各地均有，非單一起源，日本繩文文化亦未必最早。以陶煮水，形成類似今日火鍋的吃法，估計也起源甚早。古之羹湯，本來就是菜肉混煮的。至於涮肉吃法的火鍋則較爲明確，並不起於清朝。起於何時呢？恐怕也出乎許多人之意料，它也不源自北方。

宋林洪《山家清供》載某年他去武夷山拜訪止止師，正逢下雪，得到一隻兔子。止止師說他們山裡人的吃法是把兔肉切成薄片，用酒、醬、花椒等調料澆了，醃一下。然後把風爐安在座上，放半銚水。等水滾後，每人各用筷子夾肉片「納湯擺熟啖之」；並據各人口味，提供不同的佐料醮食。林洪吃了以後，十分喜愛。這位止止師，或許是道教內丹南宗七真之一的白玉蟾。精此涮法，益覺可人。

過了五六年，他又在臨安朋友家中吃了這道菜，曾作詩云：「浪湧晴江雪，風翻晚照霞」。故這道涮兔肉又被稱爲撥霞供。據林氏說，此法：「豬羊皆可」。足見涮羊肉至遲在南宋已流行於南方，可惜後來只涮豬牛羊而少涮兔肉了。伊藤武顯然不知此涮法之淵源，故以爲起於清代。

這是對中國狀況不明所導致的錯誤。另有些關於起源與傳播的講法也可商榷。如主張餃子起於中亞，證據是吐魯番出土了風乾的餃子，這是一千四百年前的物證（**七章**）。但比這年代更早的文字記載早就提到：「今之餛飩，形如偃月，天下通食也」（**顏氏家訓**）。形似偃月的餛飩，就是今所稱的水餃。水餃這個詞起於明代，清氏則或稱爲餑餑，宋元稱爲角兒或角子，也有叫扁食的。可不管怎麼稱呼，這種東西已流行於北齊是無疑的。它在唐代傳入西北吐魯番地區，遠比創自吐魯番而傳入中土合理得多。伊藤武寧信中亞起源說，正顯示其好奇之過。

他說玄奘西行時吐魯番高昌國王曾以肉娃娃款待玄奘，此肉娃娃即水餃，「是模仿女胎做的，這個面皮的連接處，就是女人的陰門」；又說餃子的發音和交子（**男女相交生兒育女**）相通」。亦皆好奇之野談，不值識者一笑。宋代叫交子的是鈔票或支票，不是水餃。

由這個中亞說出發，伊藤武繼續申論：「在土耳其，人們把水餃稱爲饅頭；在阿富汗，把蒸餃稱爲饅頭。……由此看來，饅頭或許是在由西域傳來的胡餅的基礎上產生的」（**九章**）。這也是錯的。

饅頭起源，大抵都推到諸葛亮。在諸葛亮以前，其實早有這種蒸麵團的辦法，東漢劉熙《釋名》所載蒸餅即此物。《佩文韻府．餅》引東漢另一名人崔寔《四民月令》也講到：「寒食以麵爲蒸餅，樣團，棗附之」。足證類似饅頭之物已流行於東漢。諸葛亮或許在麵團上加了工，形似人頭，故稱爲饅頭，以致魏晉人皆用它來祭祀。如束皙〈餅賦〉說：「三春之初，陰陽交際，於時享宴，則饅頭宜設」，盧諶〈祭法〉也說：「春祠用曼頭」。胡餅是烙烤的，起於南北朝。年代既晚，製法又南轅北轍，怎能說饅頭是在胡餅的基礎上產生的呢？蒸，非中亞民族之技藝，伊藤武大概忘了這一點

雖然存在著這類問題，不過此書其實挺有趣。例如談素食時，一筆盪開，忽說起在印度修行的食人行者，也就是在墳場屍林中吃人肉的修行者（十章）。我知道古代這類人很多，佛教徒中亦不乏食人者，卻不料至今仍有此風。另外，古印度祭祀食用蘇摩酒奉神的習俗，也保留至今（三章）。

此書論各民族飲食文化關係也值得重視。如他說在新疆、阿富汗、旁遮普邦各地還能見到北京烤鴨或烤叉燒肉的烤爐。日本的素食分爲兩派，一是鐮倉時期留學中國僧人所開創的「水平流」，一是江戶時期明朝逃居日本之僧人所創「普茶」。日本的茶枳尼天，即是孟加拉人信仰的地母神，她以人肉爲主食，後來在日本演變成狐仙，是五穀神之使者。麵條則由中國發明，遍傳歐亞，但印度人不吃麵條，因爲手抓不方便。苗族被黃帝征伐後，可能一部分渡海去了日本，成爲彌生人，故飲食文化頗有相通處……等，均甚有趣。言未必確，然啓人遐思也。

詩會

2007.03.04

燕鳴詩社準備聚會，陳興武有一小啓曰：

時雨舒花，初雷啟蟄；暇日澄懷，清風藹集。飛燕羽以差池，翔鴻翮之翕習；嗣騷雅之餘音，寄情辭於新什。風調可期，酒漿堪挹；凡吾君子，得無相及乎？

燕鳴詩社謹訂本週日（三月八日）下午三時於國學小院舉行己丑之春首度雅集，誠此奉請，敬盼諸友暨各界同人撥冗參加。

地址：孔廟旁國學胡同二號

既將再開吟會，無以助興，姑且再貼一則談詩札記好了。

雲起樓詩話：包世臣

李延楷〈習靜齋論詩百絕句評〉嘗論包世臣曰：「五古能登鮑謝堂。七言亦復見蒼涼。談經更欲空餘子。龔魏同時不敢狂」，抑包在龔魏之下，非也。

包本不談經，所談爲經世。著《中衢一勺》論鹽漕，《齊民四術》論農、禮、刑、兵，皆非定庵所能及。以定庵雖亦志在經世，然侘傺名士，非能如包慎伯之親歷實事、洞見利害也。《清史稿．文苑》云慎伯以布衣遊公卿間，東南大吏，每遇兵、荒、河、漕、鹽諸政，無不屈節咨詢。可見彼於此確有心得，足以幹濟。魏源著《聖武記》亦嘗就正於慎伯，慎伯爲商搉體例並詳述川楚教匪案，見〈答魏默深書〉。其實當時上海、廣東、台閩、雲南、貴州苗諸盜匪事，慎伯亦無不熟知情狀，文人中至難得者也。其文敘下層人物，尤見精采，如〈史雲州家傳〉載史氏每宴賓客，輒以鏢賭酒：下堂坐，使善鏢者四面擊之，鏢皆入史手，莫能傷。〈張琴舫傳〉則云慎伯作書介紹學技擊於吳中女俠姜翠橋，又述湖北流妓玉珍姐妹三人事、吳人徐如意賣身葬父事等等。雖定庵亦交遊羽士劍客俠伶娼優甚多，而此類文字乃絕少，終不能不讓慎伯。近世論豪傑士，輒言龔魏，而於當時人物頗輕忽之。李氏論詩之病亦在此，非能真知古昔者也。

慎伯詩亦因此不能僅五古似鮑謝爲評。

有清嘉道間，詩學選體者本絕少，慎伯取徑，頗異時流，斯誠大可書者。然此僅就詩藝言之耳。爲六朝詩者，或仿子夜、或歌團扇、或擬遊仙，格止於此；即或爲樂府，雞鳴桑樹、來日大難，亦多套語，豈能盡慎伯農政兵刑之懷、時世喪亂之感哉？故曰慎伯詩之所長實不在此，而在其紀時事處。如〈孤兒行，述翟氏乞者〉〈哀竟陵〉〈哀秭歸〉〈被放南歸留別姚亮甫撫部姚伯昂學士〉〈喜聞回逆張格爾除夕就擒於鐵蓋山用工部官軍已臨賊境韻〉〈回酋被擒五言意有未盡再用少陵洗兵馬韻爲長歌〉之類。《濁泉編》一卷，尤近詩史。其鄰於鮑照者，發調之驚挺，半自歷時喪亂、心折骨驚來，〈歷戍營紀見用鮑參軍苦熱行韻〉可證。故非貌襲，亦非擬仿也。論慎伯詩，當觀此經世之志、傷時之情、徵實之意，與尋常詠懷抒情者不同。

慎伯詩之短處亦在此。蓋詩主賦事，意象風神輒缺，裁句亦往往不工。如「詩魂依酒白，禪夢繞棋枰」（留別仙人磯禪閣）「神期昨談笑，文采亮蒿萊」（翟儀仲丈墓下作）「深雲通鳥語，高日聽雞聲，花過山逾靜，心閒覺夢清」（山遊）……等，或不成對，或語笨，不可爲其諱也。

又案：康有爲作《廣藝舟雙楫》，專廣慎伯之說。序曰：「國朝多言金石，寡論書者，唯涇縣包氏，鍼之揚之。今則孳之衍之，凡爲二十七篇」，以言金石之書法譽慎伯，故世謂其開碑學北派之風。《續修江寧府志》稱其「善匾書，開近人北魏一派」者，正以此也。

不知此說實謬。慎伯之書，取法在南不在北。〈雜詩示十九弟季懷〉曰：「余於書最拙，執筆能懸腕。飽後親硬黃，聊使塵心緩。舊拓楮墨香，啓匣龍蛇斷，於中吾尤愛，神龍蘭亭本。畫贊亦超然，俗刻皆奴算。日仿此二刻，搶鋒出趯管。久久覺芒角，有如鈍鈎劃。乃視近人書，大半沒平軟。求王雖不成，或足固閉鍵」，自述學書塗轍最爲詳晰，宗本固在江左也。

〈與金壇段鶴台明經論書次東坡韻〉又言：「俗學貪速成，錦韉被駑跛。步顏擁肥姬，趨歐牽病駿。若謂吾言非，試與訊江左」，更明白指出本家。自注曰：「凡作書，無論何體，必須筋骨血肉備俱。筋者鋒之所爲、骨者毫之所爲、血者水之所爲、肉者墨之所爲。鋒爲筆之精，水爲墨之精。鋒能將副毫，則水受攝；副毫不裹鋒，則墨受運。而其要歸於運指。大指能擫管則鋒自開，名指能拒管則副毫自平。鋒開毫平，而墨自不溢出筆外。水行墨中，書勢無不遒潤矣。王侍中傳右軍之訣云：『萬毫齊力』。余嘗申之曰：『五指齊力』。蓋指力有偏重，則毫力必不能齊也。柳誠懸、楊景度兩少師皆神明於指法，故一變江左書勢，而江左書意反賴以傳。但知之者罕矣」。慎伯論書，宗法所嚮及其內容，於此可謂和盤托出，其餘瑣瑣，皆詞費耳。

其大要在於以指法求右軍。至於北碑，慎伯亦以爲不異於此法，故〈北魏張黑女墓誌跋〉稱：「碑版與簡札書文皆有兩體，南碑傳者少耳。彙帖皆柬札，故異勢。明者參之，知其不謬。若目北碑爲別派，正是從門入者」。北碑似若與江左之書勢異矣，然慎伯以爲不異，曰南方若寫碑，亦當異體，觀者倘細參之，即知張黑女墓誌之類，原非別派也。其說如此，徐世昌《晚清簃詩匯》曰：慎伯論書「自謂取法六朝」，方爲得之。世之紛紛言其倡北派、爲碑學者，豈知言也哉？

近事雜誌

2009.03.08

近少寫網誌，貼一二說詩札記塞責。不料竟有朋友錯愛，或索看全帙，或囑付刊行。其實論詩瑣屑之語，至爲叢脞猥雜，漫不成章。本無全稿，亦難勒成專著。只能偶爾貼著玩，要待整理克成，那就還早著呢！

詩話之什，我早在大學期間即有《啜霞堂談屑》《笑庵說詩》一類東西，後多棄去：零碎刊佈過一些在《學粹》等刊物上。後則把《近代詩家與詩派》隳括寫成《雲起樓詩話摘抄：論晚清詩》。回首皆在三十餘年前了。後來附在《雲起樓詩》後面的詩話，則是在聯合報副刊的一個專欄。另一些說詩札記，便散在《讀詩隅記》等書中，東鱗西瓜，漫無統緒，想來也頗生感慨。

三月一日中國武俠文學會換屆改選，李榮德繼寧宗一先生後擔任會長，陳墨、曹正文等任副會上，劉國輝爲秘書長，我與金庸、嚴家炎、章培恒諸先生則爲顧問。大陸的武俠文學會跟台灣的中華武俠文學會夙來友善，此後亦當可有更多的合作。

北大的「中國文學觀念史專題」則已開講數周。苦於人多，不能深入。大凡講書，若有玄言眇思，聽者必昏然欲睡，故只能講故事，略點染些小道理。此爲當今講課之條件，無可奈何，只能期望聽者能隨情體會，善思善悟了，遙想佛陀說法，或孔孟之師弟問答，那麼深刻的問題，竟能記得下來，孔孟佛陀固然不可及，弟子們也很了不起。近世黑格爾《哲學史》，其實也是講堂記錄，他那時可以這麼講，我現在可不敢，學生會跑光的。

北師大這頭，則另開了一門「文學研究方法論」。我掛名主持，李春青先生負責。另邀了童慶炳、王岳川、高旭東、曹順慶、王寧、蔣寅、黎湘萍、陳曉明、溫儒敏諸先生，每周一講。原因，一是目前文學研究文學，專業分科太細，古代、近代、現代、當代、文藝學、比較文學各成畛域，劃地自限，研究生坐一隅而測天，前景堪憂。故北師大文學院把所有一年級博士生都集合起來，開此共同課，欲其稍具文學通識。二是目前各領域都講一套該領域流行通用的治學方法，師弟傳習，以爲當然，缺乏其他領域的方法論刺激與挑戰，甚且根本不知方法論爲何物。欠缺方法意識，以爲方法就是方法論。此課也欲稍療此失。所聘皆名家，開課的經驗也值得其他學校參考。

正忙亂間，忽接一電話，由台北打來。說是我早年一學生，已出家，受南傳戒，成了一名上座部法師。正要恭喜他，不想他原來是要來向我化緣。嘿，我還正想找和尙們化緣呢，怎麼竟化到我頭上了？

又見新聞，台灣靈鷲山心道法師率首座弟子了意等回佛光山認祖歸宗，向其剃度師星雲頂禮。頗覺意外。

佛家的事真不好說。昔年心道法師脫離佛光山自立門戶，雙方都說了許多於對方不利的話；兩家門下互相嫌厭，亦非一日。我答應星雲法師出來辦佛光大學時，心道法師就專程來寒舍勸阻，說星雲不是好相與的。後來星雲法師則告訴我他準備策動心道返山。但久無動靜，我料想是不成了。佛家有好立山頭的風氣，空門之內也有許多不足爲外人道的地方，故佛光山門下，出走的就很多。昔在美國，西來寺五比丘退出佛光山教團；後來在馬來西亞打拚的慧海、在南非開拓的慧禮，亦均告獨立。靈鷲山教團近年發展迅速，乃是獨立而能成功的例子，但其門下早年首座法性、比丘大藏等也已出走。可見分爲常態，合則少見。故我原不看好，不想本來分進者如今居然合擊，星雲老闍黎畢竟是有手段的。

此間北少林重建的工作則仍積極進行中，劉衛民兄獨任其勞。昨邀文化部鄒啓山及萬肯俱樂部楊永祥，一齊與少林寺方丈永信餐敘。楊永祥乃台商，故訂了一處台灣養生餐廳。

台灣的素齋，當然遠勝大陸，但也就因爲太精緻了，反而頗失真味。我辦佛光大學時，同仁都怕吃素，藍吉富兄還跟我開玩笑說吃素會過敏。原因是吃素的道德涵義太重，會令人完全喪失了吃東西的樂趣。其次就是往往過求精潔，又多素菜葷做之法，吃來不自在。我平時雖喜說烹貓煮狗之事，其實主要也還是喫菜根的，但我也與藍吉富一樣不愛吃廟裡和店裡的素食，理由差不多。記得清人徐釚有詩云：「肉食人間原可鄙，灌園抱甕也相宜。菜羹滋味嘗能慣，勝似何曾下箸時」，如今要老老實實喫菜羹，卻只能在家中自己做了。

教育與出版環境

2009.03.15

十日往大連圖書館，與張本義松齋館長商量整理館藏珍本的事。次日一早把事談畢，便成了文人之雅集。蕭文立先生另約了姜琴龠、林渭人、鍾永聖諸君來，清話永晝，兼且吟詩、作字、鼓琴、吹尺八，好不熱鬧。晚上吃日本料理，喝清酒，盡興而返。諸先生皆濁世之有心人。松齋先生本已辦白雲書院，教化宏溥，頃更擬致仕後再自辦書院，其他諸君亦志不在小，故可欽也。雅集的情況，蕭先生、林先生各有記，已發在他們的網誌上了，我也就不需再說。

十三、四日北大中文系則開大會討論戰略發展問題。晚上拉去蟹島住。開會談起教育問題本來就令人頭痛，晚上睡水床，又彷彿睡在一顆大果凍上，軟軟晃晃，我這身賤骨頭無福消受，竟似大病了一場。

十四日也是簡錦松母親開弔之日。他母親才過世，兒子又以白血症夭去，才十一歲。

我甚哀之。以人在北京，不能往祭，特託張輝誠代爲致意。

此近日之一喜一哀也。另貼我一文哀世。

教育與出版環境

大陸人大與政協兩會業已隆重閉幕，友人有詩贊曰：「御香縹緲繞明堂，濟濟群真共舉觴。如斗蟠桃新結果，覆杯滄海再生桑。爭敲頌聖紅牙板，曼舞娛賓白鳳凰。鰲極紫宸終不改，龍華高會又收場」。其評價是否允當，姑且不論；但有些問題確實是年年提出而沒啥改變的，教育即爲其中最顯著的例子。

方今教育問題，牽涉極廣，僅就教育評估一項來說，目前就深深困擾著高教體系。大陸教育部設有評估中心，每年職司評估。評估之結果，則直接影響各校之經費、排名、聲望。學校爲爭取名次，只好壓迫各系所去想辦法；各系所又再逼教師去填表、申報、發文章、出成果。上下交征利，人人痛苦不堪。

而爲了取得好成績，各校皆手段盡出，恩威並施，縱橫捭闔，可謂無所不用其極。以致送禮、換票、請客、分紅之各類傳言層出不窮；抄襲論文或把著作拆開發表，以增加數量的情況也比比皆是。學風不正，盡人皆知。每年人大、政協會中也對教育部此舉多有批評。新加坡聯合早報甚至還爲此製作了專版報導，認爲評估制度扼殺了大陸教育的生機。

既然評估之病人所盡知，只要去高校訪問，沒有不聽見罵聲的，可是爲什麼竟不能改變之呢？

原因是資本主義社會之邏輯，早已使得教育走上了產業化的不歸路。教育不論過去有多少崇高之理想與價值，目前在海峽兩岸它都已只是一項產業。因此大學就如同工廠，教師即如傭工，其著作、研究成果及教學成果（**學生**）則是產品。雇主既投入了成本，就要看產出。知識雇工若提不出成果來說明業績，當然只好滾蛋。什麼師道尊嚴、自由思考，都是閒扯。

產品又是要行銷到市場上去的，故必須考慮其市場與行銷策略。若能佔有市場、建立品牌，那就是好學校，不然則否。一門知識或一個科系再好再重要，如市場不需要，便只好關門。近年人文學科迅速沒落，各種結合市場而毫無知識重要性之應用學科媚俗而生，皆肇因於此。

工業化生產的模式，又不同於過去的「十年樹木，百年樹人」，講究標準化、數量化、快速化。

因為要批量生產，故兩岸大學近年皆急速擴張、博碩士之比例扶搖直上。教師的研究論著也要量化生產。

又因為要快速生產，故學生的修業年限不斷減縮，以精簡作業流程，有人甚且主張碩士可以不必寫論文了。反之，教師的論文則最好一年幾十篇，可以流水線作業，迅速批量生產，或照給錢單位的意思生產。

至於標準化，則是指規格化。例如教師發表論著，該每年幾篇、可刊登在什麼地方、什麼地方可計幾個點數，乃至論文該怎麼寫，格式、注腳、摘要、參考書目、標點符號，都一一規定之。如此才能使產品面目雷同，抹煞掉個性。

目前這一套生產模式，經由「全球化」浪潮而遍及東亞，台灣、香港、大陸皆入其彀中，無法自拔。毛病都差不多，但整體來看，其實比始作俑者的美國更爲嚴重。因爲美國沒有教育部，評估實質上等於行業內部的自律機制。而且辦學者各出機杼、各自爲政久矣，自主的空間及發展特色的機會皆遠勝於台灣大陸。美國的大學更不必崇洋媚外，認爲論文必須用外文寫、發表在外國刊物上才有價值。何況，同行之間的自律，跟官僚行政體系主導評估，性質與效能迥然不同，「權、錢、知識」三結合的情況自然要比台灣大陸少許多。

這就是目前雖然人人都罵教育評估，可是絕難改善的癥結所在。掌權者不會放棄這主導學術與教育發展的大好機會，許多人和機構則視此爲獲得權和錢的終南捷徑。那些不屑於參加這場權錢追逐遊戲者，雖持之有故、言之成理，又潔身自好，卻注定在這次競逐中成爲邊緣者。所以縱或本來持批評意見的或觀望的，最終亦多被裹脅進去，一起做著知識工人的生產遊戲。

這樣的教育困境，跟出版有什麼關係呢？

當然關係密切。教育與學術發展乃出版事業的上游，一旦學界沈淪，出版事業必受波及，是不言可喻的道理。

目前這樣的制度造成學術發展兩方面的危機，一是數字化危機。機構與個人都追求數量，而非品質，所以才會有把研究成果拆開發表的弊端。專門著作也減少了，要分散成許多篇論文發表。整體環境重期刊而輕專著。可是圖書市場上學術著作還賣得動，期刊就難銷了，實質上只是論文集的所謂專著也不好賣。於是這些期刊及論文集大抵只是學者與機構自己出錢印、自己分贈親友並用以申報成果，屬於「花錢買吆喝」的性質。市場統計上雖增加了許多書種，看起來學術出版十分蓬勃，可是基本是虛假的數字，毫無社會意義。

這就又形成了另一項危機：專業化危機。學者寫文章，主要是想進佔專業核心刊物、一級刊物，以提供專業評比。如果寫書，目的也只想用以參加專業評獎。大家各自找一個小圈子去爭名奪利，天地之大，無暇宏觀。而這些書和論文，其實又都是規格化生產，因此它們固然不想流通於一般讀者之間，與社會對話；一般人看此呆板枯燥之物也根本看不下去。結果據說學術愈來愈繁榮了，但社會上愈來愈沒什麼有學術價值的東西可看，學者與社會之睽隔乃愈甚。試比較一下五四或二、三十年代學者著作在社會上的影響，便知今日之沈疴實已不輕。一邊是沒有生機的「假牙塔」，一邊是沒有大腦的社會在「刑天舞干戚」，彼此各行其是。

討論當今出版業不振的人甚多，但似乎較少人談到兩岸教育評鑑所帶來的惡果。本文簡略陳言，希望能引起有識之士的關注。

龍行於野

弟子賴和平由成都來北京，約了十六日見面，並邀王駿、任定成同往吃涮羊肉。和平云在川中有幸與劉門傳人結緣，蓋與劉咸炘先生一脈相承者。劉氏《推十書》從前台灣有翻刻本，今所出劉氏遺著乃十倍於昔日所見，惜學界尚乏研究者。

因念大陸自改政以來，舊有學派教派，悉遭掃滅，幾於萬馬齊喑。如今改革又三十年，舊日教派學脈尚存於天壤者幸得漸漸挖掘以出。然氣機尚微，學界又日困於教育部之體制中，無力聞問，唯賴民間一二有心人士護持講習之耳！

四川劉門之外，我知道北京的一耽學堂與王鳳儀老人可能有些淵源，曾印贈王氏言行錄。另北大陳來兄一博士生亦曾贈我段正元《師道全書》第九卷。此書連我也沒讀過，本諸《論語》「學而時習之，不亦樂乎」之意，倡立樂教，所言頗有倫脊，也是三教歸儒的講法。清末類此之學，恐怕甚多，惜今多未傳。

2009.03.25

張利民則示我一篇他替浙江寧海陳毓照老先生整理編輯的《中國道家西派典籍匯編》序言，令我知道西派丹法在大陸依然傳承有緒，也很欣慰。從前我在台北辦中華道教學院時，曾請馬炳文先生來講授丹法，馬先生就是西派的。但我對大陸的西派傳承並不熟悉，今得張利民文，自然十分高興。張利民又曾師張義尙，張氏道兼仙佛，術合文武，著作甚多，而於學界幾乎毫不知名，可見今日禹域沈霾湮沒者，其實不可勝數。學界雖然頗乏生氣，但不可說大陸真無人才也。此類隱門秘派，倘能一一爲之鉤玄抉微，表彰於時，豈非一大功德？

十七日飛廣州，轉珠海，在聯合國際學院講了兩天課，主要是談「人生的性與命」。二十日則飛梅州，到嘉應大學客家研究院。

梅州雖只是廣東一小縣城，卻是全世界幾億客家人的首府，號稱「世界客都」。去歲在馬來西亞開客家研討會，嘉應大學房學嘉先生就邀我到梅州。房先生在我辦南華大學時，曾與謝劍教授合著《圍不住的圍龍屋》，由南華出版，亦曾到南華來參訪過，因此我也很想去梅州看看他辦的研究院。陳興武又恰好是大埔人，毗鄰梅縣。知我要去，替我張羅了一大堆參考資料及相關聯繫人，所以欣然就道，一切也十分順利。

在梅江區看了東山書院、黃遵憲的故居人境廬、張資平故居留餘堂、千佛塔、狀元橋；在梅縣看了仁厚溫公祠、陰那山靈光寺；在松山看了李氏世德堂、崇慶第等等，雖是走馬觀花，但足以與所知相印證，已可謂不虛此行。

二十日晚上在星圍承德樓舊圍龍屋中吃飯，吃了梅干扣肉、鹽焗雞，紅麴燒狗肉，艾草狗肉煲、野豬肉、山坑螺、烤斑鳩、雞湯木耳，味酵粄等。除梅干扣肉外，大抵皆台灣客家菜所無之品。例如粄，台灣多是粄條，沒見過味酵粄。鹽焗雞，雖台灣各處都在賣，但此地做法是把雞殺好後吊起瀝乾水份，再用草紙紮好，放入鹽堆裡，用文火焗之，台灣一般也不能如此費工。

二十一日中午在松口一野攤上吃蛇、野豬肉、魚骨粉等，亦不惡。鄉人在溪邊採野草，視之，枸杞也。此間喜用草木燉煮，枸杞草、雞骨草、石參、艾草、巴戟……等不計其數。既講究食療，又添滋味，爲一大風俗特色。食間與諸君共話童時鄉間捕蛇、食鼠、吃穿山甲、野山豬之見聞，亦相與撫掌。

晚間則去吃五華豆腐。此地都說是釀豆腐，其實是鑲。把肉鑲在豆腐裡。鑲肉不稀奇，各地都會做，但無如五華這般滑嫩。熬大骨及鹹菜苦筍等也都甚好。我座師陳槃庵先生即五華人，整理其鄉邦文獻不少，卻未聞他提及家鄉有此等美食，或者先生不似我這般俗鄙，光曉得吃罷！

二十日晚上徐學奏兄嫂還來拉我去橋下吃狗肉火鍋。二十一日又與宋德劍一道去吃香乾狗肉、鹽焗狗及奶燉狗肉。梅州客家吃狗而不常吃蛇，故蛇肉舖很少，狗肉館則櫛比鱗次，各有各的做法，燜煮燉烤，一應俱全。可惜我時間有限，肚腸也有限，不能一一採風問俗，深感遺憾。

爲何此地食狗成俗呢?客家族群之形成，除了漢族血統外，與瑤、佘族關係最爲密切。這幾族多有盤瓠（盤古）圖騰信仰。盤瓠就是狗。信仰盤瓠、尊爲祖先，爲何又吃狗呢？

近年客家研究蔚爲顯學，但在食、衣、住、行、育、樂中，研究其住者最多，育樂其次，衣跟行，談者已少，食狗之俗，竟幾乎不見分析。事實上，瑤、畬人也有不吃狗的。圖騰信仰本來即有兩型，一種是視圖騰物爲禁忌，絕不敢吃牠；一種是視圖騰物爲與我生命相連之物，不唯相親近，抑且吃了牠還可以補救充實我的生命。這是一點也不奇怪的，許多宗教的「聖餐」思想都源於此。如基督教徒禮拜時就都要喝耶穌的血、吃耶穌的肉，即源於此種思想。只是基督教把這種思想徹底儀式化，用餅乾和葡萄酒來象徵血肉；梅州客家人則把這種思想生活化了，成了百姓日用而不自知的活動。

梅州人顯然就是會過生活的。除了喝娘酒、喫狗肉之外，生活安適鬆緩，酒吧沿江開立了數百處，街邊攤店，夜半仍常滿座。且皆居人，而非遊客。可見這個山城生活甚爲逸豫，是個過日子的好地方。不過，這似乎又跟傳統客家艱苦辛勤、客旅四方之風，已有了許多不同，如何評價，頗費思量。

服裝思維

2009.03.28

中國服裝論壇，二十七日在北舉行。今年主題是：重塑危機後的中國服裝品牌。內容除了大趨勢下的中國服裝企業變革、直面網絡營銷、設計與服裝的方向外，尚有一個文化藝術與服裝的方向。邀了滾石國際音樂董事長段鍾沂、服裝設計家葉錦添、做琉璃的王俠軍和我參加。碰巧遇到鄧啓耀。我跟他，還是將近二十年前在雲南認得的，多年不見了，重逢大喜，乃此次會議最大之收獲。他現在中山大學，正主編中國服飾全集呢！我所講內容則附錄如下：

萬國衣冠拜冕旒：重塑中華服裝文明

「九天閶闔開宮殿，萬國衣冠拜冕旒」，是唐代詩人王維描寫當時早朝大明宮時的景象，可以令人想像大唐聲威遠播、萬邦來朝之盛況。

借這句詩，讓我們重新思索一下中國與外邦的服裝關係。

到唐朝時，來朝的各邦，皆已具衣冠了。但在古代，中國人以衣冠爲文明之表徵時，周圍之部落或酋邦卻還多在赤身裸體的階段。此語，不具輕藐之意，只在說明一種現象及跟它伴隨的觀念。

因爲古代各民族主要的裝飾行爲並不表現在衣服上，而是在紋身及羽飾上。涅面、紋身或羽飾，不但具美觀之效果，更有禮儀目的，例如用以代表已成年、已婚、權威、勇敢等，增加自己在同族中的地位。即使過世了，也常要在屍身上施以彩繪，將屍體聖化。我國直到春秋戰國時期，吳越一帶就仍保有此種風俗，故《莊子‧逍遙遊》說吳越之人「斷髮紋身」。台灣原住民在明清漢人移入時，亦尚是如此。近世歐州婦女帽飾，還常插著羽毛呢！

相對於周邊各民族紋身、插毛羽、飾獸皮的情況，中國較爲特殊，乃是以衣裳代替紋身的。《易‧繫辭傳》說堯舜「垂衣裳而治天下」。衣裳就是中國文明與其他民族區分的標幟，不斷髮，故具冠；不紋身，故具衣裳。

其所以如此，當然有技術上的原因。古代紡織之術不發達，人就是想具衣冠也很難辦得到，只好以紋身飾羽之類方法爲之。可是古代中國紡織術發明甚早，黃帝時嫘祖採絲製衣之傳說固然未可盡信，但從仰紹文化西陰村遺址所發現的半割蠶繭，不難推斷：至少在新石器中期就已發明了絲綢技術。其後，絲更成爲中國特產，唐代中期以後（十二、三世紀），抽絲剝繭的技術才傳入歐洲。距中國以蠶絲製衣，遲了四千年。餘姚河姆渡文化所發現的織機，距今也在三千到五千年前。紡輪則各地遺址出土極多，可見紡織術在中華大地已甚普遍，乃世界上製衣最早、最盛的區域。

以現今出土材料觀察，新石器時期衣服以貫頭式、單披式、披風式爲主，不加剪裁，大約是剪裁技術尚不發達之故。殷商就有剪裁了，衣以上衣下裳，交頸窄袖爲主，寬帶繫腰，可能已穿褲，質料則錦、絲、綺、綢、羅都有。染料的運用也很成熟，如茜草紅、梔子黃，都能掌握得非常好。湖北江陵馬山楚墓所發現的提花針織品，以棒針織衣，更是世界上最古的針織品。

當時製衣技術業已如此發達，看到周邊民族仍披著獸皮、插著羽毛，或仍光著身體，自然會油然而生出一種文明的自豪之感，自認爲是「衣冠上國」，並把衣裳視爲文明的代表或象徵。

《易》坤卦六五：「黃裳元吉」，象傳說：「黃裳，元吉，文在其中」，即指此而言。黃是中央之色，元吉是內外均吉之意。穿著中央正色的服裝，體現出有文明的樣子，正是大吉大利之象。

文明之「文」，其意義也出於此。文，本是花紋之紋，虎豹身上有花紋，人的花紋則在衣服上表現。因此天之文是日月星辰，地之文是山川原隰，人之文就以衣裳爲主，「文」「文章」二詞，古代本不指文字或篇章，而是指黼黻章甫。

也就是說，服飾在中華文明中有特殊之地位，是中華文明的代表。服裝乃是古代中國人對文明的體會與思考之基點，穿衣的和不穿衣的，即是文明與野鄙之分。肉袒示人，象徵羞辱他人（如彌衡擊鼓罵曹時要肉袒）或屈辱自己（如廉頗負荊請罪時或句踐投降時也要肉袒）；赤身露體，則是出乖露醜的不禮貌行爲。

相較之下，歐洲古代或古印度就無這種服飾文明觀，所以都把身體視爲文明之基點，研究體相、審美裸體。

古印度婆羅門盛行相法之學，要研究大人之相。因此婆羅門之智慧，就很強調相人之術。如《佛本行集經》卷三中：「（珍寶婆羅門）能教一切毗陀之論，四種毗陀皆悉收盡。又闡陀論、字論、聲論，及可笑論、咒術之論、受記之論、世間相論、世間祭祀咒願之論。」所謂「世間相論」，與婆羅門五法中的「善於大人相法」，都是相術。可見相法是婆羅門極爲重要的才能。

古希臘亦甚重視人的形相問題。亞里斯多德《體相學》說：「過去的體相學家分別依據三種方式來觀察體相；有些人從動物的類出發進行體相觀察，假定各種動物所具有的某種外形和心性。他們先議定動物有某種類型的身體，然後假設凡具有與此相似的身體者，也會具有相似的靈魂。另外某些人雖也採用這種方法，但不是從整個動物，而是只從人自身的類出發，依照某種族來區分，認爲凡在外觀和稟賦方面不同的人（如埃及人、色雷斯人和期庫塞人），在心性表徵上也同樣相異。再一些人卻從顯明的性格特徵中歸納出各種不同的心性，如易怒者、膽怯者、好色者，以及各種其他表徵者。」可見體相學在希臘也是源遠流長的。

由於盛行體相學，身體之美便被他們研究並欣賞著。大量雕刻均可證明這一點。

中國體相觀的第一個特點卻是不重形相之美，亦無人身形相崇拜（**為了強調這一點，往往會故意說醜形者德充、形美者不善**）。第二個特點是形德分離，「美人」未必指形貌好，通常是說德性好。三是不以形體爲審美對象，而重視衣裳之文化意義及審美價值。

古人論美，常就「黼黻文繡之美」（**禮記・郊特性**）說。說容，也不只指容貌，而是就衣飾說，如荀子《非十二子》：「士君子之容，其冠峻，其衣逢；其容良，儼然、壯然、祺然、棣然、恢恢然、廣廣然、昭昭然、蕩蕩然，是父兄之容也。」這衣冠黼黻文章，就是古代「文」的意思，一民族、一時代乃至一個人的文化即顯示於此。像希臘那樣以裸身人體爲美者，古人將以之爲不知羞，謂其野蠻、原始、無文化也。

歷來帝王建立新政權亦無不以「易服色」爲首務、重務。這即是以衣飾爲一個時代文化之代表的思想的具體表現。推而廣之，遂亦有以衣裳喻說思想者，如顏元《存性編・桃喻性》說：「天道渾淪，譬之棉桃：殼包棉，陰陽也；四瓣，元、亨、利、貞也；軋、彈、紡、織，二氣四德流行以生萬物也；成布而裁之爲衣，生人也；領、袖、襟裾，四肢、五官、百骸，性之氣質也。領可護項，袖可藏手，襟裾可蔽前後，即目能視、子能孝、臣能忠之屬也，其情其才，皆此物此事，豈有他哉！不得謂棉桃中四瓣是棉，軋、彈、紡、織是棉，而至製成衣衫即非棉也，又不得謂正幅、直縫是棉，斜幅、旁殺即非是棉也。如是，則氣質與性，是一是二？而可謂性本善，氣質偏有惡乎？」

另外，《尚書・益稷》載舜向禹說道：「余欲觀古人之象：日月星辰山龍華蟲作繪、宗彝藻火粉米黼黻絺繡，以五采彰施於五色作服，汝明！」把日、月、星辰、山、龍、華蟲繪在衣上，把宗彝、藻、火、白米、黼黻繡在裳上；或加以差參變化，如以日月星三辰爲旗旌，以龍爲袞，以華蟲爲冕，以虎爲毳；或以之爲上下級秩之分，如公用龍以下諸圖案，侯用華蟲以下諸圖象，子用藻火以下各象，卿大夫用粉米以下等等。此即爲象也。象非人體形相，乃是秩宗之職、章服之制、尊卑之別，整體表現於衣飾上。觀此圖象，即見文明。故舜問禹曰：汝明白乎？

這就是「以五采彰施於五色作服」以爲文明的想法。象不以形見，文明不由體相上看，故《易》論「文」，以虎豹之紋爲說。人身體上的衣服，則如虎豹之紋。其論文明文化，也從不指人體。坤卦六五「黃裳在其中，而暢於四肢，發於事業，美之至矣」，即爲一證。此不僅可見文明文化是由衣裳上說，更可見中國人論美，不重形美而重視內在美，是要由內美再宣暢於形貌四肢的。

相對於中國，他們其實並不重視衣服。因爲，衣服在以身體本身做爲審美對象或文明對象時，乃是不重要的，只起一種裝飾作用或遮掩作用，或利用它來表現肌肉、骨體，重點其實皆不在衣裳而在軀體。

那時的衣服，大抵亦只如我國新石器時期，以貫頭式、披風式、披肩式爲主。這亦有無數雕塑與畫像可證。後來的服裝，當然剪裁搭配不斷進步，但把衣服視爲身體的附件，或身體的延伸，仍是歐洲非常主要的思路。通過衣服，企圖表現身材；或以衣服修飾身體，構造出一種身體的假像〔蘇珊．朗格《情感與形式》一書，曾用藝術是一種幻象（illusion）或假像（virtualimage）的觀點，描述建築是一種假的民俗領域（virtual ethnic domain）、雕刻是假的運動容量（virtualkineticvolume）、舞蹈是假的活力（virtual vitality）、文學是假的生活或歷史。若依其說言之，則歐洲的服裝藝術也可說是創造了一種假的身體」。

時至今日，歐風東漸，中國人早已盡棄傳統服裝而改穿洋服了，時尚界更是唯歐美馬首是瞻。把衣服當作身體的延伸，或以衣服創造出身材假像的觀念亦早已「全球化」，中國這種真正的服裝文明觀卻乏人聞問。觀古鑑今，實在令人感慨萬端。

目前不是沒有東方主義式的想法，但大體是在服膺歐西身體觀的情況下，吸收東方元素。東方，被拆解成一些元素，例如用色、用料、圖案、襟扣、袖口、裙邊等等。其實這些元素，脫離了中華服裝觀的整體思維，只是一堆零碎的符號。拼貼鑲嵌之，固然可在歐西時尚中增添一抹風情，但那就像大陸上各處隨意挪置拼組歐洲建築語彙蓋成的房子一般，不倫不類，常是要令人失笑的。

須知：「服裝的文明觀」與「身體觀的服裝」，基本思路是不一樣的。例如要體現人的骨架，衣服自然就會突顯肩胸，有時甚至要墊肩來修飾體架不夠挺拔之病，連女裝也要墊肩。可是中式服裝卻是圓肩的，衣服由領口直接垂至腕上才接袖，不把接口拉到肩上，這樣的上衣和寬長的下裳配合起來，才有「垂衣裳以治天下」的感覺，人顯示為一種坐如鐘、立如松的形相。這種感覺與形相，非自然之身體感，而是一種文化感。可是目前許多人做中裝或穿中裝時，喪失了這種文化感，照著西裝的剪裁與板型去做，接袖、墊肩、突胸、圓膀、全剪裁，跟西裝根本沒什麼差別，只是加上對襟扣，或繡龍刺鳳，印上大團花罷了。不僅儜俗難名，整個感覺就都是不對的，又像壽衣，又像員外，又像做錯了的中山裝。

服裝文明觀還一個重點，在於服裝是用以體現禮樂文明的，服裝與禮文的關係至爲緊密，而我們現在基本上就喪失了這個面向。社會不同階層、不同流品、不同職務、不同場合該穿什麼、怎麼穿，無人講究，早已看不出服裝與禮的關係了。國家主席跟計程車司機一樣，都穿著西裝。而禮是社會的穩定性因素，目前服裝界則以流行、時尙，求新求變爲主，關於禮的「服制」問題，當然也就少人問津了。

再者，中華文明，既是由服冕文章開端的，則後來發展起來的藝術或文明形式，諸如文字、書法、繪畫，自然也就常汲源於衣服。舜說的：「古人之象：日月星辰山龍華蟲作繪、宗彝藻火粉米黼黻絺繡，以五采彰施於五色作服」，正是爾後中國藝術取象之源泉。可惜這部分，近人也很少關注了。

總之，「服裝的文明觀」與「身體觀的服裝」，這種種對比，還有許多文章可做。經由這種對比，相信也必能激發中國服裝界許多新的創意，走出一個突破歐美服裝觀的新格局。謹提供這個歷史的角度、比較文化的方法，以爲參考。依我看，只有這樣做才有前途。目前服裝界之所謂新設計、創品牌，不過是歐美的山寨版而已。

龔鵬程學・思・俠・遊特輯

九州心影之 龍行於野

作者：龔鵬程
發行人：陳曉林
出版所：風雲時代出版股份有限公司
地址：10576台北市民生東路五段178號7樓之3
電話：(02) 2756-0949
傳真：(02) 2765-3799
執行主編：劉宇青
美術設計：吳宗潔
行銷企劃：林安莉
業務總監：張瑋鳳

初版日期：2023年3月
版權授權：龔鵬程
ISBN：978-626-7025-91-8

風雲書網：http://www.eastbooks.com.tw
官方部落格：http://eastbooks.pixnet.net/blog
Facebook：http://www.facebook.com/h7560949
E-mail：h7560949@ms15.hinet.net
劃撥帳號：12043291
戶名：風雲時代出版股份有限公司

風雲發行所：33373桃園市龜山區公西村2鄰復興街304巷96號
電話：(03) 318-1378
傳真：(03) 318-1378
法律顧問：永然法律事務所 李永然律師
北辰著作權事務所 蕭雄淋律師

行政院新聞局局版台業字第3595號 營利事業統一編號22759935

定價：400元

國家圖書館出版品預行編目資料

龔鵬程學.思.俠.遊特輯. 10, 九州心影錄：龍行於野 / 龔鵬程著. -- 臺北市：風雲時代出版股份有限公司, 2022.05 面； 公分

ISBN 978-626-7025-91-8（平裝）

1. CST: 言論集

078 111004660